D0596441

Suzanne Valadon

DU MÊME AUTEUR

Le cri, roman, Julliard.

Les miroirs jumeaux, roman, Julliard.

X, roman, Christian Bourgois.

Vautour-en-privilège, roman, Calmann-Lévy.

Ma fille Marie-Hélène Charles Quint, roman, Calmann-Lévy et Le Livre de Poche.

Dans les jardins d'Esther, roman, Calmann-Lévy.

Les gisants, roman, Calmann-Lévy et Le Livre de Poche.

Les frères Montaurian, roman, Grasset et Le Livre de Poche.

La passion selon Martial Montaurian, roman, Grasset.

L'amour capital, roman, Calmann-Lévy et Le Livre de Poche.

Jeanne Champion

Suzanne Valadon

ou

La recherche de la vérité

Presses de la Renaissance

198, boulevard Saint-Germain
75007 Paris

Si vous souhaitez recevoir notre catalogue et être tenu régulièrement au courant de nos publications, envoyez vos nom et adresse
en citant ce livre aux

Presses de la Renaissance
198, boulevard Saint-Germain 75007 Paris

© Presses de la Renaissance, 1984.
ISBN 2-85616-299-1   H 60-3342-7

NOTE DE L'AUTEUR

Parmi tous les ouvrages consultés et dont on trouvera la nomenclature en fin de volume, trois d'entre eux méritent d'être signalés tout particulièrement : Jean-Paul Crespelle : *Utrillo, la bohème et l'ivresse à Montmartre* ; Robert Beachboard : *La trinité maudite* ; Jeanine Warnod : *Suzanne Valadon*.

D'autre part, l'auteur tient à exprimer ses vifs remerciements à M. Paul Pétridès pour les documents qu'il a bien voulu l'autoriser à reproduire, ainsi qu'à M. Serge Moreau pour la documentation qu'il l'a aidé à rassembler.

Jeanne CHAMPION.

Tout le jour je vous ai cherchés
Comme au temps de notre jeunesse
Dans les cafés... ce temps renaisse
Et nos amours et nos péchés
Je vous ai cherchés en moi-même
Comme un disparu, ceux qu'il aime
Les appelle et se tient caché.

Francis CARCO.

23 septembre 1865.
Six heures du matin.
Bessines-sur-Gartempe dans la Haute-Vienne.
Chez Mme veuve Guimbaud.
Naissance de Marie-Clémentine Valadon.

Au second étage d'une maison bourgeoise, Madeleine Valadon, lingère de son état, une femme de trente-quatre ans dont on a vu grossir le ventre et s'épaissir la taille, est sur le point d'accoucher. L'enfant qui va naître a pour parrain le péché. Pas de père auprès de ce berceau encore vide. « A votre âge, a-t-on idée ? Vous auriez pu réfléchir ! Avez-vous seulement songé au devenir de cet enfant ? » lui a demandé sa patronne en enfonçant un peigne dans son chignon.

— Hélas, maîtresse, a répondu la lingère, en succombant à la chose j'ai point songé à ses rejaillissements !

L'amour ne se lorgne pas avec l'œil du futur, il se vit avec le corps du présent. On raconte au village qu'après avoir pris plaisir à la dévêtir, l'amant de Madeleine s'est écarté d'elle sans autre manière. Et lorsqu'il a été question de reconnaître une descendance non souhaitée, il a pris l'air distant de l'homme importuné par quelque fâcheuse nouvelle. Sur le registre d'état civil, il faudra donc indiquer : « Père inconnu demeurant au bourg », car à défaut d'avoir un nom ce père-là possède une adresse. Le coupable n'est pas un de ces vagabonds à qui on donne du pain au fond d'une cour, ni un de ces marchands ambulants qui se glissent dans les cuisines pour taquiner les domestiques et y vanter la beauté de chiffons à acheter pour quelques sous. La honte est pour la future mère et non pour la bourgade qui connaît le galant.

— On les a vus traîner du côté de la ferme des Viguier ! Là-haut, risquaient pas d'être dérangés. Y a que le vent pour accepter de vous tenir compagnie !

Au sortir de la messe, tandis que sonnent les cloches, on chuchote le nom du séducteur. A en croire les commères friandes de secrets mal gardés, il porte le titre d'ingénieur des Ponts-et-Chaussées, en somme, un homme au métier honorable ; mais la sotte aurait dû y songer, un homme de passage, et ceux-là ne s'embarrassent pas de vains scrupules. Amants d'une saison ou d'un mois (le temps de faire avancer la route ou de construire un pont), ils s'exercent à la séduction sans se préoccuper des conséquences de leurs hardiesses et de leurs emportements. La plupart, il est vrai, ont la prudence d'adresser leurs hommages à des femmes mariées. Paternité garantie !

— Si elle n'avait pas été avertie des travers de l'existence... mais ce n'est pas le cas !

Madeleine Valadon n'est-elle pas venue chercher refuge à Bessines-sur-Gartempe ? Certains qui ont eu vent de son histoire racontent qu'elle a été mariée à un dénommé Coulaud. Condamné comme faussaire par les assises de Limoges, le bougre aurait été envoyé au bagne. D'autres, qui ne craignent pas de colporter des inexactitudes, prétendent que de ce mariage seraient nés des enfants. Mais allez savoir ! Le faux emprunte si souvent le masque de la vérité. Ce qu'il y a de certain, c'est qu'en arrivant au pays la lingère n'était pas innocente. Sa chair connaissait les bienfaisances de l'amour et l'embrasement des grandes émotions. Toutefois, si son état mérite moins d'apitoiement, car mieux vaut souffrir que de passer à côté du sentiment, il n'en est pas plus enviable pour autant. Femme de bagnard. Ce titre peu glorieux ne lui suffisait pas. Elle va porter maintenant celui de fille mère. « Dès que l'enfant sera débrouillé, je partirai d'ici ! J'irai là où personne ne me connaît ! » a-t-elle déclaré à une femme du bourg qui s'enquérait de ses projets.

— Et où iras-tu ?
— A Paris. Là-haut, on trouve du travail.
— Et la misère !
— Je préfère celle de Paris à celle d'ici !

Cinq heures du matin.

La grisaille du jour pénètre peu à peu dans la chambre. Près du lit, l'armoire projette une ombre sur le mur. Les gémissements de Madeleine se sont transformés en plaintes bruyantes. Si Dieu existait pour les pauvres et les solitaires, il apparaîtrait à cette femme en douleurs. La main tendue au-dessus de sa poitrine, il écarterait lentement les doigts, découvrirait un cœur, le sien. Une goutte de sang semblable à celles que l'on voit sur les images pieuses glisserait entre le pouce et l'index, une goutte de sang divin qui tomberait sur la bouche de Madeleine, l'abandonnée. Les voleurs n'en veulent qu'à l'argent, les amants qu'à la chair. Seigneur, que faire de l'amour sinon l'offrir à cet enfant qui va naître ?

— Madeleine, j'ai peur !
— Ferme la porte ! Je ne veux pas que la patronne m'entende !
— Je vais aller la prévenir !

Vêtue d'une chemise de nuit mal boutonnée, une jeune domestique frissonne sur le seuil. Intimidée par la souffrance, elle n'ose pénétrer. « Tu m'entends, Madeleine ?

13

J'ai peur ! » Elle ne peut détacher son regard de la main aux veines saillantes qui serre le bois du lit. Balayée par la chevelure défaite, la tête de la lingère va et vient sur l'oreiller fripé.

— Si tu mourais... c'est moi qu'on accuserait !
— Vas-tu fermer la porte ?

La jeune fille a disparu dans l'escalier. Madeleine l'entend cogner avec force contre la porte du premier étage. Arrachée aux rêves du petit matin, la veuve Guimbaud se soulève au-dessus des dentelles : « Qu'est-ce que c'est ? »

— Notre patronne... c'est la Madeleine qui...
— Va vite chercher la sage-femme !

Six heures moins le quart.

Entre deux vagues de douleur, Madeleine s'efforce d'oublier son corps. Elle ferme les yeux, les ouvre à nouveau et crie. Autour de son lit, les femmes s'activent tout en discutant des derniers événements. Sur une table qu'elles ont installée devant la commode, une cuvette, un broc et des langes attendent. La sage-femme demande que l'on fasse chauffer de l'eau. Le temps d'un court répit, la future mère aperçoit des flammes dans la cheminée. Qui a allumé ce feu ? Probablement le jardinier. Il apparaît à nouveau sur le seuil de la pièce, une brassée de bois serrée contre sa poitrine. Le voici qui enlève ses sabots. « Dépêchez-vous ! Votre place n'est plus ici ! » bougonne la sage-femme, puis se tournant vers la domestique effondrée dans une encoignure, elle s'exclame : « Mais regardez cette mine de peureuse ! Ne dirait-on pas que c'est la mort qui va nous rendre visite ? » Le moment de la délivrance est proche. D'un geste autoritaire la patronne fait signe à son monde de sortir :

— Allez, ouste ! Et fermez-moi cette porte !

Tandis que la veuve va prendre place près de la fenêtre : « N'importe, Madeleine ! Avec ou sans père, c'est quand même une joie d'accueillir un enfant ! », l'accoucheuse s'approche du lit. Elle soulève brutalement la couverture et les draps, découvre le corps déformé. Dans un mouvement de pudeur, la lingère tire sa chemise de nuit sur son ventre.

— En voilà des manières ! C'est bien le moment de cacher votre vertu ! Dégagez-moi tout ça et pliez les jambes !

Est-ce par crainte d'en voir trop ou par discrétion ? la veuve Guimbaud a tourné la tête. Elle écarte le rideau d'une main ferme, et de cet œil auquel rien n'échappe, elle regarde à l'extérieur : « Evidemment, les Doré ont laissé leur chien en liberté ! Et ce rosier qu'ils ont encore oublié de tailler, sûr, il va prendre dix ans en un seul été ! » Enfin, sans se soucier du cri déchirant que vient de pousser Madeleine, elle ajoute :

— Il va pleuvoir... naissance pluvieuse, naissance heureuse... les auspices sont favorables à votre progéniture, ma fille !

De l'autre côté de la chambre, la sage-femme vient de coller son oreille sur le ventre de la future mère qui mord son poing :

— Si vous cessiez de vous lamenter, je pourrais entendre son cœur... quelque chose me dit que c'est une fille... quand naissent au lever du jour, sont pires que les gars !
— Oh, mon Dieu !

L'accouchée jette ses bras en avant comme pour appeler à l'aide.

— Au lieu d'invoquer Dieu, vous feriez mieux de pousser !

23 septembre 1865.
Trois heures de l'après-midi.
En la mairie de Bessines-sur-Gartempe.

Je soussigné, François Poignand, maréchal de mon métier, certifie avoir été mandé par madame veuve Guimbaud. En l'absence du père, je suis chargé de présenter au maire de Bessines-sur-Gartempe l'enfant de sexe féminin que voici. « Si tient ses promesses, sera jolie fille ! », Marie-Clémentine Valadon, née de Madeleine Valadon, lingère de son état, et de père inconnu demeurant au bourg. L'enfant est née à six heures du matin. L'aubergiste, Clément Douy et Armand Chazeau, le voisin, me servent de témoins.

Sur la table de la mairie où François Poignand vient de déposer l'enfant, la future Suzanne Valadon hurle à pleins poumons.

Madeleine Valadon

Elle était en train de cirer le bois de son lit, parce que ce n'est pas pour vanter ses mérites, mais personne mieux qu'elle ne sait faire reluire un meuble, lorsque la patronne est entrée sans frapper. Madeleine a sursauté. « Vous êtes bien nerveuse ! » a dit la veuve Guimbaud en inspectant la chambre. « Qu'est-ce qui vous tracasse ? » Le regard de la patronne a fait des allées et venues entre la toilette essuyée de frais et le lit surmonté d'un crucifix en bois noir. « Eh bien... répondez ! » Madeleine s'est sentie coupable, aussi a-t-elle baissé la tête. Il n'y a que les dames qui ont le droit d'avoir des nerfs. Pour se donner bonne contenance, elle a tapoté l'oreiller. Le moment est venu de lui parler de mon projet, a-t-elle songé en jetant un coup d'œil peureux à la veuve. Mais la timidité — vous savez ce que c'est ? — a été la plus forte. Elle s'est mordu les lèvres. « Vous, ma fille, vous me cachez quelque chose ! » La patronne a fixé Marie-Clémentine qui jouait dans un coin avec sa poupée, un vieux bas de laine rempli de son et décoré de boutons. « Dis bonjour à notre maîtresse ! » a demandé la lingère pour faire diversion. « Non ! a crié la petiote, non, j'veux pas ! » Ça n'a pas cinq ans et ça met déjà sa mère dans l'embarras. « Il faut l'excuser... », a murmuré Madeleine en examinant le bout de ses pantoufles. La veuve a pincé les lèvres : « Elle vous amènera des ennuis ! Avez-vous des nouvelles de vos autres enfants ? Ce n'est pas parce que leur père a été condamné par la loi qu'ils ont cessé de faire partie de votre progéniture ! » Madeleine a bafouillé une excuse

17

à laquelle la patronne n'a pas prêté attention. Elle allait évoquer Marie, sa fille aînée qui habite près de Limoges, lorsque la veuve lui a coupé la parole :

— Au bourg, on raconte sur vous des choses qui m'étonnent !

La lingère a serré ses mains l'une contre l'autre. Je ne vais tout de même pas me mettre à trembler ? Même si je ne m'inquiète pas des enfants de Coulaud, d'abord ils ont l'âge de se débrouiller, et puis aucune mère n'est tenue d'aimer ses enfants de la même façon, je ne fais de mal à personne ! La veuve a insisté : « Qu'est-ce que je dois croire de tous ces bavardages ? » Marie-Clémentine qui pourtant ne semblait pas s'intéresser à la conversation a interrogé sa mère : « On va bientôt partir d'ici ? » La patronne a repoussé la porte d'un coup de talon : « Ce qu'on colporte est donc vrai ? » Madeleine s'est aventurée sur le terrain glissant des excuses : « Vous trouverez quelqu'un pour me remplacer, notre maîtresse ! Là-haut j'oublierai mes peines... parce que voyez-vous, j'en ai assez d'être traitée de femme de bagnard ! » La veuve est allée s'asseoir sur une chaise installée près de la fenêtre. « C'est pure folie ! », qu'elle a crié en jetant une main en avant. « Avez-vous songé aux difficultés qui vous attendent à Paris ? » Madeleine a répondu que le courage ne lui avait jamais manqué. « Je mettrai Marie-Clémentine dans une école de sœurs et moi je travaillerai ! Les mauvaises tâches ne me font pas peur ! Je veux que ma dernière fille ait une belle vie ! Ici elle restera une bâtarde et moi la femme de Coulaud, le faussaire ! Autant oublier tout ça ! » Son visage était si fatigué et les cernes sous ses yeux si marqués que la patronne a eu pitié d'elle. Décidément, cette créature est aussi butée que sotte, a pensé la veuve. La voilà qui abandonne ses aînés et envisage de tenter l'aventure comme si elle venait de fêter sainte Catherine ! « Asseyez-vous, ma fille ! Pourquoi cette décision soudaine ? Etes-vous si malheureuse ici ? » Madeleine a cherché des mots pour répondre. Je ne saurai jamais parler de la douleur qui me ronge le cœur, a-t-elle songé avec amertume. Et parce qu'elle ne trouvait rien à dire pour justifier une décision qui lui paraissait pourtant bonne, elle s'est mise à pleurer sans bruit. Ses larmes ont éteint la vexation de la patronne qui a effleuré le tissu de sa robe noire : « Vous ai-je jamais fait le moindre reproche ? Et n'ai-je pas accueilli cette enfant dans ma maison ? Que vous soyez exaspérée par les jactances de certains, je le comprends, mais de là à tout quitter, ça je ne puis l'admettre ! » Acculée aux aveux, la lingère a déclaré : « A part Marie, ma fille aînée qui viendra bientôt nous rejoindre à Paris, mes autres enfants ne m'aiment pas ! » Marie-Clémentine a lancé sa poupée sur le carrelage. Elle s'est précipitée dans les jupes de sa mère en hurlant. La veuve a quitté sa chaise : « Ne dirait-on pas que je viens de vous disputer alors que je ne songe qu'à vous ramener à la raison ! » Enfin, elle a posé sa main sur la chevelure de la petite qui serrait les genoux de Madeleine.

Deux semaines plus tard, la lingère est allée frapper à la porte de sa maîtresse. Elle l'a remerciée pour ses conseils et la caresse qu'elle a donnée à sa fille. « Vous voulez donc me quitter pour de bon ? » La mère de la bâtarde a répondu que sa malle était prête et qu'elle avait assez d'économies pour payer son voyage. La nouvelle s'est propagée avec la rapidité d'un incendie. Au bourg, on accuse Madeleine. Cette femme-là a le front plus bas que terre. De son passé, elle se soucie comme d'une guigne !

> Suzanne Valadon avait cinq ans lorsque sa mère, on ne sait pourquoi, décida de quitter son bourg limousin pour venir s'installer à Paris. Elle avait mal choisi son époque, et elle arriva au moment où éclatait la guerre avec la Prusse. La mère et la fille d'entrée de jeu subirent les privations du siège et les frayeurs de la Commune.
>
> J.-P. CRESPELLE, *Utrillo.*

1870-1875.
A Paris.
Boulevard de Rochechouart.

RÉMINISCENCES

Tandis qu'elle se dirige vers la table où bourdonnent des mouches au va-et-vient noir, Madeleine se souvient de son arrivée à Paris...

de la morosité des voyageurs à la descente du train, du voile de fumée au-dessus de la gare assombrie, immense toile grise derrière la transparence des vitrages, des clameurs, du cri d'un employé derrière elle :

— Faut pas rester dans le passage !
— Où est la sortie ?
— Avez les yeux bouchés ? En face de vous l'est la sortie !

des appels criards des porteurs qui pour quelques sous ou un morceau de pain proposaient leurs services, de sa fille recroquevillée sur la malle :

20

— Où c'est qu'on est ?
— Remets ton chapeau droit, il est de travers !
— Où c'est qu'on est ?
— A Paris !

de la grande allée plantée d'arbres du boulevard de Clichy, des boutiques aux maigres étalages, du porche de la bâtisse ouvrière... « Ici, vous trouverez à vous loger pas cher, foi de cocher ! », le porche sinistre sous lequel mère et fille sont passées. Dans la cour entourée par des murs austères, la gamine a protesté avec violence : « Paris, c'est pas beau ! » Epuisée par la fatigue du voyage et les déconvenues de l'arrivée, sa mère s'est fâchée :

— Tu n'as qu'à fermer les yeux !
— Non ! J'veux tout voir ! a hurlé Marie-Clémentine en grimpant les escaliers. J'veux tout voir !

Madeleine s'est signée. Mon Dieu, donnez-lui une bonne vue. Elle en aura besoin.

> *Quand nous chanterons le temps des cerises*
> *Et gai rossignol et merle moqueur*
> *Seront tous en fête...*

Tandis qu'elle essuie la table où bourdonnent les mouches au va-et-vient noir, Madeleine Valadon se souvient des premiers jours de son installation à Paris...

du guet de la concierge plantée sur la moquerie au seuil de sa loge, de la voix vulgaire des poissonnières de la rue Caulaincourt :

— Alors, la Limousine, comment vont les cafards ?
— Ils monteront bientôt dans les lits !

de l'eau croupie des ruisseaux qui ruissellent sur les pentes escarpées de la Butte, des enfants penchés au-dessus des marelles dessinées à la hâte, des arpètes guettées par les vieux galants à la sortie bruyante des ateliers, de la rumeur

21

de la grande ville où l'on se sent si seule et comme vaincue avant d'avoir engagé le combat, des portes enfin, de toutes ces portes brutalement repoussées sur les offres de service de la lingère intimidée par la mine pâle des citadines :

— Je suis travailleuse et j'ai une fille à élever !

Triste refrain.

— Mais, oui, ma brave ! Cet air-là on le connaît par cœur !

C'était en 1870.

Après s'être nourri des animaux domestiques, des rats et de la faim au casque prussien, Paris avait encore l'estomac vide.

— Sur la Butte, ils ont élu un maire... Georges Clemenceau... on dit que le bougre a la poigne sans faiblesse !

A peine Madeleine Valadon était-elle installée à Paris que la guerre a montré son triste visage aux portes de la capitale assiégée. La faim en même temps que la crainte de ne pouvoir survivre à cette fatalité ont rendu visite aux deux exilées que le mal du pays commençait à gagner. « Avez-vous songé aux difficultés qui vous attendent à Paris ? » Hélas, non, notre maîtresse ! Je n'ai songé qu'à fuir un lieu où l'on me traitait de femme de bagnard ! Et puis il ne faut pas m'en demander davantage. Je n'ai jamais su m'exprimer. Seules mes mains ont plu à Dieu. Elles savent repasser le linge fin et les dentelles.

— Donnez-moi de l'ouvrage... n'importe lequel ! Je n'ai plus assez d'argent pour retourner à Bessines où m'attend la veuve Guimbaud !

Alors qu'elle ne l'espérait plus, Madeleine a trouvé du travail dans une maison bourgeoise de la place Saint-Georges, là où les rideaux sont ornés de lourdes franges et

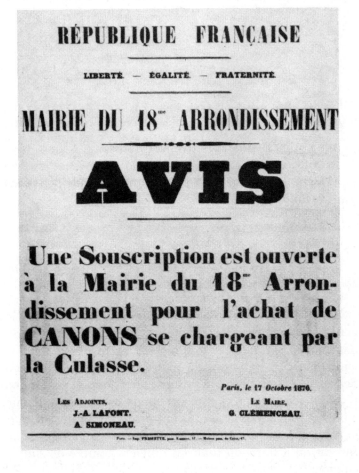

de pompons soyeux, là où l'opulence glisse sur les tapis d'Orient et se faufile entre les vases de Sèvres.

— Connaissez-vous la nouvelle, Madeleine ?
— Ma foi, non, madame !

23

— La Garde Nationale a roulé toutes les pièces d'artillerie sur les hauteurs de Montmartre pour les soustraire à la convoitise des Prussiens.

Les belles auront la folie en tête
Et les amoureux du soleil au cœur !
Quand nous chanterons le temps des cerises,
Sifflera bien mieux le merle moqueur.

C'était en 1871.
Année de la Commune, année de crimes colorés au sang.

— Connaissez-vous la nouvelle, Madeleine ?
— Ma foi non, madame !
— Thiers, le chef du pouvoir exécutif, a décidé de reprendre les canons !

Mais il est bien court, le temps des cerises
Où l'on s'en va deux cueillir en rêvant
Des pendants d'oreilles...

C'était en mars.
Réveillés par le grondement d'un convoi militaire, les gens se sont précipités aux fenêtres, puis ils sont descendus dans la rue. Certains se sont battus autour des canons. Le lendemain, en l'absence du maire, Georges Clemenceau, des exaltés atteints par la fureur patriotique se sont emparés de deux généraux, et parce que la mort venait de faire alliance avec la poésie, ils les ont fusillés dans un jardin de la rue des Rosiers. De Profundis ! Ah, patronne, qui m'aurait dit qu'à Paris on tuait les officiers comme de simples citoyens ?

— Rentrez vite chez vous ! Là-haut, ils s'entre-tuent !

La lingère avait été livrer du linge rue des Martyrs. Elle sortait précipitamment de l'immeuble lorsqu'elle a entendu sonner le tocsin. Marie-Clémentine... « Avez-vous vu ma

24

fille ? », a-t-elle demandé à une voisine qui discutait sur le trottoir.

— Je l'ai aperçue... elle jouait aux billes avec des gamins près de la place d'Anvers !

Madeleine a remonté la rue en courant. La petite était-elle à l'abri du danger ? Oui. Perchée sur une chaise pour mieux satisfaire sa curiosité et suivre le spectacle qui se donnait sous les arbres du boulevard de Rochechouart, cet après-midi-là envahi par une foule agitée et criarde, la fillette semblait ravie. Lorsqu'elle ne les tue pas, la guerre amuse les enfants.

— Vas-tu descendre ?
— Non ! J'veux tout voir !

Cette gamine possède un œil que rien ne blesse, a songé Madeleine en déposant sa corbeille dans un coin.

> *Quand vous en serez au temps des cerises,*
> *Si vous avez peur des chagrins d'amour,*
> *Evitez les belles.*
> *Moi qui ne crains pas les peines cruelles*
> *Je ne vivrai point sans souffrir un jour...*

Printemps 1871.
La Butte a emprunté son décor à la guerre civile. Au hasard des rencontres, les citoyens s'égorgent entre eux. Fédérés contre Versaillais. Sur les boulevards fréquentés par les pantalons rouges et l'ivrognerie, les déserteurs cherchent un lit pour dormir. Place Pigalle, Louise Michel, la communarde, offre son front d'illuminée derrière une barricade. A l'Elysée-Montmartre, les statues à l'allure mythologique et au regard de plâtre observent les blessés allongés sur le parquet. En moins d'une semaine, Paris est devenu le lieu d'une bataille où s'affrontent les hommes et les idées.

— Dis maman, quand est-ce que toi et moi on retournera

se promener là où il y a des lilas et de l'herbe plein la pente ?

— Quand tout ce chahut sera terminé !

Madeleine Valadon ne quitte quasiment plus la bâtisse ouvrière du boulevard de Rochechouart. Elle redoute la violence de ces gens à l'humeur belliqueuse. D'ailleurs, elle n'est pas la seule. Dans les beaux quartiers, les bourgeois ont tiré leurs volets et les rues sont désertes. Certain jour de désarroi, sa patronne est venue se compromettre dans la cuisine. Affalée sur une chaise comme une soubrette épuisée, elle a demandé à la lingère ce qu'elle pensait des derniers événements :

— Avez-vous rencontré ce Vallès dont on parle dans Paris ?

— Non, madame. Il faut dire que je sors peu !

La mère de Marie-Clémentine ne connaîtra jamais que les culottes brodées des dames riches et les chemises plissées des maîtres de maison.

— On les a comptés... soixante-dix feux !

Des incendies criminels ravagent Paris. Aux portes de la ville, l'ennemi assiste au spectacle. Bismarck n'en espérait pas tant.

Sauvez Rome et la France
Au nom du Sacré-Cœur !

Le dimanche matin, à l'office de Notre-Dame-de-Lorette, l'anathème monte en chaire. Après avoir évoqué le crucifié, le prêtre accuse le désordre. Tout péché entraîne son châtiment.

— La Commune a vu rouge, elle finira dans le sang !

Pour apaiser la colère divine, les bonnes âmes qui ont su se tenir à l'écart de la fureur fratricide décident d'édifier une basilique. « *A la consécration personnelle, domestique et nationale de la France au Sacré-Cœur de Jésus.* » Au sommet de la colline de Montmartre, un monument d'un blanc crémeux et de forme byzantine rappellera aux Parisiens que la cueillette des cerises ne dure qu'un temps.

> *J'aimerai toujours le temps des cerises*
> *C'est de ce temps-là que je garde au cœur*
> *Une plaie ouverte...*
> *Et dame Fortune ne m'étant offerte*
> *Ne pourra jamais fermer ma douleur...*

Madeleine se souvient.

La Commune est morte, fusillée contre le mur des Fédérés.

La petite Valadon

La concierge elle rit tout le temps. Ah ! Ah ! Ah ! Surtout quand les hommes lui parlent d'une voix câline. Et
patati et patata ! C'est une coureuse. Sous l'étoffe de la robe
il y a sa poitrine, son cœur, son ventre et ses fesses. Maman
dit qu'il ne faut pas parler des fesses. Il paraît que c'est un
endroit que le bon Dieu n'aime pas. La concierge roule de
l'œil et montre ses dents à n'importe qui. Et touchez-moi
par-ci, et touchez-moi par-là ! « Quelle belle matinée ! Si
vous entriez prendre un verre, monsieur Boulard ? » On
dirait qu'elle a couru tellement elle est essoufflée. « Ma foi,
ce n'est pas de refus ! » Le mari de la dame du second
n'aime pas me voir traîner dans l'escalier. Il dit que j'espionne les gens. « Qu'est-ce que vous allez chercher ? Cette
petite est seule toute la journée. Elle s'ennuie, voilà tout ! »,
qu'elle répond la concierge en lui faisant signe d'entrer.
Tantôt c'est elle qui tire le rideau de sa loge, tantôt c'est
le visiteur. Ça dépend. Il y a des hommes qui ont peur
d'être dérangés, d'autres non. Je les entends rire à l'intérieur. Ah ! ah ! ah ! A quel jeu jouent-ils ? Dans l'immeuble, les femmes n'aiment pas la concierge. Elles la trouvent
trop gaie. « Si on lui demande de s'asseoir à cette catin-là,
elle se couche ! Ce genre de créature ne résiste pas à un
pantalon ! » La concierge ne pense qu'à offrir la chair de
son cou aux bêtises. Ça ressemble à quoi, une bêtise ? A
une bouche. Ça se mange avec quoi, une bêtise ? Avec des
dents. Elle n'est pas comme maman Madeleine qui est triste
parce que la vie lui apporte des misères. Le soir, quand elle

croit que je ne la regarde pas, elle raconte sa peine à son mouchoir. J'ai pris l'habitude de faire semblant. Pendant qu'elle essuie ses yeux, je parle à ma poupée. Et patati ! et patata ! Célestine qu'elle s'appelle, ma poupée ! Je lui raconte tous mes secrets. Que je suis une enfant trouvée. Qu'un monsieur en noir et sans figure est venu me déposer en cachette dans la maison de la veuve où c'est qu'à Bessines elle travaillait ma maman qu'est pas ma vraie mère mais une femme qui m'a adoptée, parfaitement, même que mon père il était châtelain, avec des épaules si larges qu'y pouvait pas passer les portes, et une voix si forte que quand il parlait ça résonnait autour de lui comme dans une église. « Où vas-tu chercher tout ça ? », qu'elle me demande la concierge. Avec ses nénés énormes et son collier en perles — « encore un cadeau d'un vicieux qui est venu se réchauffer les petons dans son lit ! » —, elle ressemble à la patronne de maman Madeleine qui porte une robe si belle qu'on dirait qu'elle l'a volée à la Sainte Vierge Marie... *pleine de grâce, le Seigneur est avec vous, vous êtes bénie entre toutes les femmes, et Jésus le fruit de vos entrailles...* Merde ! J'en ai assez de réciter des prières. Je préfère la concierge à la maman de Jésus, même si elle se laisse embrasser dans le cou en poussant des cris de poule — « Voulez-vous bien tirer le rideau ! La petiote nous reluque ! » —, même si elle boit de l'anisette, même si elle est souvent soûle. Une fois je l'ai trouvée couchée par terre au milieu de la loge, avec du vomi partout et la jupe retroussée jusqu'à sa culotte. J'avais peur qu'elle soit morte comme ceux qui sont au cimetière. Heureusement, le lendemain matin, elle était guérie. « Marie-Clémentine, tu me boudes à cause de cette sale cuite ? Viens donc me tenir compagnie au lieu de rêvasser dans la cour ! Il y a encore du jus à saucer dans la marmite ! » Du mirotontontène, ça s'appelle. Je me régale. Maman elle dit que j'ai un bon gosier et l'appétit facile. « Si tu me racontes une histoire, je t'offre un sucre trempé dans de la gnôle, et celle-là tu m'en diras des nouvelles ! C'est le père Bichon

qui me l'a offerte ! Au fait, quel âge as-tu ces jours-ci ? »
Je le sais par cœur mais je compte sur mes doigts pour que
ça fasse plus vieux. Sept ans et cent trois jours et demi.
« Déjà ? On pourra dire que tu t'es élevée toute seule ! Est-
ce que tu te plais là-haut ? » Là-haut, ça veut dire chez les
sœurs où c'est que je vais à l'école, bien obligée. Non, je
ne les aime pas du tout ! « Elles t'apprennent pourtant un
tas de choses ! Grâce à elles, plus tard, tu feras partie des
aristos ! » Les bonnes sœurs de Montmartre, elles sont trop
sévères. Et moi je ne veux pas qu'on me commande. « Ça
doit être pénible de ne pas avoir de père comme les
autres ? », qu'elles chuchotent en croisant leurs mains sur
le ventre. « Il vaudrait mieux qu'elle soit orpheline ! Au
moins elle aurait quelqu'un à pleurer ! Et puis sa mère n'est
pas d'une grande aide ! » Quelquefois ça me fait plaisir
qu'on parle de moi. Et patati et patata ! Quelquefois ça me
met en colère. Alors je boude. Je tire la langue aux cornettes. Je leur vole des craies pour dessiner sur les trottoirs.
Rue Lepic, les ménagères s'arrêtent pour regarder mes gribouillis. « Dis donc, gamine, qu'est-ce que ça représente ta
barbouille ? » Je leur réponds ce qui me passe par la tête.
Les grands ils blaguent bien. Pourquoi les petits y z'auraient pas le droit de rire aussi ? Là, que je leur dis, c'est
maman Madeleine. Elle se plaint parce qu'elle a ciré des
parquets toute la journée : « Mon Dieu, comme j'ai mal
aux reins ! » Plus haut, c'est la concierge qui discute avec
un voisin : « C'est que j'ai bientôt vingt-huit ans ! La vieillesse approche ! Si vous veniez prendre un verre ? », qu'elle
propose à sa chemise mal boutonnée. Ici c'est un arbre du
boulevard de Rochechouart. Il parle au trottoir qui est content. Le trottoir ressemble à un enfant sans père. Lui aussi
voudrait qu'on le cajole. Si seulement il y avait des arbres
assez intelligents pour prendre les enfants dans leurs bras
verts. Et patati et patata !

« On ne fait rien de très bien qu'avec beaucoup d'amour. »

Suzanne VALADON.

1875-1877.
A Montmartre.
Marie-Clémentine reçoit une éducation religieuse.

« Naissance pluvieuse, naissance heureuse. »
Le destin se montre oublieux. Il n'a pas tenu ses promesses. Tout en fuyant comme un voleur poursuivi par la gendarmerie, il ouvre toujours les mêmes portes : elles donnent
sur la tristesse d'une vie morne et résignée. Madeleine sait
qu'elle n'accueillera plus jamais la joie. Comme elle dit à
la concierge qui offre asile à Marie-Clémentine — et heureusement que cette bougresse apporte un peu de présence
à la gamine à l'abandon ! —, rien ne sert de bomber le
torse et d'écarter les coudes. Où qu'elle aille et quoi qu'elle
fasse, la misère ne rencontrera qu'une autre misère. C'est
ainsi. Le soleil ne brille pas de la même façon pour tout le
monde. Pour les uns il fait mûrir les fruits, pour les autres
il dessèche la terre. Au bout du chemin Dieu jugera.

— Quel âge a ta mère ?
— Je ne sais pas !
— Menteuse !
— D'abord c'est pas ma mère !
— Menteuse !

31

Devenue par la dureté des temps femme de ménage durant la journée et repasseuse en soirée, Madeleine Valadon s'est métamorphosée en vieillarde. Nul ne pourrait plus lui donner d'âge. Dans sa face que l'usure a figée, seul le regard enfoncé au milieu des rides a conservé un rien de vivacité. Quant à la bouche, comme écrasée par un coup de poing, elle s'entrouvre sur des dents pourrissantes qui tombent les unes après les autres.

— Quelle fâcherie tout de même ! Je ne pourrai bientôt plus mâcher le pain !

Après ses rudes journées de travail, Madeleine ressent parfois le besoin de faire halte sur le chemin du retour. Elle va rendre visite à la boulangère de la rue Victor-Massé, le temps de reprendre souffle et contenance. Appuyée contre le comptoir, elle discute avec la patronne qui s'enquiert de sa santé et de celle de sa fille tout en rendant la monnaie à la clientèle. Tandis que la boulangère plaisante avec un voisin venu chercher du pain, Madeleine jette un coup d'œil coupable à une boîte de caramels garnie d'un ruban aux couleurs d'arc-en-ciel. Si elle gagnait un peu plus d'argent la lingère pourrait offrir des gâteries à sa fille. Sacré mâtin, il faut pourtant bien dormir de temps en temps ! Madeleine n'est-elle pas à la tâche seize heures sur vingt-quatre ?

— Alors, madame Valadon, encore une fichue journée de terminée ?
— Hélas non ! Après le repas, je suis attendue chez une bourgeoise de la rue Ordener qui marie sa fille samedi prochain. Remarquez, je ne me plains pas ! J'aime repasser du fin.
— Vrai... vous ne vous arrêtez donc jamais ?

Le geste vague, Madeleine se défend. Si, bien sûr qu'elle s'arrête de temps à autre, comme tout un chacun, pour dormir ou songer au pays qu'elle a quitté sans réfléchir, sans trop savoir pourquoi. Tout en parlant elle regarde ses mains desséchées par les lavages, relève la tête pour ne pas pleurer. Mais qu'est-ce que j'ai ? Avoir les yeux humides, ce n'est pas une mode. Derrière la vitre du magasin un reste de lumière s'accroche à la longue chevelure d'une fillette qui saute à la corde. Un homme au regard vide passe en tirant sur sa pipe. Lui aussi marche au pas de la nostalgie.

Fillette nue assise, dessin de Suzanne Valadon
(cl. Musées nationaux, © by SPADEM, 1984)

— Encore dans les nuages ?

La boulangère, elle, est bien sur terre ; elle fouille dans le tiroir-caisse. Sur la plaque de marbre, les pièces tintent. L'argent manque partout sauf ici.

33

— Je voudrais bien dormir davantage, murmure la lingère en prenant sa corbeille, mais voilà, il faut bien vivre !

Sur le terre-plein du boulevard Rochechouart qu'elle traverse en remontant chez elle, l'atmosphère est à la fête et aux amours d'une heure. Les filles aux cheveux défaits et à la bouche fardée ont quitté les bistrots à terrasse pour venir s'offrir sous les arbres. Un marlou parlemente avec une rouquine débraillée qui montre ses tétons avec autant de liberté qu'une Anglaise ses taches de rousseur. Madeleine passe à côté du couple, hasarde un coup d'œil indiscret. Le temps est révolu où elle plaisait aux hommes. Mais pourquoi songer au passé ? Sa fille est là qui exige sa présence et l'affection qu'elle n'a même plus le temps de lui accorder. Un jour de découragement, la lingère, en présence de Marie-Clémentine, s'est confiée à une voisine :

— Le fait est… Ce sont toujours les mêmes qui profitent des bontés de la vie. Nous autres, de ce côté de la pauvreté, nous n'avons droit qu'au travail éreintant !
— Pourquoi n'avez-vous pas songé à sauvegarder vos attraits ? Les hommes ne pensent qu'à ça ! Même qu'ils n'hésitent pas à payer pour un instant de plaisir !

La gamine qui semblait absorbée par d'autres intérêts a protesté avec colère : « J'veux pas ! D'abord maman Madeleine est trop vieille pour plaire aux sales bonshommes ! » Ainsi, cette enfant haute comme trois pommes plus l'insolence a perdu son innocence. Elle connaît déjà le manège de la chair.

— Eh bien… celle-là ne vous ressemblera pas ! a dit en riant la voisine. Elle ne s'usera pas comme vous à de mauvaises tâches !

« Pourquoi n'avez-vous pas songé à sauvegarder vos attraits ? » Madeleine a jeté un coup d'œil apeuré à son reflet. Avec les années, la lingère a oublié ses traits et sa silhouette lui est devenue étrangère. Dans l'appartement misérable de la grande bâtisse ouvrière, le regard de sa fille est son seul miroir. Elle s'y surprend à l'heure des repas.

— Pourquoi ta vie elle est si triste ?
— Ma vie ? Elle est ce qu'elle est !
— C'est pas beaucoup !
— Mais toi tu es là.
— Raconte-moi l'histoire de toi autrefois... tu sais, quand tu étais la femme du bagnard avec d'autres enfants que moi !
— Des histoires ? On t'en raconte assez chez les sœurs ! Ta tête en est pleine, même qu'elles t'incitent à dire des sottises !
— Les fables de La Fontaine c'est pas des sottises !
— Pour sûr... tu devrais m'en réciter une pendant que je prépare la soupe !

> Maître Corbeau, sur un arbre perché,
> Tenait en son bec un fromage.
> Maître Renard, par l'odeur alléché,
> Lui tint à peu près ce langage ;
> « Hé ! bonjour, monsieur du Corbeau
> Que vous êtes joli ! Que... »

Dans la cuisine où se répand une odeur de poireaux, la gamine fait des mines. Elle devient l'arbre et le corbeau, puis le renard et le fromage. Sa voix enfle et descend. Cette petite a le théâtre dans le sang ! Eblouie par les gesticulations de la conteuse, Madeleine s'assoit, prend le temps de l'admirer son content. Comme paralysée par une bonne fatigue, elle n'ose plus bouger. L'enfant en profite pour venir l'embrasser. Parfois, lorsqu'elle se sent le cœur gros d'un amour qui l'embarrasse, Marie-Clémentine bredouille des mots de tendresse avec cette sorte de gaucherie qu'on ne rencontre que chez les êtres habités par la pudeur :

— Je vais aller travailler à ta place... comme ça tu resteras à la maison à m'attendre... la concierge te tiendra compagnie !

Madeleine repousse l'enfant qui s'accroche à ses épaules. Avant cette petite, personne n'avait songé à lui manifester de l'affection. Elle va cacher son émotion au-dessus de l'évier où s'entasse la vaisselle sale qu'aujourd'hui encore elle n'a pas eu le temps de laver.

— Toi me nourrir ? Attends au moins d'avoir toutes tes dents ! Il t'en faudra de bonnes pour retenir un fromage !

Hélas, Marie-Clémentine ne lui donne pas que des satisfactions. Le mois ne s'est pas écoulé qu'un billet à la tonalité sèche et impérative, billet rédigé par la surveillante de l'école des sœurs où la fillette est censée recevoir une éducation convenable, l'attend à la maison. « Qu'as-tu encore fait pour que je sois convoquée là-haut ? » L'interpellée, que décidément rien ne semble devoir troubler, hausse les épaules avec agacement : « Les cornettes, c'est toutes des garces ! » Enfin, s'adressant à l'armoire à laquelle elle tient des discours en l'absence de sa mère, Marie-Clémentine proteste en frappant du poing sur la table :

— Moi, si tu veux savoir, j'aurais voulu être Jupiter... comme ça j'aurais obéi à personne et j'aurais commandé à tout le monde !

> *Jupiter dit un jour : Que tout ce qui respire*
> *S'en vienne comparaître aux pieds de ma grandeur ;*
> *Si dans son composé quelqu'un trouve à redire,*
> *Il peut le déclarer sans peur,*
> *Je mettrai remède à la chose...*

qu'est-ce que c'est un remède ?
— C'est quelque chose qui a le pouvoir de soigner la douleur.
— Pourquoi tu t'en procures pas un ?

36

Huit heures.

Dans le hall de l'école, Madeleine s'impatiente. Voilà plus d'une heure qu'elle attend. Une religieuse surgit enfin, bruissante et menue dans sa robe grise qui danse au-dessus du dallage nettoyé de frais. Elle invite la lingère à la suivre. Au premier étage, à l'intérieur de la pièce vitrée où la surveillante reçoit les parents, une main autoritaire lui ordonne de s'asseoir. Madeleine chuchote des salutations embrouillées qui ne semblent pas avoir été entendues. Elle jette un regard craintif à la bibliothèque en acajou puis sort un mouchoir pour éponger son visage. Que va-t-elle apprendre qu'elle ne connaisse déjà ?

— Savez-vous que Marie-Clémentine descend les escaliers de Montmartre sur la rampe ? Sœur Dominique l'a surprise avant-hier, jambes au vent et jupe retroussée. Un jour ou l'autre, elle va se rompre le cou. Et je ne parle pas de sa mauvaise tenue, elle n'étonne plus personne !

La bouche entrouverte et les yeux baissés, Madeleine observe le tissu grossier de sa jupe d'ouvrière.

— Vous ne trouvez donc rien à me répondre ?
— Mais ma sœur... je suis absente toute la journée !

Sous la cornette, le visage demeure sévère.

— Ce n'est pas une excuse pour la laisser décider de tout. A l'entendre, c'est elle qui commande chez vous. Je crains fort qu'elle ne vous réserve de fâcheuses surprises !

Madeleine lève les yeux. Derrière la surveillante qui tourne le dos à la fenêtre, un pommier est en fleur.

— Elle me réserve aussi du bonheur... enfin, si Dieu le veut !

Après les soirées épuisantes durant lesquelles la lingère a repassé le linge du beau monde, arrive enfin le moment bienheureux de se mettre au lit. La tête soulevée par deux oreillers, Madeleine dévisage sa fille qui semble l'ignorer. Entre les piles de chemises qui attendent d'être livrées, Marie-Clémentine termine ses devoirs ou dessine.

— On m'a dit que tu étais dissipée. Est-ce vrai ?

La gamine tord le cou sans répondre. Elle accorde un regard distrait à sa mère puis reprend son travail. La petite Valadon se moque de ce que l'on pense d'elle. Dans le quartier où elle traîne sa paresse en compagnie de vauriens mal léchés et pillards comme des moineaux, tous les gens la connaissent. « C'est qu'elle a déjà un air ficelle ! » Sur son passage qui ne laisse personne indifférent, les boutiquières caquettent. Non seulement ce brin d'insolence répond aux adultes avec un sang-froid et un esprit d'à-propos qui en laisse plus d'un sans parole, mais elle gribouille sur les trottoirs. Où prend-elle l'argent pour acheter des craies ? Sa mère gagne à peine de quoi les nourrir toutes les deux.

— Je ne sais pas si vous avez remarqué, mais la lingère n'a pas changé de robe depuis deux ans !

Tout à coup, Madeleine se dresse sur son lit :

— Et pourquoi mens-tu si souvent ?

Marie-Clémentine soulève une main qui semble déjà bien lourde. Elle l'appuie sur son cœur d'un air pénétré :

— Je ne mens pas, j'invente comme dans les livres où les gens disent n'importe quoi pour se rendre intéressants !
— Il paraît que tu racontes que je ne suis pas ta mère ?
— C'est bien fait pour eux ! Ils n'ont qu'à pas m'interroger ! Un enfant aussi, il a ses secrets !
— Et pourquoi toutes ces fariboles sur ton père ? Tu sais bien qu'il n'était pas châtelain ?

L'écolière suce son crayon. Elle réfléchit, cherche des idées au plafond. « Banquier... ce serait mieux ! Moi, plus tard, j'épouserai un homme riche... un homme très riche... et d'abord, pourquoi mon père il nous a abandonnées ? » L'épuisement a eu raison de Madeleine. Pendant que sa fille tente de donner forme à ses rêves de grandeur, elle ronfle doucement.

...

Venez, Singe ; parlez le premier, et pour cause :
Voyez ces animaux ; faites comparaison
De leurs beautés avec les vôtres.
Etes-vous satisfait ?...

Marie-Clémentine range son dessin ou ferme son livre. Elle s'approche du lit, regarde sa mère avec voracité.

...

— Moi ? dit-il ; pourquoi non ?
N'ai-je pas quatre pieds aussi bien que les autres ?
Mon portrait jusqu'ici ne m'a rien reproché :
Mais pour mon frère l'Ours, on ne l'a qu'ébauché ;
Jamais, s'il veut m'en croire, il ne se fera peindre !...

— Moi, plus tard, je ferai le portrait de l'ours et celui de tout le monde... même le tien, maman Madeleine... ils vont bien voir !

Sœur Dominique

Mesdemoiselles, un peu de silence s'il vous plaît ! Nous allons commencer cette journée... n'est-elle pas radieuse ? et n'avons-nous pas toutes les raisons de remercier le Seigneur de ses bontés ?... nous allons commencer cette journée par l'étude de la prière que je viens d'écrire sur le tableau. Virginie, vous allez la lire à vos compagnes ! « C'est pas juste ! Pourquoi c'est toujours elle qui lit les prières ? » Silence ! « C'est parce que c'est la chouchoute ! » Encore un mot, mesdemoiselles, et je supprime la récréation de onze heures ! Virginie, nous vous écoutons ! O SAINTETÉ DE DIEU QUI NE POUVEZ SOUFFRIR LE PÉCHÉ... « Ma sœur, au fond de la classe on n'entend presque rien ! » Virginie, voulez-vous parler plus fort ? O SAINTETÉ DE DIEU ! Je vous ai demandé de parler plus fort, je ne vous ai pas demandé de crier ! O SAINTETÉ DE DIEU ! QUI NE POUVEZ SOUFFRIR LE PÉCHÉ, COMMENT SOUFFREZ-VOUS UN CŒUR COMME LE MIEN QUI LE COMMET SANS CESSE, ET QUI S'ACCOUTUME À VOUS DÉPLAIRE ! « Ma sœur, qu'est-ce que ça veut dire "souffrir un cœur" ? » Marie-Clémentine, je vous ai demandé à maintes reprises de ne pas interrompre les lectures. Sortez votre cahier de punitions ! « Pour quoi faire ? » Vous me copierez cent fois la phrase suivante... écrivez ! Je ne dois pas troubler la leçon sous prétexte que je ne comprends pas certains mots. Virginie, voulez-vous reprendre ? O PURETÉ D'UN DIEU DEVANT QUI LES CIEUX

MÊMES NE SONT PAS PURS, ET QUI AVEZ TROUVÉ DE LA CORRUTION... de la quoi ?... DE LA CORRUPTION DANS LES ANGES, COMMENT NE ME REJETEZ-VOUS PAS, MOI EN QUI TOUT EST IMPUR ET CRIMINEL ? Lucienne ! « Oui, ma sœur ! » Que venez-vous de souffler à l'oreille de Valadon ? « Je ne sais plus ma sœur, j'ai déjà oublié ! » Je vous donne trois secondes pour vous en souvenir... à moins que vous ne souhaitiez rendre visite à sœur Marie-des-Anges, notre supérieure ? « Lucienne m'a dit que vous n'aviez pas à me punir pour avoir posé une question. Elle non plus ne sait pas ce que ça veut dire "souffrir un cœur". » Valadon, ouvrez votre cahier de punitions ! « Pour quoi faire ? » Vous me copierez cent fois la phrase suivante... écrivez ! Je ne dois pas me montrer insolente envers le professeur. Virginie, voulez-vous continuer votre lecture ? « C'est que, ma sœur, je ne sais plus où j'en étais ! » Eh bien, reprenez à partir de : et qui avez trouvé de la corruption dans les Anges ! ET QUI AVEZ TROUVÉ DE LA CORRUTION... DE LA CORRUPTION DANS LES ANGES, COMMENT NE ME REJETEZ-VOUS PAS, MOI EN QUI TOUT EST IMPUR ET CRIMINEL ? SEIGNEUR... « Ma sœur ! » Qu'est-ce qu'il y a encore ? « Marie-Clémentine vient de dire qu'elle n'a pas d'âme et qu'elle s'en fiche pas mal d'être renvoyée un jour ou l'autre de l'école ! » Valadon, levez-vous ! Pourquoi avez-vous dit que vous n'aviez pas d'âme ?

— Parce que c'est vrai, ma sœur !

... oui, mère Marie-des-Anges ! Vicieuse ! Le mot n'est pas trop fort et la charité ne m'en souffle point d'autres pour qualifier une enfant qui est déjà habitée par la malice ! Quel âge ? Douze ans, ma mère ! Peut-être treize ! Vicieuse, impertinente et déjà endurcie par le péché ! Nulle prière n'est parvenue

41

jusqu'ici à briser ce jeune scepticisme. Non, ma mère ! Je ne suis pas excessive ! Si je le suis, que Dieu me pardonne, car je sais que je me dois à ces jeunes âmes. Mais celle-ci n'a-t-elle pas prétendu devant ses compagnes effrayées qu'elle n'en avait pas ? Et lorsque je lui ai demandé si elle croyait en Jésus, n'a-t-elle pas clamé que la crucifixion n'avait servi à rien puisqu'il y a toujours autant de gens malheureux ? « Diable ! » En effet, ma mère ! C'est bien lui qu'il nous faut évoquer ici. Il s'exprime par la bouche de cette enfant encline au mal et sujette à la rébellion. Alors que ses camarades baignent encore dans une innocence avide de paroles divines, et il faut entendre avec quelle ferveur Virginie récite les prières, la petite Valadon ne songe qu'à ricaner et à poser des questions insidieuses. La curiosité qui taquine cette enfant est d'une nature si suspecte que devant elle on ne peut ressentir qu'un profond malaise. « Ma sœur… qu'est-ce que c'est, l'épanchement des sens ? »… « Ma sœur, qu'est-ce que ça veut dire, les plaisirs charnels ? »… « Ma sœur, pourquoi c'est inutile et dangereux, les désirs ? » Et je ne parle pas de sa tenue ! A peine ai-je le dos tourné que dans la classe qu'elle pousse à la dissipation, la voilà, hop ! la tête en bas et les jambes en l'air ! Elle appelle ça faire le poirier ! Une saltimbanque, voilà ce qu'elle est ! En vérité, je vous le dis, ma mère, vous êtes trop bonne de la garder dans notre institution. D'autant plus que sa voie est déjà toute tracée. Marie-Clémentine finira comme ses semblables, sur le trottoir ou dans le ruisseau… à moins que Jésus ne prenne pitié d'elle !

Mesdemoiselles, un peu de calme, s'il vous plaît ! Virginie, voulez-vous venir mettre de l'ordre sur mon bureau ? « C'est pas juste ! Pourquoi c'est toujours elle ? » Silence !

« Parce que c'est la chouchoute ! » Encore un mot et je vous donne cent lignes à recopier ! Nous allons commencer la journée par l'étude de la prière que je viens d'écrire au tableau, prière qui débute par cette phrase admirable que je vous demande de réciter avec moi... NE VOUS APPUYEZ QUE SUR CELUI QUE RIEN NE PEUT ÉBRANLER, QUI EST DIEU, SUR LEQUEL IL FAUT COMPTER CAR RIEN N'EST PLUS FAIBLE, PLUS INCERTAIN ET PLUS INCONSTANT QUE L'HOMME, QUI N'A POUR PARTAGE QUE L'ERREUR, LA MALICE ET LE MENSONGE ! Valadon, apportez-moi immédiatement cette feuille de papier ! Parce que maintenant vous dessinez pendant les cours ? Que représentent ces gribouillis ? « Une élève ! Elle est en train de raconter des mensonges à la sœur qui est assise en face d'elle. Je n'ai pas eu le temps de dessiner la cornette ! » Mesdemoiselles, si j'entends encore un seul éclat de rire, je supprime la récréation de onze heures ! Quant à vous, Valadon, prenez votre cartable et vos cahiers, et venez avec moi chez la surveillante !

Elle n'était pas facile à séduire, loin de là. Elle tenait à ses secrets et fréquemment gauchissait, par pudeur et par orgueil, sa propre histoire et celle des siens.

Yves BONNAT, *Valadon.*

1877-1880.
Rue du Poteau.
Marie-Clémentine fait connaissance avec le milieu
du travail puis avec celui du cirque.

— Une nature aussi indisciplinée, ça ne s'invente pas !
— On comprend que les sœurs l'aient renvoyée !

« Trente-six métiers, trente-six misères ! »
La fille de la lingère lit les proverbes à l'envers.

— N'a-t-elle pas été apprentie chez une modiste ?
— L'espace d'une courte saison !
— Et n'a-t-elle pas assemblé des plumes chez un marchand de plumeaux ?
— Le temps de s'épousseter !
— Il paraît qu'après la plume elle a atterri dans les perles ? Enfileuse, voilà un bon métier !
— Oui... à condition de ne pas faire de l'œil au mari de la patronne ! Aux dernières nouvelles, elle promènerait des enfants aux Tuileries.

Marie-Clémentine quitte un emploi pour un autre avec une insouciance qui agace les peureux. En même temps que

44

les ordres qui blessent son amour-propre, elle refuse les regrets. Ceux-là sont destinés aux couronnes mortuaires et aux mégères qui critiquent sa légèreté à l'abri des portes cochères.

— Quand on manque de sagesse dans sa jeunesse, on crève de faim dans sa vieillesse !

Peu lui importe le futur. Elle se veut heureuse dans le présent. D'ailleurs, la vie la sollicite trop pour qu'elle s'apitoie sur des détails sans conséquence. « A part faire la rosse sur les boulevards ou folâtrer avec les garçons, rien ne t'intéresse ! », lui reproche sa mère entre deux soupirs. Si, le dessin ! Les visages passionnent cette fille de quinze ans, le sien notamment. Au fond des miroirs, elle guette ce que les autres tentent de capter sur sa route ; un regard bleu et exigeant, une bouche généreuse au-dessus d'un menton obstiné.

— Il faut reconnaître qu'elle a de beaux traits !
— La gaillarde est modelée à la perfection !
— Dommage qu'elle soit si petite... Un mètre cinquante-quatre, il n'y a pas de quoi pavoiser !

Point n'est besoin d'être grande pour se tailler la part belle dans l'existence. La fierté de Marie-Clémentine en impose. Tout en la tenant à distance, les filles de son âge la considèrent avec respect et quelque chose qui ressemble à de l'admiration. Rue du Poteau où elle a emménagé avec sa mère, la fille de la lingère s'est fait une solide réputation. Celle-là aura une dot à offrir à son prétendant. A défaut de rentes, elle apportera son culot et sa gouaille dans la corbeille de mariage ! Parce qu'on ne l'a jamais vue frayer avec la flatterie et l'hypocrisie, ceux qui n'ont pas assez de souffle pour lui répondre la montrent du doigt :

— Elle a le cou d'une oie !
— C'est une ambitieuse ! Elle cherche à gagner quelques centimètres !

— Et quelle menteuse ! Il lui faut constamment tromper son monde... fille de châtelain... fille de banquier... et quoi encore ?

Et de fait, si on l'interroge sur son passé, la jeune fille se dérobe ou répond par des mensonges, sorte d'enluminures avec lesquelles elle décore ses médiocres archives. Et puis, il ne lui déplaît pas d'égarer les curieux. A chacun sa fable. Par son seul talent de conteuse, sa vie est devenue une suite de scènes mélodramatiques volées à quelques pages de romans populaires.

— Pire qu'un bateleur en mal de vendre sa mauvaise camelote !

Mais qu'importe l'opinion d'autrui si celle que l'on a de soi est bonne ? Marie-Clémentine est bien décidée à ne pas négliger sa vérité, capital précieux, son seul patrimoine. Elle ne le partagera avec personne. Et plus tard, sur sa carte d'identité, la date de sa naissance sera falsifiée.

— Si ça me plaît, à moi, de tricher !

Cette nature n'a peur de rien, ni des commères qui l'interpellent au passage, ni des hommes auxquels elle rend déjà leur regard, ni même de la misère que pourtant, en compagnie de la lingère, elle fréquente de près, car elle a décidé de la semer en cours de route.

— Elle va déjà traîner sur la Butte ! On l'a vue au bras de ces braillards qui se disent chansonniers !

Tu t'en iras les pieds devant,
Grave docteur qui me dissèques
Prêtre qui chantes mes obsèques...

Au Moulin de la Galette, Marie-Clémentine écoute les artistes qui chantent l'injustice. Ici, la violence fraternise avec la tendresse, et le dénuement porte l'habit du pittoresque. Il n'arrache de larmes qu'aux poètes. Les autres s'en amusent ou l'applaudissent. Quant aux bourgeois qui viennent s'encanailler chaque fin de semaine pour se donner des airs, ils portent raides leur superbe et leurs privilèges.

> *Riche ou pauvre, ignorant ou savant,*
> *Camarade au grand phalanstère,*
> *Nous aurons tous six pieds de terre*
> *Vers la justice égalitaire*
> *Tu t'en iras les pieds devant.*

— Tous ces gens-là te montent la tête !
— Non, maman... ils m'éduquent !

Si les salons de la rue d'Aumale ou de la place Saint-Georges éblouissent Madeleine qui a la charge de leur entretien : « Tant de belles choses en si peu de place... comment ne pas les admirer ? », ils n'impressionnent plus Marie-Clémentine qui n'y voit qu'amoncellement de mobilier et d'objets rassemblés par des héritages injustifiables.

— Tu ne vas tout de même pas devenir une révoltée ?
— Et pourquoi pas ?

Jamais la fille de Madeleine ne se laissera fasciner par la richesse et l'opulence. Elle apprécie déjà ce qui deviendra plus tard le décor de ses dessins, ces espaces aérés et presque nus sur lesquels se découperont les silhouettes et les visages avec, parfois, l'indication d'une cheminée sans parure, d'une table ou d'un lit défait, ou bien la présence d'un objet utilitaire qui en dira plus long sur la personne portraiturée que l'entassement d'une collection.

— Je ne veux pas te ressembler !
— Et pourquoi ?
— Ta soumission m'exaspère !

Tout en marchant aux côtés de sa mère qu'elle est venue

attendre à son travail, Marie-Clémentine tente d'écarter la lingère d'une obéissance qu'elle juge mauvaise.

— Voilà que ma propre fille me jette à la figure mon honnêteté d'ouvrière !

— Maman... pourquoi ne veux-tu pas me comprendre ?

Blessée, Madeleine pince les lèvres avec méfiance : « Comprendre quoi ? Que tu veux mener l'existence facile d'une héritière ? Que tu as honte de moi ? » Marie-Clémentine pousse un soupir. Ce que sa mère ne veut pas admettre, c'est qu'elle a reçu l'espérance en gage. Personne ne la lui prendra. Et bien qu'elle ne possède apparemment pas d'avenir — ce cadeau refusé dès leur naissance aux enfants de l'injustice et de l'inégalité —, elle a décidé de ne pas ressembler à la foule pitoyable qui traîne ses haillons de taudis en bistrot pour finir à l'asile ou sur un lit d'hôpital.

— Tout ça, c'est du bavardage auquel je ne comprends rien. Où as-tu encore été rôder ?

La jeune fille hésite à répondre. Elle regarde sa mère qui fixe le sol comme si elle y cherchait une réponse à sa lassitude et à l'incompréhension. Ce soir, comme chaque vendredi, après le repas pris à la hâte, Madeleine se rendra à la lingerie de Barbès où elle passera la nuit à endimancher le quartier. Onze heures sonneront, puis minuit. Aux alentours de la boutique, les fenêtres s'éteindront les unes après les autres. Sur le trottoir désert, la lumière du magasin formera comme une grande tache jaunâtre où viendront voler les papillons de nuit. Dans le silence presque inquiétant, le bruit des fers qu'on pose et repose sur leur trépied viendra mourir sur le seuil. A quatre heures du matin, le marchand de lait glissera sa tête dans l'entrebâillement de la porte. Il jettera une plaisanterie égrillarde aux femmes épuisées. Le corsage défait et les bras ruisselants, elles adresseront un signe à ce fantôme découpé dans la buée du linge fumant sous les fers.

— J'ai été regarder les acrobates.
— En voilà une occupation !
— Je veux apprendre leur métier.
— Acrobate ? Tu appelles ça un métier ?

HISTOIRE D'UNE CHUTE DE TRAPÈZE

Chaque soir, au 63 du boulevard de Rochechouart, sous la lumière irréelle du grand chapiteau, le cirque Fernando présente des attractions qui font courir le Tout-Paris ; courtisans et mondains en veine de sensations fortes, bourgeois et étrangers de passage. Rien ne manque au programme, ni les colombes effrayées par le bruit des pétards que des gamins font éclater au dernier rang du poulailler, ni le rugissement des fauves qui dévorent l'ennui en coulisses, ni le barrissement du vieil éléphant fatigué de monter chaque soir les marches du même escabeau.

Après les équilibristes habillés de paillettes tapageuses et les jongleurs en bas de soie, apparaissent les prestidigitateurs au chapeau gainé de satin noir, puis les écuyères dressées sur la croupe de chevaux blancs. Pendant qu'au premier rang les galants chuchotent leurs prénoms et se communiquent leurs adresses, elles font le tour de la piste, offrent des baisers au public qui les acclame. A peine ont-elles disparu qu'une jeune fille s'écarte des tentures. Elle salue le public à la manière des ballerines :

— Et maintenant, voici le numéro si apprécié des acrobates !

Ils bondissent aussitôt sur la piste, s'élancent vers une échelle de corde. Après avoir accompagné leur escalade, la musique cesse. Sous les cintres, dans une lumière verdâtre, deux hommes tendus de muscles vérifient les bandages à leurs poignets. Ils s'installent sur les trapèzes, enroulent la corde autour d'une jambe et basculent, la tête en bas ; face

49

à face de deux pendus qui se balancent au-dessus du vertige. Une jeune fille aux cheveux retenus par une résille d'or s'avance jusqu'au bord de la passerelle. D'un regard dont elle sait qu'il n'échappe à personne, elle évalue la distance qui la sépare du trapéziste suspendu au-dessous d'elle. Les bras ramenés près du corps, elle attend le dernier roulement de tambour pour s'élancer. Les spectateurs la voient s'élever au-dessus du tremplin, tourner sur elle-même avant de plonger dans le vide. Un ah effrayé parcourt les gradins. La foule cherche son souffle. Elle le retrouve au moment où l'acrobate saisit au passage les mains tendues de son partenaire. Après un balancement vertigineux où les deux corps semblent n'en faire qu'un, le trapéziste la renvoie à son vis-à-vis qui la reçoit par les pieds avant de la lancer vers la passerelle où elle reprend équilibre en souriant. Enthousiaste, le public tape des pieds. Marie-Clémentine se penche vers son voisin :

— Dans peu de temps, c'est moi que tu viendras applaudir !

La fille de la lingère vient de décider de son destin. Elle ne sera plus jamais bonne d'enfants chez les bourgeois distingués de la rue La Bruyère ni serveuse de restaurant. Place Clichy, dans la brasserie où l'on oublie femme et enfants, les amateurs de sa taille et de ses jupons n'auront plus qu'à demander de ses nouvelles à la caissière. Marie-Clémentine appartiendra au cirque. Comme cette créature qui du haut de son trapèze salue le public en souriant, elle se balancera au-dessus de la gloire.

— Tu ferais mieux de tenter ta chance comme modèle... c'est moins dangereux et ça rapporte davantage !

La jeune fille ne répond pas à l'ami soucieux de son futur. Elle est déjà là-haut, sur la passerelle où l'attendent l'audace et la peur. Suspendue à la corde que tant de mains ont serrée avant elle, elle tourne comme une toupie. Sous son corps qui se moque des lois de la pesanteur, les gradins oscillent et la piste bascule. Les rampes à gaz éclairent par endroits le public. Dans cette lumière de scène qui métamorphose les volumes, les visages ressemblent à des masques crayeux.

— Au lieu de rêvasser, tu ferais mieux d'ouvrir les yeux. Regarde qui est là ! L'homme qui est en train de dessiner au premier rang... c'est Degas !

Certains espoirs meurent en naissant. D'autres à peine formulés sont exaucés. Avenue Trudaine, à l'auberge du Clou, Marie-Clémentine dont la beauté commence à attirer les hommages et les invitations, a fait la connaissance de deux peintres, le comte Antoine de la Rochefoucault et Théo Wagner. L'un et l'autre fréquentent le cirque Mollier, un club privé où les artistes et les gens du monde viennent s'essayer à la haute voltige ou apprendre à jongler. Pendant que Théo Wagner s'adonne à l'équitation, la nouvelle venue s'exerce au trapèze. Sa souplesse, sa résistance séduisent son entraîneur qui ne doute bientôt plus de faire d'elle une acrobate. Hélas ! Un après-midi, l'intrépide a profité de ce que son entraîneur avait le dos tourné pour tenter un saut périlleux. Ses mains ont glissé sur la barre. Elle est tombée sur le dos.

— Que se passe-t-il ?
— C'est la petite Valadon... elle vient de tomber du grand trapèze !

Alertés par ses gémissements, les habitués accourent. Ils se penchent, forment une ronde inquiète autour d'elle qui ne peut plus bouger.

— Il faut aller chercher un médecin !
— Pourvu qu'elle n'ait pas les reins cassés !

Trois semaines plus tard, alors qu'il va prendre congé de Madeleine, le docteur lui annonce que c'en est fini des exercices acrobatiques. A l'avenir, sa fille devra porter son intérêt ailleurs. Cette chute a laissé des traces que le temps n'atténuera pas.

— Dites-le-lui vous-même, docteur ! Moi, elle ne veut pas m'écouter !
— Je viens de le lui dire...
— Et alors ?
— Vous devriez aller la consoler !

Dans la pièce d'à côté, le crépuscule bleuit les murs. Par la fenêtre restée ouverte montent les bruits de la rue. On entend les piaillements d'une bande d'enfants qui pataugent dans le ruisseau et l'appel d'une marchande des quatre-saisons qui vante aux passants la qualité de sa laitue et la fraîcheur de ses carottes. Etendue sur son lit, la malade fixe le plafond.

— Veux-tu que je ferme la fenêtre ?
— Il t'a parlé ?
— Oui.
— Je ne veux pas pleurer !
— Tu devrais... les larmes c'est pas du déshonneur... surtout quand on a quinze ans !

Alors que sa mère tente maladroitement de la consoler... comment la prendre, une fille aussi extravagante et inattendue, pas faite pour notre milieu, même si comme les autres elle a poussé sur le fumier de la misère... alors que Madeleine s'assoit sur le lit, Marie-Clémentine tire le drap sur son visage inondé de larmes.

— Maman... va vite me chercher du papier et un crayon !
— Mon Dieu... mais à quoi ça sert de dessiner ?
— A vivre !

A quinze ans ça rentre à l'usine
  Sans éventail
Du matin au soir ça turbine
  Chair à travail.
Fleur des fortifs, ça s'étiole
  Quand c'est gironde.
Dans un guet-apens ça se viole
  Chair à patron.

L'amoureux de la petite Valadon
un dénommé Boissy
mauvais poète de son état

Monte là-dessus et tu verras Montmartre !... ses jardins escarpés et ses talus d'herbes folles, ses moulins qui bientôt ne tourneront plus, ses vignes, parce que là-haut, n'en déplaise à la capitale qui nous taxe d'orgueil, la terre est bonne ! Comment t'appelles-tu ? Marie-Clémentine ? C'est un joli prénom ! Monte là-dessus, petite, et tu verras le chapeau de paille de Renoir, son verger hanté par les coquelicots, les guinguettes fréquentées par les génies d'un soir et les bosquets où l'on fait l'amour sans façon... mais aussi les abreuvoirs, ils n'ont pas changé d'aspect depuis un siècle, les abreuvoirs où viennent se reluquer les ânes... j'en suis un qui voudrait te plaire... hi ! han ! hi ! han !... Monte là-dessus, petite Marie, et tu verras les tonnelles où roucoulent les amants, les passerelles sur lesquelles, le croiras-tu ? les rapins continuent à jurer un amour éternel à des niaises parées de bijoux à quatre sous ! Monte là-dessus et tu respireras les lilas en avril, et les cytises en mai, et les roses en juin, et le bon air toute l'année, toi dont le teint a l'éclat... bref ! tu connais la suite !... Monte là-dessus — *« Graine de garce, et, tant que reluira l'été, pirouette de farce en farce ! »* Ah que voilà un joli couplet ! Dommage que ce ne soit pas moi qui... Monte là-dessus, et tu verras le coucher de soleil avec l'œil de Nerval !

« J'ai longtemps habité Montmartre. On y jouit d'un air très pur, de perspectives variées et l'on y découvre des horizons magnifiques, soit qu'ayant été vertueux, on aime à voir lever l'aurore qui est très belle du côté de Paris, soit qu'avec des goûts moins simples, on préfère ces teintes pourprées du couchant où les nuages déchiquetés et flottants peignent des tableaux de bataille et de transfiguration au-dessus du grand cimetière entre l'arc de l'Etoile et les coteaux bleuâtres qui vont d'Argenteuil à Pontoise... »

... Ça te plaît ? Oui ? Alors, je continue...

« ... Il y a des moulins, des cabarets et des tonnelles, des élysées champêtres et des ruelles silencieuses bordées de chaumières, de granges et de jardins touffus, des plaines vertes bordées de précipices où les sources filtrent dans la glaise, détachant peu à peu certains îlots de verdure où s'ébattent les chèvres qui broutent l'acanthe suspendue au rocher... »

Pour qui se prennent-ils ces Montmartrois sans jugeote ? ces inconséquents qui offrent le couvert au rimailleur de passage ou au peintre de mauvaises croûtes ? « Ont du pain à perdre et du sentiment à dévoyer ! » Pour qui se prennent-ils ? Mais pour des anarchistes, pour des aristocrates du pavé ! Sur la Butte, le bagou mise sur les vers débraillés et les strophes scandaleuses... est-ce que les miennes te plaisent ?... Sur la Butte, les muses dénoncent les curés et l'injustice. Ecoute !

> *Vous regretterez le temps des cerises*
> *Quand pauvres sans pain et riches gavés*
> *Nous serons aux prises !*

Viens vite, petite ! Viens avant que la mort gorgée d'absinthe ou la phtisie ne nous enlèvent ! Viens admirer les nostalgies de la Commune, les neurasthéniques que le suicide emportera avant qu'ils n'aient eu le temps de donner un nom à leur mal !... Holà ! mais c'est que je me prends pour Nerval !... Viens applaudir les artistes en tous genres, les gandins à l'habit sur mesure, les miséreux de tout acabit. Donne-moi le bras, petite ! Nous allons dériver ensemble ! Regarde ! A l'étroit dans leur costume neuf, les ouvriers l'air bravache font de l'œil aux fausses vertus du Moulin de la Galette !

> *Au moulin qui toujours debout*
> *Précipite, de chute en chute,*
> *Autant de filles dans l'égout*
> *Qu'il en vient danser sur la Butte.*

Oublie le cirque, petite ! Oublie ta mère, la lingère ! Nous allons valser ensemble jusqu'à l'épuisement ! Et lorsque le moment sera venu, je te raccompagnerai rue du Poteau. Ma main prendra ta taille sans que tu t'en offusques. Nous descendrons la Butte sous l'œil hargneux des commères. « Tiens, voilà le Boissy avec une nouvelle conquête ! On raconte qu'il travaille dans une compagnie d'assurances. N'empêche que ce bon à rien est plus souvent à parader au Chat Noir qu'au bureau ! » C'est exact, mesdames ! Avez-vous vu la belle que je tiens dans mes bras ? Elles détourneront la tête. « Il se prend pour un chansonnier sous prétexte qu'on le laisse déblatérer des sottises sur l'estrade d'un bistrot ! Et dire que la petite Valadon a perdu son pucelage avec une pareille crapule ! Elle n'a pas fini de donner du souci à sa mère, celle-là ! »

Viens, petite, viens ! Ce soir, je t'offre un rossignol en prose et des baisers de poète... et même si je n'ai pas de talent, je t'aime... on verra bien si c'est pour longtemps !

L'été par les chauds crépuscules,
A rencontrait Jules
Qu'était si caressant
Qu'a restait la soirée entière,
Avec lui, près du vieux cimetière,
Ru' Saint-Vincent !

Aristide BRUANT.

1881-1882.
Rue du Poteau.
Marie-Clémentine fréquente le milieu artistique de
Montmartre. Elle deviendra bientôt le modèle de
Puvis de Chavannes.

Dans la rue Cortot — une ruelle sans trottoir et mal pavée située au sommet de la Butte —, Renoir vient de découvrir l'atelier de ses rêves. Au fond d'un immense jardin auquel les pelouses à l'abandon et les glycines donnent un air de romantisme échevelé, se dresse une maison inhabitée depuis plusieurs années. « A LOUER. » Le peintre, las des rumeurs du quartier Saint-Georges, a choisi de vivre au milieu de la verdure et des coquelicots. Il a loué deux pièces au premier étage et l'ancienne écurie qui lui servira d'atelier.

— Puisque je ne peux plus être acrobate, je veux devenir modèle !
— C'est un métier de traînée !
— Le dimanche, il y a un peintre qui vient au Moulin de la Galette. Il s'appelle Renoir et offre des chapeaux de paille aux filles qui acceptent de poser pour lui.

57

Madeleine cligne de l'œil pour montrer qu'elle n'est pas dupe. Toi, ma petite, tu cherches un parti plutôt qu'un métier. Avec ton joli visage et ton culot tu vas m'amener des misères à ne plus savoir où les remiser. Déjà que les soucis me laissent à peine la place où poser mes pieds !

— Je ne veux plus te voir rôder avec ce Boissy !

La lingère ne cache pas son mécontentement. Depuis que sa fille a rencontré l'assureur-chansonnier, ce fainéant qui traîne ses guêtres au Chat Noir et autres lieux malfamés, elle n'en fait plus qu'à sa guise. Après avoir essuyé les débris d'une vie d'artiste sur les sables de la piste Mollier et couvert les murs de ses dessins, autoportraits sans complaisance et nudités presque outrageantes... allez savoir ce qui hante son esprit à cette gamine, pour qu'elle se guette ainsi dans une glace ? Même qu'elle finit par m'inquiéter avec son regard insistant... Marie-Clémentine, malgré les réprimandes de sa mère, a repris ses habitudes de rôdeuse. La rumeur publique est devenue messagère de ses dévoiements. « A seize ans, ça se laisse embrasser dans la rue et ça passe ses nuits au Chat Noir ou au Lapin Agile en compagnie de bringueurs qui ont plus de mensonges en tête que de sous en poche. »

— Tu m'entends ? Je ne veux plus te voir traînasser avec ce Boissy ! C'est un ivrogne et un moins que rien !

Penchée à la fenêtre, la fille de la lingère, le visage tendu et les poings serrés sur la barre d'appui, tente d'étouffer la colère. Madeleine ne comprendra jamais sa fille. Bien que nées dans le même pays, les deux femmes parlent une langue différente.

— Quel dommage que tu sois si petiote pour devenir lingère ! Je t'aurais appris le métier ! Mais aussi, mesurer un mètre cinquante-quatre, ce ne sont pas des manières !

Tandis que Madeleine grommelle des insignifiances dans

Autoportrait, par Suzanne Valadon, 1883
(cl. Musée national d'Art moderne, © by SPADEM, 1984)

son dos, Marie-Clémentine jette un regard courroucé à la foule des travailleurs qui marchent silencieusement, tel un troupeau au piétinement régulier ; ouvriers et ouvrières qui descendent des hauteurs de la Chapelle avant de s'engouffrer dans Paris où les attendent le travail et la fatigue. Ne dirait-on pas qu'ils partent pour l'enfer ? Le marchand de vin au bas de l'immeuble retire ses volets. Il accueille ses premiers clients. Le buste ramolli et l'œil oblique, ils hésitent avant d'entrer. Après s'être fait prier par le bonhomme qui leur propose habilement une tournée, les soiffards s'abandonnent à la tentation. Ils pénètrent dans la salle où les attendent d'autres ivrognes.

— Ce patron de bistrot me donne la nausée !

Marie-Clémentine se retourne brusquement. Elle interroge avec violence la lingère qui, désarçonnée par la rudesse de l'intervention, demeure immobile. Doit-elle devenir une de ces besogneuses aux joues terreuses et à la silhouette efflanquée ? Doit-elle, pour plaire à sa mère, épouser un de ces malheureux qui viennent, dès le matin, s'éclaircir la voix à coups de petits verres et, amarrés au comptoir, tousser et cracher comme des vieillards quinteux ?

— Continue à t'entêter et on verra bien où te conduira l'existence !

Sur cette prophétie, Madeleine s'habille à la hâte. Les parquets de la maison où elle est employée attendent d'être frottés.

— Et n'oublie pas de raccommoder la redingote de M. Lucien ! Je la lui ai promise pour ce soir !

Tandis qu'elle se dirige vers le lieu de son travail, sa fille rêve à ses amours. De temps à autre elle jette un regard à la rue avec l'espoir d'y surprendre la silhouette de Boissy qu'elle n'a pas vu depuis deux jours. Il est vrai, le drôle sait qu'il n'est point souhaité dans l'appartement où l'attendent les réflexions désobligeantes de la lingère qui se méfie de lui et plus encore de sa verve de séducteur. Un soir d'orage où il en prenait un peu trop à son aise, Madeleine l'a chassé : « Je vous interdis de poser vos sales mains sur ma fille ! » Et parce qu'il ne descendait pas assez vite l'escalier, elle s'est avancée sur le palier et l'a traité de face de rat.

— Tiens-toi à l'écart de cet homme ! C'est un escroc du sentiment et un fainéant !

Dans la rue, les employés de bureau ont succédé aux ouvriers. Ils marchent par bandes de quatre ou cinq, sautent par-dessus les paquets d'ordures qui encombrent la chaussée. Le vent s'est levé, un vent froid qui descend de la Butte par rafales. Le visage rougi et les yeux luisants, des jeunes filles discutent en grelottant. Une femme entre dans la boulangerie, un enfant loqueteux dans ses bras. Elle en ressort aussitôt, chassée par la boulangère déguisée en furie : « Voleuse ! Le pain, ça se gagne ! Partout on offre du travail ! Que je ne vous voie plus dans ce secteur ! » Marie-Clémentine serre les dents. La sécheresse de cœur, c'est dégoûtant. Elle va quitter la fenêtre lorsqu'un apprenti, les yeux brouillés de sommeil, traverse la chaussée. Comme s'il sentait sa présence, le blondinet lève la tête, mais elle a déjà disparu. Il est temps d'aller livrer le linge que sa mère a repassé la veille.

Le long des boulevards extérieurs, les mères en savates et en jupe sale se promènent derrière leurs marmailles. La morve au nez et la culotte pendant sur les chevilles, les gosses mal torchés se battent entre eux ou montent aux réverbères comme des singes en liberté. Une petite maigrichonne tente d'attirer l'attention de sa mère assise sur un banc. Elle braille tout en se griffant le visage. Le regard perdu, la femme aspire goulûment la fumée de sa cigarette. Marie-Clémentine pose sa corbeille de linge à terre. Ces deux-là j'aimerais les croquer sur le vif ! N'empêche, je ne veux pas leur ressembler ! Je veux rire et danser et oublier la pauvreté et boire la vie, jusqu'à plus soif !

A Montmartre

Tandis qu'au sommet de la Butte on pose à la manière byzantine les premières pierres de la basilique du Sacré-Cœur dont les dômes blanchâtres et « féeriques » étonneront bientôt le monde entier, au 84 du boulevard de Rochechouart, un dénommé Salis, énergumène à la haute taille et aux cheveux roux, vient d'ouvrir ce qu'il est convenu d'appeler un cabaret, lieu où l'on vient tremper ses lèvres dans l'absinthe et son esprit dans la gouaille.

> *Il était laid et maigrelet*
> *Ayant sucé le maigre lait*
> *D'une nourrice pessimiste...*

Pour qui veut se moquer de l'existence, voilà un rendez-vous à ne pas manquer. Au long des soirées et des nuits joyeuses, dans l'antre enfumé du 84 où s'égosillent les bonimenteurs de tout poil, les chansonniers et les poètes de la galéjade, le public applaudit les bons mots et les sarcasmes, même s'il en fait les frais. Battu-content. S'y rendent chaque soir une poignée d'écrivains dont les noms font sursauter l'Académie, des hommes du monde qui prétendent nourrir autant de sentiment pour les belles-lettres que pour leurs maîtresses, une bande de poivrots dont on n'attend plus que la crise de delirium, enfin, pour apporter la note égrillarde qui convient, quelques jolies femmes à l'étroit dans leur corsage et la morale.

— Salis est aussi excentrique qu'avare ! Il ne paie pas ses artistes et déguise ses serveurs en académiciens !

L'amuseur de Montmartre — qui lui doit grande partie

de sa soudaine renommée — accueille tout le monde par une boutade destinée à séduire, sauf les vauriens qui s'invitent à l'occasion. En effet, il arrive parfois que les fêtards, alors qu'ils ne s'y attendent pas, voient apparaître ceux que le quartier redoute plus que la peste, les voyous. Descendus des fortifications où ils ont laissé en dépôt la misère, ils débarquent au 84. Des bagarres éclatent qui interrompent les ritournelles. Dès que le calme est revenu, Boissy en profite pour prendre possession de l'estrade. Sans qu'on l'en prie, il pousse une rengaine sentimentale destinée à émouvoir sa nouvelle conquête, une fille de seize ans arrachée au sale quartier de la rue du Poteau.

— Celle-là n'a pas attendu l'arrivée de la morale pour lui faire un pied de nez ! Regardez-la se dandiner au bas de l'estrade !

Marie-Clémentine, que sa mère se rassure, n'a pas tardé à goûter au plaisir de l'infidélité. Assise non loin de la scène où se démène l'assureur, elle affiche un nouveau cavalier ; Miguel Utrillo y Molins, un aristocrate espagnol, homme de lettres et critique d'art de son métier. Entre les caresses flamboyantes de l'hidalgo et les charges à la française de Boissy, la fille de la lingère ne sait plus où donner de la tête et du corps.

— Que fais-tu ce soir ?
— J'ai promis à Boissy de terminer la soirée avec lui !
— Alors... prenons rendez-vous pour demain ?

> *Au clair de la lune*
> *A Montmartre ce soir...*

Lorsqu'ils sont las des plaisanteries et des rires du Chat Noir, Marie-Clémentine et ses deux compagnons abandonnent la place. Ils montent sur la Butte, vont chez La Mère Adèle ou Au Lapin Agile, situé en face du cimetière, juste

sous la célèbre vigne qui longe la rue des Saules et la rue
Saint-Vincent.

> *Mais l'ptit Jules était d'la tierce*
> *Qui soutient la gerce,*
> *Aussi, l'adolescent*
> *Voyant qu'à marchait pas au pantre*
> *D'un coup d'surin lui troua l'ventre*
> *Ru' Saint-Vincent !*

Ce matin encore, sous les lampes à gaz, le public anes-
thésié par l'alcool est au bord de l'épuisement. L'insomnie
blêmit les visages. Alors que se lève l'aurore, certains se
lèvent en titubant. Une main secourable tend son manteau
à Marie-Clémentine qui oscille au-dessus de la table. Est-
ce l'atmosphère imprégnée de tabac froid ou les effets de
l'alcool ? Prise de vertige, elle se rassoit. André Gill, le
patron du Lapin Agile, un délirant qui avant de mourir à
l'asile de Charenton brode des richesses imaginaires sur sa
vie d'alcoolique, s'inquiète de la blancheur de sa cliente.
Il lui tend un morceau de sucre trempé dans de la gnole.

— C'est aujourd'hui qu'on t'enterre, petite ?

> *Quand ils l'ont couchée sous la planche*
> *Alle était tout' blanche*
> *Mêm' qu'en l'ensev'lissant ;*
> *Les croqu'morts disaient qu'la pauv'gosse*
> *Etait claquée l'jour d'sa noce,*
> *Ru' Saint-Vincent !*

— Je crois que j'attends un enfant...

Autour de Marie-Clémentine on fait silence. Encore un
malheureux à naître ! « Qui c'est le père ? » demande un
curieux. La question est trop directe pour plaire à qui tient
à ses secrets. La fille de la lingère pousse son menton en
avant et, après avoir toisé l'indiscret, lance à la cantonade :
« Cet enfant-là sera comme moi... il n'aura pas de père ! »

Dans un coin une ancienne cocotte renifle un œillet fané :
« On t'a p't'ête attendue, la mioche, pour nous enseigner
no'te métier de fille mère ? » Etonné d'apprendre ainsi une
nouvelle qui le concerne peut-être, Miguel Utrillo regarde
sa compagne qui détourne la tête. Un ivrogne lève son bras
justicier en direction du plafond : « A moins qu'l'Boissy y
reconnaisse sa s'men'ce ! » Marie-Clémentine en a assez
entendu. Elle se lève... non, mais vous l'avez vu parader
dans sa redingote bleu ardoise ?

— Qui vous a dit que c'était Boissy ? Je suis de taille à en
aimer plusieurs à la fois !

Tandis que la future mère quitte les lieux au bras de
Miguel Utrillo, « Un jeantleman, ç'ui-là ! », au fond de la
salle, des soiffards improvisent un couplet sur l'air bien
connu du *Temps des cerises...*

> *Quand nous chanterons, l'temps d'l'assureur,*
> *Et gai rossignol, et merle moqueur,*
> *Sera la Marie en fê... ê... ête !*
> *Et son amoureux aura du soleil au cœur !*
> *Quand nous chanterons le temps des cerises...*

— Y aura une nouvelle bouche à nourrir !

Rue du Poteau.
Un jour imprécis tombe sur l'immeuble d'en face. Au
coin de la rue, un homme aux attitudes inquiétantes guette
on ne sait quoi. Des hurlements viennent des fortifications
où les riverains, à défaut de la police qui refuse de s'y rendre, ramassent chaque jour un blessé ou un cadavre. Madeleine est tassée sur une chaise. Elle n'a pas pris la peine de
retirer son châle. Cet après-midi même, alors qu'elle travaillait rue Fontaine, elle a été prise d'un malaise. Alertée
par une domestique, sa patronne est venue lui rendre visite
dans la cuisine : « A votre âge, vous auriez besoin d'un peu

de repos ! Qu'attendez-vous pour placer votre fille ? » La lingère s'est excusée. Les étourdissements ne sont-ils pas le privilège des dames poudrées d'anémie ? « C'est rien, juste un coup de sang ! » Madeleine a repris bien vite son travail. Ses allées et venues ont rassuré sa maîtresse qui, sur le coup de quatre heures, s'est engouffrée dans un fiacre qui l'attendait à la porte. « C'te grosse vache a sûrement un amant ! », s'est exclamée la soubrette en imitant la démarche maniérée de madame.

— C'est son affaire, pas la nôtre ! a répondu Madeleine qui n'aime pas que l'on critique les maîtres.

Mais plus tard, sur le chemin du retour, elle a ressenti à nouveau cette faiblesse honteuse qui gagnait ses jambes. La main posée contre le mur pour reprendre souffle, elle a tenté de réfléchir. Pourquoi suis-je secouée comme à l'annonce d'une catastrophe ? Elle n'a pas trouvé de réponse car dans ces moments-là les pensées se cognent aux mauvais souvenirs. Le passé qu'elle croyait couché à jamais sous une dalle funéraire a ressurgi. Elle a songé à ces instants cruels, lorsqu'à Bessines elle allait vomir en cachette l'enfant qui poussait dans son ventre malgré elle.

Rue du Poteau.
Assise dans sa robe noire, Madeleine a l'immobilité d'un corps privé de vie. Sa fille vient d'entrer dans la pièce. Elle s'immobilise, observe ce profil auquel l'existence a tout pris. La lingère se retourne, furieuse :

— Je n'aime pas quand tu me regardes de cette façon !

Dans un élan où tout orgueil a disparu, Marie-Clémentine vient s'agenouiller aux pieds de sa mère. Elle pose la tête sur ses genoux. Madeleine soulève une main, hésite puis la repose. La pudeur lui interdit de caresser les cheveux de sa fille. « Ne dis rien... j'ai compris. Cet après-midi... » La petite Valadon éclate en sanglots.

— Qui est le père ?
— Je préférerais que ce soit Miguel.
— Alors, c'est Boissy ?
— Je ne sais pas.
— Ne pleure pas... si enfant il y a, nous l'élèverons... après tout, nous en avons vu d'autres ! En attendant, va donc livrer le linge qui est sur la table !

La jeune fille qui redoutait une scène et des sermons se relève, soulagée, presque rieuse... Allez savoir comment la protéger, cette gamine insouciante qui ne songe qu'à s'amuser et à séduire les godelureaux !... Elle empile les chemises à petits plis dans la corbeille en osier : « Prends soin de ne pas les friper ! Et coiffe-toi ! Tu vas rendre visite à un noble, même qu'il a la Légion d'Honneur ! Puvis de Chavannes, il s'appelle, ce beau monsieur ! »

— Puvis de Chavannes ? Mais c'est un peintre !
— Oh moi, tu sais... la peinture...
— Comment est-il ?
— Aussi vieux que je suis vieille, avec un grand nez et une taille de seigneur, mais sans manières malgré sa distinction et les honneurs.

Dans les bistrots où l'on va user sa salive et dépenser sa paye, les galants cherchent du regard la petite Marie. Elle a disparu, happée par une subite célébrité. Seul Miguel Utrillo a l'honneur de sa compagnie et le bénéfice de ses confidences : « C'est qu'elle est devenue le modèle de Puvis de Chavannes ! »

— On dit qu'elle l'a connu en livrant du linge. « Avez-vous une chemise de nuit pour venir poser dans mon atelier ? »

qu'il lui a demandé la première fois où il l'a vue. Comme quoi, même le métier de lavandière peut mener à la gloire.

Le soir, après les journées de pose où il lui faut, durant des heures, couper une invisible branche de laurier, Marie-Clémentine rentre de Neuilly (où Puvis possède un atelier) en compagnie de l'aristocrate. Pendant que le maître discourt sur l'art et la manière de se comporter face au monde, la fille de la lingère, la tête levée, recueille ses propos comme une affamée. « Ne dirait-on pas une naine à côté d'un géant ? » Sur les boulevards extérieurs, entre la place Blanche et la place Pigalle, on se retourne sur leur passage.

— Maintenant qu'elle fréquente les gens de la haute, la bêcheuse nous ignore ! Paraît qu'il lui donne beaucoup d'argent !

Tard dans la soirée.
Pendant que sa mère somnole sur une chaise, la jeune fille prend des notes ou dessine. Parfois elle lève la tête. « Que complotes-tu encore ? », demande Madeleine qui vient d'ouvrir un œil : « Tu devrais prendre soin de ta santé et de celle de ton futur enfant ! »

— Avant de rencontrer Puvis, je ne savais pas ce que c'était un grand homme !

« *Mademoiselle* »

La bonne est venue m'ouvrir. Elle a pris la corbeille
en me demandant de patienter, puis elle a disparu au fond
du couloir. Devant moi il y avait une porte entrebâillée ;
elle donnait sur l'atelier. Je suis entrée sur la pointe des
pieds dans la grande pièce. Il n'y avait personne. Tant
mieux, je vais pouvoir regarder tranquillement les
tableaux ! Mais le calme n'a pas duré. J'étais plantée
devant une grande toile tout en longueur, lorsque j'ai
entendu sa voix : « Vous vous intéressez à la peinture,
mademoiselle ? » Mademoiselle ! C'était la première fois
qu'on m'appelait ainsi. Je me suis retournée. Est-ce que
je dois lui tendre la main ? Une pauvresse ne touche pas
les doigts d'un aristocrate. Il m'a fait signe de m'asseoir.
J'ai répondu que je préférais rester debout. Pourvu qu'il
ne remarque pas la déchirure de ma veste ! « Ça ressemble à un rêve... » que j'ai dit en montrant la toile en
longueur. Il a eu l'air étonné. « Mais ça n'est pas sot du
tout ce que vous dites là ! » J'ai détourné la tête pour qu'il
ne me voie pas rougir. Evidemment que je ne suis pas
sotte ! Sur ces entrefaites, la bonne est revenue avec la corbeille vide et des sous. Elle a semblé étonnée de m'entendre discuter avec le maître. « Est-ce que vous aimeriez poser
pour moi ? », qu'il m'a demandé. J'étais si heureuse que
j'ai cru m'évanouir !

69

LE BOIS SACRÉ CHER AUX ARTS ET AUX MUSES
Œuvre monumentale de Puvis de Chavannes
destinée au Palais des Arts à Lyon

Sur les bords d'un lac cerné par des montagnes vio-
lacées, des femmes au drapé à l'antique semblent
fixer l'éternité. Dans cette nature qu'ordonne la perfection géométrique, des pins, des chênes et des oli-
viers rappellent la campagne méditerranéenne, à
moins que ce ne soit la nature toscane chère à Fra
Angelico ? Parmi les rochers qui s'élèvent en un
savant désordre jusqu'à un bois aux dimensions
modestes, poussent des figuiers et des arbrisseaux.
Au loin, la mer a creusé un golfe dans les terres. Elle
s'étale, calme, sans une vague, sous un ciel presque
trop limpide. Des colonnes doriques apportent à ce
site   serein,   quoique   mélancolique,   une   note
hellénique.

Le lendemain, je suis allée dans son atelier de Neuilly.
J'avais peur de ne pas savoir poser. « Laissez-moi guider
votre bras ! » C'était surtout ce drapé qui me gênait. Mais
à la fin j'ai fini par l'oublier ainsi que le rire, parce qu'au
début, franchement, je me trouvais ridicule. Si Boissy me
voyait entortillée dans ce drap de lit, il se ficherait de moi !
Sur la toile, je suis devenue la peinture qui reçoit l'hommage fleuri d'un enfant, l'architecture assise sur un frag-
ment de colonne, l'éphèbe qui cueille une branche de laurier, la femme qui joue avec une chèvre. « Vous croyez que
je suis aussi belle que ça ? »... « Beaucoup plus ! Hélas, ma
main ne peut atteindre votre perfection ni votre jeunesse ! »
Evidemment que je suis belle ! Si seulement je n'étais pas
enceinte. Qu'est-ce que je vais bien faire de cet enfant ?
Hier, il m'a invitée à venir m'asseoir à côté de lui : « Nous
reprendrons tout à l'heure ! Venez donc boire une tasse de
thé ! » Je n'ai pas osé refuser. Le thé, c'est bon pour les

gens maniérés qui n'ont pas de gosier. Moi, je préfère le vin blanc ! Puvis parle beaucoup. Il me raconte des choses intéressantes. Le soir nous prenons l'omnibus à Neuilly où est situé son atelier car il ne peint pas dans celui de la place Pigalle. L'odeur de térébenthine doit donner mal à la tête à sa copine, la princesse Marie de Cantacuzène. Je suis fière de marcher à côté d'un homme aussi connu et aussi distingué. On jase sur notre passage. Les gens racontent que Puvis est mon amant. « Tant mieux ! » Ma mère n'est pas de mon avis : « Comment tant mieux ? J'espère que tu te tiens correctement avec un homme qui a quarante ans de plus que toi ? Il ne manquerait plus qu'on dise que l'enfant est de lui ! » Puvis va me présenter à Renoir. Grâce à cet homme du monde je vais devenir un modèle réputé !

> *« Je ne crois pas qu'on puisse analyser un cerveau comme on décrit les rouages d'une montre. L'artiste est insaisissable. En lui prêtant une technique et des intentions en dehors de l'évidence, on est à peu près sûr de se tromper. Sa technique n'est autre chose que son tempérament. »*
>
> PUVIS DE CHAVANNES.

Avec Marie-Clémentine, la fille de la lingère dont il a remarqué la silhouette et le profil un soir où la jeune fille était venue lui livrer son linge, Puvis de Chavannes a convoqué les muses dans son atelier. Sur cette immense fresque dont se moquera plus tard Toulouse-Lautrec, elles incarnent l'idéal et la perfection. En ce jardin, les déesses ne parlent pas de l'éphémère ni de l'agonie des mortels, mais de l'immortalité. Alors qu'ailleurs les dieux rivalisent d'astuces avant de se combattre, ici les fières Piérides méditent dans le calme d'une scène pastorale. Au premier plan, un berger joue de la flûte sans se préoccuper de son troupeau de chèvres qui broutent les feuilles des arbrisseaux. Un peu plus loin, deux éphèbes tressent des couronnes de

71

laurier. Pour Puvis, la jeunesse est porteuse de ferveur et d'enthousiasme. Elle ne connaît pas encore les lois de la prostitution sociale ni les grimaces de l'hypocrisie, et pas davantage ce dédain sceptique si cher à la maturité. A quoi rêve-t-elle ? A la passion et pas à la richesse.

— Ne vous faites plus de souci, Marie ! Je vous aiderai à élever cet enfant !

Montmartre est le bruyant sommet
Où la Muse surgit, pareille
A la nymphe qui chante et met
Son chapeau floré sur l'oreille... !

Clovis HUGUES.

1883.
Rue du Poteau.
26 décembre. Naissance de Maurice Utrillo.

La peinture est en deuil. Edouard Manet, après avoir été amputé d'un pied, est mort, emporté par la gangrène aux couleurs d'indigo. Sur les murs de son atelier, ses derniers tableaux témoignent de son passage.

Tandis qu'on enterre le peintre à grand renfort d'articles, de polémiques et d'épitaphes, l'hiver se poste aux carrefours de la Butte. Sur le versant nord de la colline de Montmartre, près de la porte de Clignancourt, des galopins courent les rues en sabots. Ils sont à la recherche du père Noël qui, cette année encore, se plaint d'avoir la bourse vide. L'anticléricalisme qui a pris naissance dans les cabarets est toujours à la mode, mais à la veille de la nativité de Jésus, chacun trouve que le catholicisme, même s'il a souvent la mine austère, n'est pas sans qualités. Une religion qui sait offrir aux besogneux une journée de repos et la possiblité de faire ripaille n'est pas à dédaigner !

— En fin de compte, le fils de Dieu l'aura été plus généreux pour l'ouvrier que le fils des patrons !

73

Devant les boutiques où s'étale la tentation, dindes déco-
rées de serpentins en papier, oies enrobées de bonne graisse,
et l'on n'en finirait pas de décrire toutes les gâteries qui se
proposent aux gourmets, les ménagères encapuchonnées
s'interrogent : « On ne va tout de même pas fêter Noël avec
des moules et des frites ? » Après avoir fait son choix et
décidé du menu, on compte l'argent miraculeusement sauvé
du tiroir-caisse des bistrots par trop accueillants, chauffés
juste ce qu'il convient pour garder longtemps le client. Mais
aussi, comment résister à la tentation lorsque celle-là se présente à chaque pas ? Dans le quartier où l'on construit des
immeubles sur les anciens potagers, de nouveaux vide-
bouteilles ouvrent leur porte. Ils seront bientôt aussi nom-
breux que les poux sur le crâne mal rasé d'un sans-logis.
N'est-il pas réconfortant de savoir que si certains meurent
d'alcoolisme, d'autres s'enrichissent sur le dos de la
misère ?

Point de bijoux dans son coffret.
Si quelque barde peu sévère
L'approche au seuil du cabaret,
Elle accourt et boit dans son verre...

En cet hiver 1883, le froid et la neige ne font pas reculer les visiteurs ; Parisiens ou étrangers avides de curiosi-
tés, faux mariés qui cherchent un lieu où s'amuser. A
l'Elysée-Montmartre où l'on affiche complet tous les soirs,
les chahuteuses éventent leurs jupons entre deux valses. La
tête renversée pour mieux offrir leur gorge au visage
empourpré du célibataire d'une nuit, elles minaudent ou
jouent de l'éventail. Au-dessus des décolletés parés de dentelles, de fleurs séchées ou de colliers clinquants, des visages se penchent, gagnés par le vertige.

— N'est-ce pas Miguel Utrillo, ce grand nez enfoui entre

les seins de Virginie ? Il est probablement en train de se documenter pour son article sur le désir parisien ?

Dans l'immense salle surmontée de galeries, espaces aériens où il est plaisant de circuler (de là on voit mieux la calvitie des galants sur le retour et le chignon des belles), les gigolettes et les gandins vont et viennent. Des regards effrontés se croisent longuement ; ils se racontent des histoires muettes qui finissent bien. Sur le rocher qui sert d'estrade à l'orchestre, le pianiste adresse une œillade à une nouvelle venue dont les épaules généreusement offertes ne doivent guère avoir plus de quinze ans. « Qu'elle en profite... elle aura toute sa vie pour collectionner les restes ! », lance une cocotte qui cache sa trentaine sous une voilette et de longs gants noirs luisants comme des serpents.

Derrière la rangée des plantes gigantesques qui donnent à la salle un air d'exotisme tropical, montent des cris de pudeur offensée ; une pucelle combat pour la vertu qu'elle a décidé de perdre. Plus près de la piste, un homme du monde que l'on aperçoit souvent dans l'atelier de Puvis de Chavannes tente d'oublier ses soucis avec une jeune fleuriste de la rue Saint-Denis.

— Mon bijou... et si vous me parliez de votre amie, la petite Valadon ? Que devient-elle ?
— Oh, monsieur, c'est qu'elle ne quitte plus sa chambre ! Pensez, avec toute cette glace sur les trottoirs, elle risquerait de tomber, et l'enfant est là qui ne va pas tarder à montrer son nez... et si c'est pas une honte de voir Miguel s'amuser ici comme si de rien n'était, car c'est pas sûr que ce soit Boissy le père ! L'Espagnol était aussi de la partie !

Bien qu'il fréquente en soirée l'Elysée-Montmartre et autres lieux où l'on rencontre ce qu'il est convenu d'appeler « la polissonnerie à la française » dont il est censé prendre la température afin de la décrire aux gens de son pays, Miguel Utrillo, à la veille des fêtes de fin d'année, a pris pension au Moulin de la Galette où sa haute stature et son profil d'oiseau de proie ne passent pas inaperçus. On raconte autour des tables où il accepte parfois d'asseoir ses manières anguleuses que cet aristocrate, ce futur architecte, a fait de la curiosité un métier. Entre deux phrases musicales arrosées de vin, d'absinthe ou de chartreuse verte, car l'étranger n'a pas fait vœu d'abstinence, il rédige des articles destinés aux journaux espagnols.

— Mon petit bijou... pourquoi vous fâcher ? Il est bien normal que cet homme s'amuse en l'absence de son amie ! Elle-même a la cuisse légère, n'est-il pas vrai ?
— C'est pas une raison parce que Marie aime rire avec les hommes qu'il faut raconter n'importe quoi sur sa moralité ! Y suffit d'une fois pour atterrir chez la sage-femme !

La petite Valadon a disparu de l'horizon des noctambules. Son ventre ne lui permettait plus de se glisser entre les tables. « Paraît que songe à quitter son triste quartier pour venir habiter sur la Butte ! Puvis s'occupe de sa misère. En plus d'avoir de brillantes manières et une faconde de conférencier, n'est pas mesquin cet être-là ! » La fille de la lingère n'a pas revu Boissy, le père présumé de son enfant. Ce genre de personnage suit la pente de l'irresponsabilité sans qu'il lui en coûte le moindre effort.

— En le mettant au monde, sa mère avait l'esprit ailleurs. Elle a oublié de lui offrir une conscience !

Dans les rues où on l'aborde pour s'enquérir de l'état de santé de Marie-Clémentine, l'assureur joue au négligent : « Vous connaissez la formule... pas de nouvelles, bonnes nouvelles ! » Et lorsqu'on lui demande s'il compte reconnaître l'enfant, il s'exclame en riant bêtement :

— Ai-je la tête d'un père ?

Tas d'inach'vés, tas d'avortons
Fabriqués avec des viandes veules,
Vos mèr's avaient donc pas d'tétons
Qu'a s'ont pas pu vous fair' des gueules ?
Vous êt's tous des fils de michés
Qu'on envoy' téter en nourrice.
C'est pour ça qu'vous êt's mal torchés...
Allez donc dir' qu'on vous finisse !

Aristide BRUANT.

Pendant qu'ailleurs on prépare Noël, rue du Poteau, la fille de Madeleine attend la délivrance. Elle a mis à profit le temps volé au travail et au badinage pour dessiner. Au-dessus de son lit, la future mère a épinglé son premier auto-portrait, un pastel d'une sobriété inattendue chez une fille aussi fantasque et légère. L'œil aigu et méfiant, la bouche dubitative, le modèle interpelle le peintre. Et lorsque la lingère rentre du travail, il n'est pas rare qu'elle trouve sa fille assise en face d'elle-même. Interloquée, elle attend que Marie-Clémentine en ait terminé avec ce dialogue silencieux :

— Mais enfin... qu'est-ce que tu espères ?
— Qu'il m'apprenne quelque chose sur moi-même !
— Qu'est-ce qu'il ne faut pas entendre !
— J'ai étudié Puvis pendant qu'il travaillait... je ne saurai jamais me concentrer comme lui !
— Quel orgueil ! Tu n'as pas encore commencé et tu voudrais déjà être pareille à un maître qui a près de cinquante ans de pratique !

Madeleine accroche son paletot à la patère. Elle se retourne avec une lenteur d'ancêtre et, le temps de traverser la pièce, jette un regard méfiant aux dessins éparpillés sur la table : « Et puis, tu sais ce que je pense... la peinture n'est pas un métier de femme ! » Tout en disposant deux couverts, Marie-Clémentine proteste. Malgré ce profil déformé que la fierté lui dicte de cacher, son titre de modèle

77

pour peintre fameux la revêt d'une dignité à laquelle elle ne peut plus désormais renoncer :

— Puvis m'a appris à réfléchir et à m'exprimer !
— Voilà qui va te nourrir !
— Inutile de te faire des illusions... je ne serai jamais ouvrière comme toi !

Pendant que la protestataire apporte la soupière, Madeleine, son fichu serré autour de sa maigre tête, se laisse tomber sur une chaise. Elle pousse un soupir qui dénonce le cours chagrin de ses pensées. Que sa fille n'ait pas envie de crever de faim en s'échinant pour les autres, elle le conçoit bien, mais comment diable vont-elles élever l'enfant ? Cette friponne pourvue d'audace et d'ambition qui, à l'occasion, prétend ne pas être sa fille — que n'inventerait-elle pas pour échapper à son passé et à la curiosité des gens ? — cette nature portée aux extrêmes et à l'extravagance aura-t-elle toujours les moyens de satisfaire ses envies ? Des racontars circulent qui ne sont pas du goût de la lingère. « Qui lui offre ces jolis vêtements et ces bouquets de violettes, à la Valadon, sinon les vieillards pour lesquels elle pose toute nue ? » A la blanchisserie où Madeleine va repasser le linge fin trois soirées par semaine, une ouvrière à la langue teigneuse a raconté aux autres que Marie-Clémentine avait profité de ce qu'elle attendait un enfant pour proposer son corps à droite et à gauche du moment qu'il y avait un agrément matériel ou un divertissement à l'appui :

— Un jour, Puvis de Chavannes l'a surprise dans les bras de son broyeur de pigments. Paraît qu'elle était aussi nue qu'un ver de terre !

Mais alors qu'elle souhaiterait secouer cette lassitude qui l'encourage à fermer les yeux devant les incartades de celle que l'on traite volontiers « d'entretenue » dans les ateliers où l'on s'use au labeur — car seule la sueur mérite salaire, et poser n'est pas une occupation respectable et encore moins un travail —, Madeleine se laisse gagner par la détente et le bien-être. Non, décidément, ce soir que la morale l'excuse ; elle ne se sent pas l'humeur chicanière. Au contraire. La tendresse s'empare brusquement d'elle. Elle saisit la main de Marie-Clémentine, la presse avec affection. L'émotion envahit les deux femmes qui restent muettes un instant. Le visage tendu au-dessus de la soupière, elles se regardent droit dans les yeux.

— Et dire que les gens te prennent pour une amuseuse !
— Tant mieux !
— Je voudrais qu'ils te respectent !
— Ne t'inquiète pas... ça viendra !

26 décembre 1883.

Sur les trottoirs déserts, la neige ressemble à du talc. De la fenêtre on remarque çà et là des traces de pas. Ce sont ceux des garces du quartier. Le cul gelé sous des robes de drap mal taillées, elles ont l'indécence de faire le tapin un jour de fête sainte. Des papiers colorés traînent sur le seuil des bistrots où l'on a bu et dansé toute la nuit. Au coin de la rue du Poteau, des gamins admirent leurs sabots neufs ou le cache-nez que la grand-mère a tricoté derrière le dos du père Noël.

Dans son lit, Marie-Clémentine s'agite en gémissant. Elle se plaint d'élancements qui lui labourent les reins. Debout près de la fenêtre, Madeleine tente de cacher la peur qui lui tourne les sangs. Elle attend que les douleurs se précisent pour aller chercher la sage-femme. Si seulement Marie-Clémentine pouvait lâcher cet enfant dans un éternuement ! Mais qu'a-t-elle à s'inquiéter de la sorte ? Les langes sont prêts et l'eau chauffe sur le poêle, parce qu'il ne faudrait pas qu'il prenne froid ce petiot sous prétexte qu'il a choisi de venir au monde le lendemain de Noël. Si seulement c'était un garçon ! Il pourrait aider sa mère plus tard. Mais voilà qu'elle dit n'importe quoi, vu que ça ne sert à rien de souhaiter un gars. Les cartes sont distribuées depuis belle lurette ! Et pourquoi tout ce tintouin ! Ne va pas mourir, sa fille ! Si ce n'est pas honteux, une femme de son âge se tenir de la sorte, avec cette larme qu'elle retient au coin de l'œil, et cette boule de crainte qui va et vient dans sa gorge, si bien qu'elle peut à peine avaler sa salive ! Vrai, elle n'est pas plus courageuse que la gamine qui tremblait autrefois sur le pas de sa porte, alors qu'elle allait accoucher de sa fille !

Marie-Clémentine regarde aller et venir Madeleine. Soudain, la douleur la jette sur le côté. La lingère se précipite : « Faut-il que j'aille chercher la sage-femme ? » Pour toute réponse, la future mère pousse un cri. Elle jette ses bras en avant, saisit Madeleine par les épaules et l'attire contre son visage défiguré par la souffrance : « Maman... je veux un fils ! » Madeleine tente de se dégager : « Lâche-moi, voyons... »

— Je veux un fils à moi ! à moi toute seule !

À Montmartre, les rumeurs marchent au pas de charge. Il a fallu moins d'un après-midi pour que la nouvelle atteigne Le Lapin Agile. A la nuit tombée, Boissy est arrivé, porté par un chœur de vocalises triomphales. « V'là l'heureux papa ! » Pour permettre à son prestige de gagner quelques octaves, l'assureur a joué à l'ignorant. Il a allongé le cou derrière les deux comparses qui l'accompagnaient :

— Qu'est-ce qu'on me chante là ?
— Parce que tu ne connais peut-être pas le refrain ?
— Donne-moi la première note !
— Tu ne sais pas que tu es le père d'un petit Maurice ?

Boissy, à l'étonnement général, n'a pas reculé devant l'annonce de sa paternité. Il a soulevé fièrement son béret :

« J'offre une tournée générale pour fêter l'événement ! » Le nez plongé dans un verre d'apéritif, chacun a trouvé que l'actuaire de L'Abeille savait donner du lustre à sa lâcheté.

— Et maintenant, qu'attends-tu pour aller jeter un coup d'œil du côté de la rue du Poteau ?
— Ma foi, ça ne me dit point trop ! La lingère risque de donner le rhume à ma bonne humeur !

Au lieu d'aller rendre visite à la mère et à l'enfant, et s'assurer de la ressemblance, car en fin de compte c'est encore la meilleure manière pour reconnaître une paternité, et puis était-il conforme ce marmot-là, et n'avait-il pas un crâne trop pointu ou des attributs trop discrets ? bref, au lieu de respecter les usages, l'assureur a proposé de passer la nuit entre amis. A l'exception de Miguel Utrillo qu'on n'a pu joindre, tous les fêtards du quartier se sont réunis autour d'André Gill. Ces énergumènes sans foi ni loi ont tenu les riverains éveillés toute la nuit. Après avoir fait bombance, ils ont défilé dans les rues en chantant...

L'est né l'nouvel enfant, l'fils d'Boissy !
Qu'a fait la pige au p'tit Jésus !
Pace que si né presque l'même jour qu'lui,
L'Maurice, lui, l'avait au moins un lit !

Marie

J'ai soif !
J'ai soif de tout !
De la peau de mon petit Maurice !
De ses poings fermés contre mes joues !
De l'odeur de lait caillé dans sa bouche !
De la grosse larme qui roule sur sa joue !
De son crâne qui va et vient contre mes seins !
J'ai soif de mon fils !
Maurice m'appartient !

J'ai soif ! J'ai soif de tout ! Du regard des gens, de leurs
gestes, de leurs sourires ! J'ai soif de l'air ! Même de celui
de la rue du Poteau que nous allons quitter dans quelques
jours, et cela grâce aux générosités de Puvis, ce seigneur,
mon ami, et je me moque bien de ce que pensent les gens
de mon commerce avec l'aristocratie ! Et je me moque bien
de Boissy que je n'aime plus du tout ! plus du tout ! cet
alcoolique, ce rabâcheur de sonnets mal faits qui ose pré-
tendre que Maurice est son fils !

Cet enfant m'appartient !
Il est mon seul bien !

J'ai soif !
J'ai soif de tout !
Du raisin aux étalages de la rue Lepic !
De la poudre de riz que j'étale sur mes joues !
De l'essence de térébenthine qui me saute aux narines lors-

que je débarque dans l'atelier de Renoir, rue Cortot, Renoir, vous connaissez ? chez qui je vais poser. Et touchez mes tétons, maître, et touchez ma natte ! vous êtes autorisé à la défaire ! elle est la propriété de vos pinceaux ! Bien sûr que je dis n'importe quoi ! Sauf qu'en vérité c'est moi qui ai posé pour le tableau de Renoir intitulé : *La natte*. Riez ! Riez ! Vous n'imaginez pas ce qu'endurent les modèles. Ce fourmillement qui s'empare des jambes, cette courbature qui s'installe à la taille, cet agacement que donne l'immobilité, ce besoin irrépressible de bouger qu'il faut combattre minute par minute, seconde après seconde. Puis vient la crampe, et l'on jette un coup d'œil malgré soi à la pendule. « Maria ! Tu as encore bougé ! »

J'ai soif !
J'ai soif de tout !
De dessins !

Après ses journées de travail, maman Madeleine pose pour moi : « Eh bien, nous voilà propres ! J'espérais que cette manie de crayonner t'abandonnerait avec la venue de l'enfant, mais c'est pire qu'avant ! »

J'ai soif !
J'ai soif d'exister !
D'être moi, la mère de Maurice, un modèle au prénom de Marie ou Maria... et plus Marie-Clémentine, ah çà non ! cette gamine qu'on séduisait avec un bouquet et trois sourires, cette niaise qu'on s'attachait avec des boniments de camelots ! Non, je ne suis pas soûle ! Voulez-vous que je vous le prouve en faisant le poirier ? Bande de méchants farceurs, commandez-moi plutôt un autre verre. Ce n'est pas tous les jours qu'on fête l'anniversaire de son fils ! Quel âge a-t-il ? Trois ans ! Mais voici Miguel ! Viens donc t'asseoir près de moi, Utrillo ! Qu'est-ce que je disais ? Ma foi, comme d'habitude, n'importe quoi ! Tu sais bien que

j'adore parler, histoire de mentir, histoire de me moquer
du monde, ah ! ah !

J'ai soif !
J'ai soif de ton regard plongé dans le mien !
De ton genou contre ma cuisse !
De ta moustache au creux de ma main !
J'ai soif d'amour !
J'ai soif de toi !

Que de poses de tête j'ai faites pour Renoir ; soit à l'atelier de la rue Saint-Georges, soit à celui de la rue d'Orchampt ! La danseuse qui sourit en s'abandonnant au bras de son danseur, c'est moi, et c'est encore moi qui suis la demoiselle du monde, gantée jusqu'au coude et en robe à traîne. Rue d'Orchampt, j'ai posé aussi pour un motif de Bougival. Et quant aux nus, Renoir en a peint un certain nombre d'après moi non seulement dans un jardin de la rue de la Barre qu'il avait loué et où se trouvait une baraque servant d'abri, mais à l'atelier du boulevard de Clichy et notamment pour un de ses tableaux de baigneuses.

Suzanne VALADON.

1883-1887.
Rue de Tourlaque.
Tout en poursuivant sa carrière de modèle, Maria exécute de très beaux dessins à la mine de plomb, au fusain ou à la sanguine, portraits de ses familiers dont Miguel Utrillo fait toujours partie. Après avoir été le modèle de Puvis de Chavannes, elle devient également celui de Renoir, puis celui de Steinlen, de Henner, de Zandomeneghi, d'Anaïs, etc.

— Ces impressionnistes sont des vicieux ! C'est bien simple, ils ne pensent qu'à la chose !
— S'ils ne faisaient qu'y penser... mais c'est qu'ils la peignent !

85

L'art de Renoir n'est pas né de l'angoisse mais de l'exaltation. A son modèle préféré — elle le suivra d'atelier en atelier — à sa muse du moment, la fille d'une lingère qui s'est installée rue de Tourlaque avec son fils (et ce bâtard-là peut se flatter d'avoir autant de pères que sa mère a d'amants !), il fait partager son lyrisme et son goût de l'étreinte. A l'entendre, le soleil ne brille que pour lui, personnage au physique curieusement émacié qui porte la barbe par paresse et le canotier par légèreté.

— Regarde l'ombre sur cette feuille... pour la rendre il faut employer du brun, de l'indigo, peut-être une touche de vert, de cinabre, du bleu... le noir pur, il faut le laisser aux débutants et aux mauvais peintres !

L'hilarité des incrédules qui sur le marché de l'art le traitent de décorateur pour porcelaines, la violence de la critique qui ne voit dans son œuvre que les jeux d'un amateurisme sans rigueur ni discipline académique, ne l'atteignent d'aucune manière. Il ne se préoccupe que de l'éclat des peaux, de la blancheur des visages baignés par un rêve, de l'ombre des paupières baissées sur quelque secrète conspiration.

> *S'il n'y avait pas eu de tétons, je n'aurais jamais choisi ce métier... Quand j'ai peint une femme et que j'ai envie de taper dessus, c'est qu'elle est finie.*
>
> Auguste RENOIR.

Avec cet amoureux des femmes, avec ce chantre de la nature dont Maria deviendra plus tard l'ennemie... « *Renoir, ce peintre à la tomate !* » — mais l'injure ne jaillira-t-elle pas d'une bouche furieuse d'avoir été repoussée ? car Aline Charigot, la future jeune épouse du maître, chassera le modèle trop séduisant ! — avec Auguste Renoir, Marie-Clémentine qu'il n'est plus question d'appeler autrement

86

D'après Miguel Utrillo, dessin de Suzanne Valadon
(cl. Atelier 53, © by SPADEM, 1984)

que Maria est partie à la recherche de la lumière. Dans le jardin de la rue Cortot...

— Ne bouge pas... regarde-moi ! Non, pas comme ça !... oui... oui, voilà ! c'est ça !

... la petite Valadon est en train de poser pour *La danse à la campagne*, un tableau qui fera courir les amateurs du peintre à scandale. « Penche un peu la tête... bien ! bien ! » Au bras d'un jeune dandy qui en profite pour la serrer de près, elle regarde le peintre avec un œil qui en dit long sur les sentiments qu'elle éprouve.

— Finalement... j'aimerais mieux que tu tournes légèrement la tête... je préfère ton profil !

Tandis qu'il s'active autour du modèle, avançant et reculant pour surprendre sur le visage de Maria les dégradés et les mouvances de l'ombre, Renoir ne se doute pas que la fille de Madeleine est sur le point de prendre une leçon dont elle tirera profit. En fin d'après-midi, lorsqu'elle rentrera rue de Tourlaque, Maria s'installera sans mot dire devant une feuille blanche. « Tu n'embrasses même pas le petit qui s'ennuie de toi toute la journée ! » La rage de dessiner lui tiendra compagnie jusqu'à la nuit, jusqu'à ce qu'on allume la lampe à pétrole. C'en sera fini pour elle de prendre des attitudes sur commande et de feindre des émotions imposées par ces génies ou faiseurs de croûtes pour lesquels elle pose à tour de rôle. A Renoir, elle abandonnera les froufrous des demoiselles agacées par le désir, à Henner elle laissera le pompiérisme d'une attitude glacée et fausse, à Anaïs, le Tchèque, elle fera cadeau de la Vérité sortant du puits où elle aurait dû rester cachée. Mais à Maria, le modèle soumis durant la journée, le modèle réputé pour sa patience, elle accordera ce trait noir qui tente de cerner, soir après soir, la silhouette et le visage d'une vieille femme désabusée.

— J'en ai assez de regarder toujours du même côté !
— Ne bouge pas !
— J'ai mal au dos !
— Ça va passer !
— J'ai des fourmis dans les jambes !
— Songe à autre chose !
— Tu ne ressens donc jamais de pitié ?
— Non, pas quand je dessine !
— Seigneur Dieu, qu'est-ce que tu ne m'auras pas fait faire ? Ça ne te suffit donc pas de poser toute la journée pour ces peintres ? Il faut que tu m'imposes la même corvée !

Maria jette un regard de désapprobation à sa mère qui, soudain honteuse, détourne les yeux. « Ça y est, tu as encore bougé ! Si je me tenais aussi mal que toi dans les ateliers, je me serais fait renvoyer depuis longtemps ! » Vexée par un reproche qui lui amène les larmes aux yeux... on a son orgueil ! la lingère tente une dernière protestation :

— C'est possible ! Mais moi, je ne t'ai jamais demandé de repasser les volants à ma place ! A chacune son métier !

Le gloussement satisfait de Maurice qui s'adonne au plaisir de détruire lui répond. Assis sur une chaise basse que lui a offerte Miguel, l'enfant a su se soustraire au regard de sa mère dont il redoute les colères et plus encore les punitions. La langue tirée, il corrige un des dessins de la future Suzanne Valadon à sa façon. A l'aide de grands traits rageurs qui lui procurent une satisfaction évidente, il zèbre un profil à la sanguine. Pendant ce temps, l'agacement gagne les jambes de Madeleine qui n'ose même plus bouger un doigt de pied : « Les gens disent qu'avec tout ce succès qui tourne autour de ta personne, tu deviens prétentieuse comme une demoiselle... est-ce vrai ? » La dessinatrice ne répond pas. Elle a mieux à faire. Après un moment de silence qui dure un peu trop, la lingère tente à nouveau de se libérer :

— Je peux reprendre ma couture ?

— Non ! Je n'ai pas fini !

Avec les années d'apprentissage, le trait de Maria a acquis de la sûreté et de la précision. Incisif et dur, presque cruel, il dissèque le modèle auquel il arrache, bon gré mal gré, son secret caché sous l'épiderme. Les scènes gagnent en force mais elles sont toujours familières pour ne pas dire banales ; grand-mère prostrée sur sa chaise, fillette appuyée contre un oreiller froissé, « mon fils » couché ou debout. Animée d'une passion que personne ne s'explique, la petite Valadon persévère dans une voie qu'elle ne quittera plus. Et quelques années plus tard, lorsque Degas découvrira ses dessins, il s'enthousiasmera pour le talent inné de cette femme : « Comment vous, volage dans la vie, pouvez-vous être si farouche dans votre travail ? » Maria tentera toujours de traduire le plus précisément possible ce qu'elle voit mais aussi ce qu'elle devine ; par exemple, la colère rentrée de son fils qui lui adresse, dans le reflet de la vitre où il tente de capter l'image de sa mère, une moue de reproche parce qu'elle est trop souvent absente, ou la tristesse de Madeleine, car la lingère a trop souffert pour croire aux bienfaits de son présent de fausse rentière.

Depuis que sa fille gagne assez d'argent pour les nourrir tous les trois... « Quand on sait combien est payée une pose, il y a de quoi s'interroger ! C'est encore un de ses vieux amants qui lui donne de l'argent ! Puvis de Chavannes ou Renoir ! »... depuis que sa fille est devenue la coqueluche des peintres qui s'arrachent ses services, Madeleine ne travaille plus. Pour la lingère que le temps et les obligations ont poursuivie sa vie durant, les journées s'écoulent sans essoufflement, avec une sorte de bonne grâce et de lenteur auxquelles elle ne parvient pas à s'accoutumer. « Devant toute cette liberté, c'est plus fort que moi, je me sens coupable ! » Tandis que les clochards se disputent sous les fenêtres la priorité auprès des poubelles, elle s'éveille non plus avec la crainte d'être en retard à son travail, mais avec une sorte de mauvaise conscience dont elle tente de se délester en priant. Les piaillements du gamin mettent de l'animation dans l'appartement. « Tu ne vas tout de même pas me jouer la comédie du désespoir chaque fois que je dois quitter la maison ? » Maurice tourne autour de sa mère qui s'apprête devant son miroir. Il tente désespérément de la retarder :

— J'veux aller avec toi !
— C'est impossible !
— Pourquoi tu m'abandonnes ?
— Tu n'es pas bien avec maman Madeleine ?
— Si, mais j'suis plus bien quand t'es là !

De son lit, la vieille regarde la lumière qui vient rendre visite à la fenêtre, puis l'horloge où les heures ont cessé d'être menaçantes, enfin sa fille. Penchée sur Maurice, Maria tente de calmer l'enfant. « Au lieu de renifler, fais-moi le plaisir d'aller chercher un mouchoir ! » Madeleine glisse ses jambes hors du lit.

— Moins je travaille, plus je me sens fatiguée ! C'est comme si l'usure des années m'avait rattrapée ! Tu poses pour qui ce matin ?
— Pour Nittis !
— Il est connu, celui-là ?

Sous le chapeau, une sorte de canotier à bord étroit, feutre noir surmonté d'une hirondelle taillée dans du drap de couleur prune, le modèle jette un regard blasé à la grand-mère qui est en train d'enfiler ses pantoufles : « Evidemment ! » Depuis que Puvis, le hautain penseur du symbolisme, lui a ouvert les portes d'une brillante carrière, Maria ne pose que pour des gens célèbres ou sur le point de l'être.

— Comment est-il ?
— Pas pire que les autres... tu sais, à part quelques per-

91

sonnages exceptionnels comme Puvis ou Renoir, même s'ils ne font pas les mêmes toiles, les peintres se ressemblent tous !

Dans les ateliers où elle affiche sa nudité et montre un sérieux dans la pose dont on lui sait gré, dans les ateliers où sa beauté éclatante lui attire des propositions flatteuses et ses joues les baisers des rapins venus saluer le maître, à l'heure de la détente, Maria étudie le commerce humain. Tout comme dans les salons où l'on se congratule à distance pour éviter les microbes de la médisance, en ces lieux de création et de rencontres improvisées, on cancane, partage entre amis du moment la méchanceté.

— Il y a pourtant la bonne amitié, mais il suffit qu'un visiteur prononce un nom ou fasse un compliment sur un absent... pan ! pan ! les langues se mettent en branle... pan ! pan ! mort le peintre ! mort l'ami !

La consternation invite Madeleine à s'éponger le visage, une fâcheuse habitude dont elle ne parviendra jamais à se défaire. Ainsi, la fraternité est aussi impraticable chez les artistes que chez les ouvriers !

— Et avec vous, les filles, sont-ils gentils ?
— Avec moi... oui... enfin... oui, plutôt...

Maria pousse un soupir. Il porte loin la déception : « Ils savent que je ne me laisse pas maltraiter, mais avec les autres... il y en a un qui en fin de séance lance l'argent sur le plancher, histoire d'humilier le modèle qui doit se baisser pour le ramasser ! » Si Puvis l'a habituée à la courtoisie et Renoir à la tendresse, ailleurs les exigences sont d'un autre ordre.

— Me voilà bien déçue, murmure Madeleine... jeter l'argent sur le plancher ! Je savais que les artistes fainéantent la journée et nocent la nuit... il n'y a qu'à observer ceux du quartier... mais pour le reste, je croyais qu'ils avaient l'âme meilleure que les gens du peuple !

Depuis quelques semaines, Maria pose régulièrement pour un peintre avec lequel elle s'est liée d'amitié, le Vénitien Zandomeneghi, un bossu aux allures fracassantes et à la cape de mousquetaire qui a pour principe de se servir du hurlement plutôt que de la parole pour défendre ses idées. Bien qu'ils habitent à trois pas l'un de l'autre, les nouveaux amis se retrouvent régulièrement à la brasserie La Nouvelle Athènes qui vient d'ouvrir ses portes place Pigalle. Pendant qu'elle pose pour une toile qui s'intitulera *Femme attablée dans un bistrot*, Maria interroge Zandomeneghi. Qui est cet être étrange qui possède un atelier dans son immeuble, rue de Tourlaque, ce nain qui hante le quartier sans se soucier des quolibets et des rires que soulève son passage ? Il intrigue Maria autant par sa laideur que par son aisance.

— Sais-tu que cet infirme est un aristo ? Et pas n'importe lequel ! Si tu possédais sa fortune tu n'aurais plus à t'inquiéter de ton futur !

Le comte de Toulouse-Lautrec, un gnome vêtu d'un pantalon à carreaux, d'une jaquette noire et d'un melon, a décidé d'ignorer la cruauté des gosses qui contrefont sa démarche : « Coin ! Coin ! V'là l'affreux canard ! » Lorsqu'il ne se pavane pas en fiacre, l'infirme arpente les rues du quartier. A l'aide d'une canne aussi distinguée que son vêtement, il sautille sur ses jambes tordues. La renommée qui galope dans son ombre lui attire du succès, mais nul ne sait s'il le doit à son esprit qui a du mordant ou à son porte-monnaie ouvert à tout bout de champ.

Pour fuir la solitude et oublier les nuisances du destin qui l'a voulu contrefait, l'avorton s'offre des noces à tout casser et de préférence en grande compagnie. Il s'est constitué une cour à l'image des princes d'autrefois. Autour de

lui qui dirige les courtisans du trottoir avec sa canne de boiteux, se retrouvent pêle-mêle des filles de petite vertu, des
poètes désœuvrés, des anarchistes péroreurs et des modèles en attente de séances de pose. A ce joli tableau on peut
ajouter quelques figures à la gloire tapageuse, comme par
exemple Aristide Bruant, un de ses meilleurs amis. Chez
le chansonnier, un sacré phénomène celui-là ! avec son
cache-nez rouge, ses bottes de guerrier d'opérette et son
chapeau à large bord, Lautrec caricature les clients tandis
que Bruant les insulte.

> *Oh ! là là !*
> *C'te gueule ! C'te binette !*
> *Oh ! là là !*
> *C'te gueule qu'elle a !*

Dans un coin de la salle où s'agglutinent les braillards
et les filles retroussées jusqu'aux genoux, le nabot pérore
avec l'aisance d'un diplomate en visite chez un ministre.
Il est assis sur le siège le plus bas et pourtant ses pieds battent l'air. Sur sa lèvre énorme et obscène, cachée partiel-
lement par le crin noir de la moustache, coule un filet de
bave qu'il essuie tout en déblatérant des sarcasmes. Jamais
personne mieux que lui n'a ridiculisé son infirmité. On s'efforce de le rassurer en s'esclaffant. Quelquefois il se tait
brusquement. Une silhouette vient d'attirer son attention.
Derrière le binocle à monture de fer, le regard du myope
s'allume. Il se précipite sur son carnet de croquis, le dresse
comme un écran devant lui.

— Ne bouge plus, crétin ! Lautrec est en train de te por-
traiturer pour l'éternité !

Place Pigalle, à La Nouvelle Athènes, une brasserie fré-
quentée par les rapins et les artistes, Zandomeneghi range
ses pinceaux. « Et en plus d'avoir de la fortune et du génie,

il sait rendre les femmes heureuses ! » Le peintre offre un bock à Maria que l'histoire du nabot a laissée rêveuse. Après avoir ressenti de la répulsion pour l'infirme, voilà qu'elle souhaiterait faire partie des élus qui ont le privilège de fréquenter l'atelier du troisième étage.

— Je vais te présenter à lui... il cherche une acrobate pour figurer une écuyère sur un de ses tableaux !

Maurice
scène I

— Maurice, dépêche-toi ! L'eau va être froide !
— C'est toi qui m'laves ?
— Oui... maman Madeleine n'a pas le temps.
— Je voudrais qu'tu m'laves tout l'temps !
— Comme si je n'avais que ça à faire ! Allez... monte vite dans la bassine !
— J'suis content !
— Tant mieux ! Je préfère ta joie à ta sérénade matinale !
— C'est quoi une sérénade ?
— Ce serait trop long à t'expliquer.
— C'est quand on montre sa peine, une sérénade ?
— Est-ce que tu n'as pas honte de pleurnicher tous les matins comme une fille ?
— C'est pace que j'veux aller travailler avec toi !
— Tu sais bien que ce n'est pas possible ! Et puis que ferais-tu dans ces ateliers glacés, avec cette odeur d'essence qui te monterait à la tête, et toutes ces toiles à sécher que tu n'aurais pas le droit de toucher... les peintres ne sont pas comme moi ! ils ne laissent pas les enfants gribouiller sur leurs œuvres ! Hein ? que ferais-tu pendant que je pose pour eux ?
— J'te r'garderais d'tous mes yeux !
— Passe-moi le savon !
— Pace que j'veux t'voir tout l'temps !
— Me regarder ?... pourquoi ?
— Pace que t'es la plus belle d'toutes les mamans !

96

— Ah ! Ah !

— J'verrais ta peau à toi, et tes p'tites jambes à toi !

— Ah ! Ah !

— Et tes jolis nénés !

— Mes nénés ? Ça par exemple !

— C'est c'que j'aime l'plus, tes nénés !

— Petit vaurien ! Mais tu les vois chaque jour, mes nénés ! Je me suis toujours déshabillée devant toi, vu que je ne trouve pas la nudité impudique, au contraire, je la vois innocente, pure, lavée !

— C'est moi qu'tu laves, c'est pas la nudité !

— Nu... voilà un mot qui accompagnera ma vie !... nu au singulier et au pluriel... qu'y a-t-il en peinture de plus beau, de plus émouvant qu'un nu ?

— Moi !

— Oui, toi, mon fils !

— Tu me redessineras encore ?

— Sûrement ! Tel que je te connais, c'est toi qui protesteras... c'est pas bientôt fini, maman... j'ai mal ici... j'ai mal là... et j'ai froid... et patati, et patata !

— J'te jure que non ! J'me tiendrai comme un grand !

— Tourne-toi que je te lave le dos !

— Tu m'embrasses sur les fesses comme quand j'étais tout petit ?

— Quel fripon !

— Juste une fois !

— Et voilà... un baiser sur la droite !

— Hi ! Hi !

— Un baiser sur la gauche !

— Hi ! Hi !

— Et ce dos, vas-tu me le redresser ce dos ? Quand tu seras grand, tu seras bossu comme Zandomeneghi !

— J'voudrais être à plus tard !

— Pourquoi ?

— Pour être avec toi tout l'temps !

— Plus tard ne compte pas... c'est maintenant qui

97

importe… aujourd'hui… cet instant de bonheur… passe tes
bras autour de mon cou !

— Y sont mouillés !

— Tant pis ! C'est à ton tour de me donner un baiser !

— Un seul ?

— Deux, dix, vingt, cent !

— D'main, j'vais d'mander à la maîtresse d'm'apprendre
à compter ! Comme ça j'saurai pour combien j't'aime !

La peinture c'est comme la merde. Ça se
sent, ça ne s'explique pas.

Toulouse-Lautrec.

1887-1888.
Rue de Tourlaque.
Maria fait la connaissance de Toulouse-Lautrec
dont elle deviendra le modèle et la maîtresse.

Pas plus tard que la semaine dernière, Zandomeneghi a
tenu sa promesse. Il a accompagné Maria jusqu'au troisième étage. Le cœur battant et le feu aux joues, elle a pénétré dans l'atelier de Toulouse-Lautrec. « Voilà donc
l'écuyère que je cherche ? Zando m'a dit que vous aviez
failli être acrobate... quel joli métier vous avez manqué
là ! » Alors qu'il était parvenu non sans mal à sa hauteur,
Maria, le nez piqué par la poussière, a éternué à la figure
de son hôte qui a éclaté de rire. Séduit par tant d'impertinence involontaire, Lautrec l'a félicitée :

— Enfin quelqu'un qui ne s'adresse pas à mon chapeau
mais à mon visage ! Vous êtes si petite que j'ai l'impression de parler d'égal à égal !

Maria a tendu la main en s'excusant. Elle a essayé de
rendre son sourire à Lautrec, mais la gêne l'a emporté.
Regarder la laideur en face pour la première fois n'est pas
chose facile. Il y faut de l'accoutumance. L'œil de Maria
s'est détourné avec dégoût de la lèvre lippue et des poils trop

99

noirs. Il a filé en direction d'une toile où figurait une femme nue. On me l'avait bien dit, ce nabot ne peint que des filles de bordel !

Face à cette jeune beauté qui mesurait son talent, le peintre s'est écarté. Maria en a profité pour aller s'asseoir entre deux cartons à dessins débordés par leur contenu et des toiles jetées sans respect contre un divan sale. Tandis que l'infirme grimpait sur un tabouret avec des contorsions de singe, Zandomeneghi a pris possession des lieux. Il a retourné les toiles les unes après les autres, a émis des jugements qui sont tombés dans le vide. Lautrec qui n'avait que faire des opinions de son ami n'a pas cherché à cacher l'intérêt qu'il éprouvait pour la nouvelle venue. Le chapeau rabattu sur les yeux cerclés par les lunettes, et bien qu'en manches de chemise, une écharpe enroulée autour de son cou, il a observé Maria qui, troublée par cette étude quelque peu indiscrète, a détourné la tête. Pour qui se prend-il ce comte machin-chose ?

— Alors… vous cherchez du travail ?
— Pas plus que ça !

Maria a avalé une phrase hostile. Il ne lui plaisait pas d'être palpée par ce regard de nabot. « Et moi qui avais dit à Henri que tu étais bavarde ! », s'est exclamé Zandomeneghi en riant. Quoiqu'elle s'en défendît encore, elle était impressionnée par ce qu'elle voyait autour d'elle, les objets curieux qui pendaient contre la balustrade de la loggia, masques grimaçants ou casques de théâtre, et surtout par les toiles. La peinture de ce nain ne ressemblait décidément à aucune autre. « Vous vous servez du pinceau comme d'un poignard… ou d'une paire de ciseaux ! » Maria a croisé et décroisé les mains. Que pouvait-elle dire d'assez intelligent pour en imposer à ce personnage sorti d'un cauchemar ?

— Bref ! Je ne m'attendais pas à ça et les mots me manquent !

Bientôt elle s'est tue, les yeux fixés sur une scène de cirque. Il y a des souvenirs qu'il faut savoir détruire ; ils alourdissent l'âme : « Et en plus, tout est vrai... tout est juste... on se croirait sur la piste Mollier ! » Lautrec n'a pas répondu. Peut-être en avait-elle trop dit ? Qu'il me prenne pour une idiote si ça lui chante ! Après quelques minutes de silence, le peintre a sauté de son tabouret. Il a gigoté en s'emparant de sa canne qu'il a jetée devant lui.

— C'est parce que vous vous intéressez à la peinture que vous choisissez les peintres pour lesquels vous posez ?

Le compliment en forme d'hommage a flatté Maria qui a quitté sa place d'écolière pour se promener dans l'atelier. Soudain, elle s'est arrêtée, stupéfaite, ne sachant si elle devait rire ou se fâcher. Contre le mur du fond, dans l'ombre d'un immense bahut où le peintre devait ranger son matériel, une toile, parodie du *Bois sacré cher aux Arts et aux Muses*, se moquait d'elle. « Comment avez-vous osé ? » Dans le paysage bien connu auquel les critiques, quelques années plus tôt, avaient attribué « la sérénité élyséenne », une armée de rapins aux regards farceurs fixaient un agent de police. Avec une outrecuidance sans pareille, le peintre s'était représenté au premier plan. Dans une attitude burlesque et irrévérencieuse, il tournait délibérément le dos aux muses vêtues d'un drapé élégant.

— Si Puvis voyait ça !
— Il paraît que c'est vous qui avez posé pour ces bonnes femmes hébétées ?

Maria a repris son châle qu'elle avait posé sur la table. Elle l'a jeté sur ses épaules offensées : « Parfaitement, et j'en suis fière ! » Ne devait-elle pas quitter la place comme une grande dame ?

— Mis à part celui des statues qui semblent l'exciter, c'est à se demander si ce vieillard a déjà vu le corps d'une femme ?

101

— Parce que d'après vous celui de la princesse de Cantacuzène est en plâtre ?

Lautrec s'est trémoussé en riant. De toute évidence, la fille du premier l'amusait. Il l'a invitée à s'asseoir. Elle était aussi bien là qu'à traînasser auprès de son gamin. Au fait, quel était son prénom à ce maigrichon renfrogné ? Maurice. Il aurait dû s'en souvenir. Sa grand-mère ne passait-elle pas ses journées à la fenêtre ? Maurice, rentre tout de suite ! Maurice, où es-tu encore caché ? Craignait-elle que son petit-fils ne prenne la poudre d'escampette ? On l'entendait appeler le petiot jusqu'au troisième.

— On m'a dit qu'en plus de poser pour tous ces vieillards célèbres, vous couchiez avec eux... est-ce exact ?

Outragée pour de bon, Maria a regardé l'infirme, cet avorton qui se permettait de soulever les dessous de son intimité en présence d'un tiers :

— Jusqu'à preuve du contraire, mes fesses m'appartiennent !

Zandomeneghi que cet échange agressif n'étonnait guère — Lautrec n'aime rien tant que provoquer les gens — a continué d'aller et venir : « Henri... si tu nous servais à boire au lieu de déshabiller ma protégée ? » Le nain s'est dirigé vers une table de bistrot où l'attendaient une bouteille de gnôle et des verres. Le menton en avant et l'œil en guerre, Maria l'a regardé déboucher la bouteille.

— Pourquoi ne vous feriez-vous pas appeler Suzanne ? Ça vous irait très bien... Suzanne au bain guettée par Puvis de Chavannes et Renoir, ces vieillards luxurieux !

Sur ces mots, il a avalé d'un trait son verre de vitriol, puis il s'en est versé un second qu'il a tendu en direction du modèle : « A la santé de Suzanne Valadon ! » Maria a hésité. Au lieu de rester plantée comme une cruche, si je

102

lui disais ses quatre vérités, à cette fausse couche ? Elle s'est élancée vers Lautrec qui a tenté maladroitement de reculer devant l'ouragan. Allaient-ils se battre ? Non. A la stupeur de Zandomeneghi qui s'apprêtait à les séparer, elle a pris le nain dans ses bras, a appliqué un baiser sur sa joue. « Vous êtes aussi méchant que je l'imaginais ! » Stupéfait et ravi, le peintre a levé la tête : « Vous trouvez ? » Il a adressé un regard de reconnaissance à son futur modèle :

— Je peux l'être davantage pour vous plaire ! Ce soir, je vous invite chez mon ami Bruant !

> *Quand j'vois des filles de dix-sept ans,*
> *Ça m'fait penser qu'y a bien longtemps*
> *Moi aussi, j'l'ai été, pucelle,*
> *A Grenelle.*

Zandomeneghi peut être satisfait. Cette rencontre a porté ses fruits. Dans les lieux où se plaisent les fêtards, on ne voit plus que le gnome en compagnie de son nouveau modèle, Suzanne ou Maria suivant l'humeur, une beauté fantasque et acide qui s'amuse à choquer les gens. Sous des chapeaux excentriques qui lui vont à ravir, la fille de la lingère trottine au bras de l'aristocratie dégénérée. Mais alors qu'autrefois elle se laissait volontiers taquiner d'un trottoir à l'autre, aujourd'hui nul ne peut plus l'aborder de front. Aux plaisanteries que certains maladroits se permettent encore, elle répond par le mépris : « Peu importent sa laideur et sa difformité. Lautrec est un génie, et j'entends qu'on parle de lui sur un autre ton ! » Et n'a-t-elle pas déclaré à Miguel Utrillo qui se réjouissait de sa bonne fortune qu'entre l'avorton et elle un véritable amour était en train de naître.

> *C'est des maladies qui s'voient pas*
> *Quand ça s'déclare*
> *N'empêche qu'aujourd'hui, j'suis dans l'tas*
> *A Saint-Lazare !*

103

— Je l'ai encore vue hier... elle était chez Bruant avec son estropié !

— Est-ce qu'elle prend encore le temps d'embrasser son fils ?

— Heureusement qu'il y a une sainte à la maison pour élever l'enfant !

Dans l'atelier de Lautrec qui l'abreuve de déclarations d'amour, Maria goûte à la vie de bohème tout en oubliant son passé et sa famille. Aussi, lorsqu'elle descend au premier, c'est pour entendre les jérémiades de son fils et les protestations de sa mère :

— Tu ne restes pas à dîner avec nous... j'ai préparé de bons radis comme tu les aimes !

— Non... je suis invitée.

— Ça ferait plaisir au petit... pour une fois... bon bon, je n'insiste pas... parce que tu crois que c'est facile de consoler un enfant ? Et puis toutes ces nuits que tu passes à boire, à rire et à discuter... de quoi, grand Dieu ? le monde tournera bien sans vous !... tu veux que je te dise ? tu as une mine de papier mâché... si encore c'était en vue d'un mariage... on dit qu'il a de l'argent plein son fiacre !

— Je ne désespère pas de me faire épouser !

— Un comte épouser une Valadon ? Tu n'y penses pas ! Lui as-tu seulement dit que tu dessinais en cachette ? Non ! Bien sûr... tu n'oses pas... oui, je me tais ! D'ailleurs, qu'est-ce que j'ai fait d'autre dans ma vie ?

Amateur de spectacles et de nuits agitées, le nain ne sort plus sans sa maîtresse. Chaque soir, à l'heure où la réclame Maurice qui souhaiterait la tendresse de sa mère et ses baisers, il entraîne Maria dans des endroits qu'on ne songe à quitter qu'à l'arrivée du laitier. Le peintre n'apprécie pas la verve de Salis qu'il trouve hypocrite. Au Chat Noir, il préfère l'Elysée-Montmartre, ce repaire de cocottes à gants longs et à vertu courte, ou bien encore le Moulin-Rouge, un music-hall aux consommations si coûteuses que seuls les viveurs fortunés, les princes et les pachas ont les moyens de le fréquenter. En ce lieu de plaisir et de frivolité, une table située près de la piste est réservée au comte et à sa suite.

UNE SOIRÉE AU MOULIN-ROUGE

Dirigée par un chef d'orchestre aux gestes saccadés, un ancien de la garde, la musique vous assourdit dès l'entrée. Sur l'estrade, les musiciens surexcités trépignent comme des sauvages. Autour des tables qu'ils surplombent, des étrangers tentent de soutenir une conversation tout en lorgnant les seins à moitié dénudés de la coquette d'en face, ou le tournoiement d'une jupe de guincheuse qui tôt ou tard dévoilera le mollet gainé de noir. Des fausses poitrinaires qui font entretenir leur agonie par des hommes d'affaires, des gigolettes à la recherche d'un millionnaire argentin aux artistes à la mode, tout le monde est là.

Installé au milieu des siens, déjà ivre, Lautrec bat des mains comme un enfant. Le nain a laissé dans les verres sa difformité et ses glorieux ascendants. Emporté par la cadence endiablée, il encourage de la voix les danseurs, frappe du pied contre la table. Sur sa grosse lèvre coule un filet de salive qu'il ne songe plus à essuyer. Maria vient de prendre place à sa droite. D'un geste gracieux, elle remonte son chignon qui menace de tomber, puis elle entoure de son bras les épaules de son amant ; lui susurre des mots doux à l'oreille. Le comte lui rend sa tendresse dans un regard d'animal reconnaissant.

— Quelle ambiance... comme je suis heureux !

Un ami vient inviter Maria à danser. Elle hésite : va-t-elle abandonner Henri ? L'aristocrate l'encourage : « Amuse-toi ! Si j'avais des jambes, je danserais jusqu'à

105

m'écrouler ! » Le museau dressé comme un chien à l'arrêt, il renifle le gibier. Qui va-t-il assassiner au bout de son crayon ? Son regard fureteur va et vient. Il jouit du spectacle, guette les gestes, observe les visages, s'arrête à la pointe d'un os. Rien ne lui échappe, ni les flétrissures des cous dégarnis, ni la déchéance des bouches, ni les cernes qui maquillent les joues des pouffiasses attablées au fond de la salle.

Un homme hurle dans un cornet. Il demande aux danseurs de quitter la piste. Tandis que Maria vient se rasseoir, Lautrec se trémousse sur son siège. Il est le premier à applaudir Valentin le Désossé, profil famélique sur un corps filiforme de mannequin disloqué. Le danseur virevolte devant les tables. Il salue le beau monde en soulevant son haut-de-forme. Des hurlements accompagnent son premier grand écart. Puis voici Louise Weber, une femme plutôt boulotte qu'on a surnommée La Goulue à cause de son appétit. L'œil vif et cruel, la bouche petite et les jambes bien faites, la danseuse fait le tour de la piste. Au passage, elle s'empare des verres des clients qu'elle vide d'un trait tout en insultant l'assemblée qui l'acclame. Cette fille mal embouchée, par la vertu d'un corps qui se transfigure dans la danse, est devenue la coqueluche du Tout-Paris.

— Toi, au moins, tu sais dessiner !

Parvenue à la hauteur de Lautrec dont elle aime le talent : « Quand j'vois mon cul torché d'dos dans tes tableaux, j'le trouve beau ! » La Goulue se met à danser. D'un coup de talon elle découvre ses cuisses. Sa jambe monte à la verticale, délivrant les secrets d'une culotte ornée de dentelles. Pour mettre un terme à cette exhibition destinée à un seul, elle se tourne, découvre son postérieur en hurlant : « V'là pour l'art ! »

— Louise, tu es sublime !

La Goulue est allée rejoindre son partenaire. Face à

l'escogriffe qui, sous son chapeau, doit bien mesurer deux mètres, elle semble s'être rapetissée. Avec le premier accord, Valentin se détend brusquement. Ses bras se dressent au-dessus de sa tête caricaturale. Il s'assure de sa souplesse... gauche, droite, avant, arrière... se déhanche... gauche, droite... bascule la taille en direction du plancher... avant, arrière. Lautrec s'est emparé de son carnet de croquis. Sa main tente d'aller aussi vite que le danseur. Il pousse des grognements de dépit, arrache des pages qu'il jette à terre... gauche, droite. La Goulue vient d'entrer à son tour dans la danse... avant, arrière. Elle suit les balancements de Valentin, ondule de la croupe... gauche, droite... tape du talon avant de lancer une jambe au plafond. Entraîné par la musique, le couple se déchaîne. Les quatre jambes vont et viennent, montent et descendent sur un rythme effréné. Soudain, la musique s'étouffe sur une dernière note. Les deux danseurs viennent de s'abattre dans un grand écart.

Tandis qu'autour de lui on applaudit à tout rompre, Lautrec appelle Louise qui quitte la scène sans saluer. « Je veux qu'elle danse jusqu'à en crever ! », nasille-t-il en vidant son verre de gnôle : « Cette femme-là me donne des frissons ! » Maria ramasse les croquis. A quoi songe-t-elle ? A ses dessins ? A ses dessins que personne ne connaît ?

— Tu n'as jamais aussi bien dessiné que ce soir... ah, Henri, comme j'envie ta main !

Maurice
scène II

— Maurice, dépêche-toi ! L'eau va être froide !

— Je veux me laver tout seul !

— Parce que tu te prends pour un grand, maintenant ?

— Je veux plus que tu me touches !

— Voyez-moi ce morveux ! Qu'est-ce que c'est cette nouvelle mode ?

— Les autres y z'ont des parents !

— Parce que toi, tu n'en as pas ?

— Non !

— Comment non ?

— J'ai pas d'père !

— Et moi, je n'existe pas ? ni maman Madeleine ?

— Maman Madeleine, c'est ma grand-mère, c'est pas ma mère, et toi, t'es jamais là ! T'es toujours partie en vadrouille avec le boiteux du troisième !

— Le boiteux du troisième porte un nom comme toi ! J'aimerais que tu t'en souviennes ! Il s'appelle monsieur Henri !

— D'abord, je l'aime pas du tout, monsieur Henri ! Et pourquoi est-ce que tu lui donnes le bras dans la rue ?

— Parce que c'est un ami !

— Les autres y disent des vilaines choses sur vous deux !

— Quoi ?

— Tu me battras pas si j'le répète ?

— Non !

108

— Y disent que la nuit quand vous rentrez fin soûls, vous réveillez tout l'quartier avec vos gueulantes !

— Ce sont des menteurs.

— Pourquoi t'es jamais à la maison ?

— Passe-moi le savon !

— Pourquoi t'es jamais à la maison comme les autres mamans ?

— Mais parce que je travaille ! Il faut bien que je gagne notre vie à tous les trois !

— Les autres y racontent que tu fais la noce avec ç'ui du troisième et que c'est comme ça que tu gagnes de l'argent !

— Et tu les crois ?

— Non !

— Eh bien tu as raison de ne pas les écouter ! Veux-tu te tenir droit ! Qui m'a fichu un dos pareil ? Plus tard, tu seras bossu comme Zandomeneghi !

— Ç'ui-là non plus, je l'aime pas !

— En somme, tu n'aimes personne ?

— Si... toi ! Et grand-mère... et encore toi !

— Pourquoi es-tu si désagréable avec Miguel ? Maman Madeleine m'a raconté que la dernière fois qu'il est venu vous rendre visite, tu as refusé de le saluer !

— J'avais pas envie de l'embrasser.

— Que t'a-t-il fait ?

— Il est pas mon père !

— Et après ? Ça ne l'empêche pas d'être bon pour nous !

— Il met sa bouche dans ton cou !

— En voilà une affaire !

— Il te touche partout !

— C'est pour ça que tu le boudes ?

— Il dit que t'es sa petite Marie à lui, et pas la Maria des autres, et pas la Suzanne de Lautrec, même que l'autre jour il était pas content que tu sois encore là-haut, et quand tu es redescendue, je vous ai entendus vous disputer tous les deux !

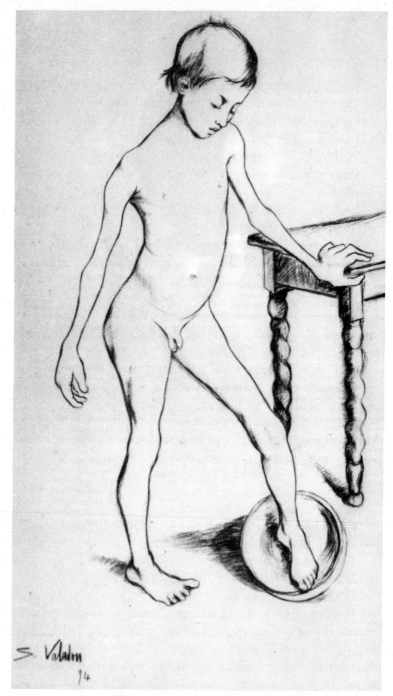

Utrillo nu debout, dessin de Suzanne Valadon
(cl. Atelier 53, © by SPADEM, 1984)

— Tu devrais y être habitué. Miguel et moi nous nous disputons depuis sept ans !

— Qu'est-ce que ça veut dire, porter des cornes ?

— Qui t'a appris ça ?

— La marchande de couleurs... Elle raconte que tu fais porter des cornes à Miguel et à tous les hommes qu'ont des bontés pour toi !

— Celle-là, elle ferait mieux de se couper la langue ! Tourne-toi pour que je te rince ! J'aimerais que tu grossisses un peu ! Est-ce que tu manges lorsque je ne suis pas là ?

— Pas beaucoup.

— Pourquoi ?

— Parce que je veux manger avec toi !

— Tu souhaites donc devenir maigre comme un échalas ? Ah, le vilain fils !

— Hein... qu'est-ce que ça veut dire, porter des cornes ?

Je n'osai jamais avouer à Puvis de Chavannes que je m'essayais à dessiner, moi qui, dès
l'âge de neuf ans, couvrais de croquis tous les
papiers qui me tombaient sous la main, au
grand désespoir de ma mère.

Suzanne VALADON.

1888-1890.
Rue de Tourlaque.
Dans l'atelier de Toulouse-Lautrec, Maria fait la
connaissance de Van Gogh. Un peu plus tard,
elle ira présenter ses dessins à Degas qui
s'enthousiasmera pour son travail.

Après avoir posé dans les jardins du père Forest pour
Lautrec — il exécutera un portrait d'elle qui passera dans
l'histoire sous le titre de : *Gueule de bois ou la Buveuse...*

— Pourquoi me représentes-tu aussi triste ?

... mais parce qu'il la voit ainsi, avachie et la bouche amère, le menton pointu et volontaire, avec sous le chapeau surmonté d'un ruban un regard sans douceur...

— Et pourquoi dit-on que j'ai un visage de garçon ?

... mais parce que qu'ils la voient tous ainsi, frêle
et pourtant forte, et pourtant délurée, tel un jeune homme
qui a décidé de partir à la conquête de l'existence sans l'aide
de personne...

après avoir posé dans les jardins du père Forest pour

son amant, ce peintre poursuivi par la gloire aux accents de scandale, cet artiste dont les affiches font sensation sur les murs de Paris... quelle vie ! quel mouvement ! et ce trait ! et cette maîtrise !...

Çà, Lautrec, on voit que vous êtes du bâtiment !

DEGAS.

Maria et son ami regagnent l'atelier de la rue de Tourlaque. Dans la pièce où s'entasse un attirail d'antiquaire, bahuts patinés par les ans, guéridons de bar, escabeaux pour acrobates, vêtements de clowns, robes épuisées d'avoir été trop portées, Toulouse-Lautrec reçoit les rapins du quartier.

— Quelle mixture es-tu en train de nous préparer ?
— Je vous promets une ivresse comme vous n'en avez jamais encore connu !
— Cet animal va finir par nous empoisonner !

Perchée sur la grande échelle, Maria domine l'atelier. Elle observe son amant qui s'active derrière un comptoir. Affublée d'une perruque qui ajoute du grotesque à sa laideur, Lautrec prépare un cocktail : « Quand vous aurez ma drogue derrière la cravate, vous vous sentirez mieux ! » Ce soir encore, sa potion en fera tituber plus d'un dans l'escalier.

— Mes amis... trinquons à la décadence !

Le nain, qui ne redoute qu'une chose, demeurer trop longtemps sur terre, a pour principe d'expérimenter ses trouvailles sur lui-même ; aussi n'est-il pas rare de l'entendre pousser un cri après avoir avalé d'un seul trait un de ses tord-boyaux explosifs qu'il a pris soin d'agrémenter au préalable de cerises ou d'une rassurante rondelle de citron.

— Sacré nom de Dieu ! Celui-là aurait tué un fort des halles !

— Est-ce que tu te sens mieux ?

— Ne vous faites pas de souci pour moi ! La mort, il faudra que j'aille la chercher ! Et encore, elle se fera prier !

Depuis quelques mois, un nouveau venu s'est faufilé dans le groupe qui fréquente l'atelier. Le rouge de sa chevelure et l'âpreté de son caractère ne sont pas étrangers à l'intérêt que lui porte Maria. Fils d'un Nord si lointain qu'elle ne peut l'imaginer, d'un Nord dont il porte sur le visage la tristesse, il ne songe guère à s'amuser. Pour fuir la solitude, il vient trinquer avec des gens qui le méprisent parce qu'ils ne le comprennent pas. D'après les confidences que Maria est parvenue à lui arracher, il vit seul, enfermé dans un petit appartement de la rue Lepic où il se consacre à la peinture et à la lecture de la Bible ; occupation qui n'a pas manqué de susciter les commentaires narquois de Lautrec qui ne veut plus entendre parler de Transcendance ou d'Eternité depuis que Dieu s'est trompé sur son compte.

— La spiritualité ? Un singe comme moi... qu'est-ce que je pourrais y comprendre ?

Vincent Van Gogh, puisque tel est son nom, après avoir vécu en Hollande, puis en Belgique où il a tenté d'évangéliser des miséreux, enfin à Londres, est venu s'installer à Paris, près de son frère Théo qui assure sa subsistance. Dans l'atelier de Cormon où il est resté le temps de faire les frais de la moquerie du maître, il a connu Lautrec. L'un et l'autre, las d'un enseignement académique qui ne leur apportait rien, ont quitté Cormon et ses redondances. Mais les deux peintres sont restés amis. L'aristocrate, qui a pourtant la dent acérée et l'admiration avaricieuse, porte de l'intérêt au travail et à la technique de Van Gogh, lequel, à en juger par ses tableaux, cache des violences insoupçonnées. La crudité des couleurs et le traitement de la pâte

intriguent l'infirme qui va apprendre de Vincent le maniement des hachures.

— J'aime ses natures mortes... elles flamboient !

Le père Tanguy, un brave homme qui tient boutique
dans le quartier et a du goût pour la bonne peinture, a
acheté quelques toiles à Vincent. Pourtant, les encouragements sont si rares et les journées passées en tête à tête avec
soi-même si longues, que le peintre ne résiste pas à la tentation du divertissement dont on sait qu'il ne divertira pas.
Chaque semaine, dans l'espoir toujours déçu d'y trouver
un réconfort, il se rend à l'atelier de Lautrec où il sait qu'il
va rencontrer des peintres. Mais alors que les autres se con-
tentent d'amener leur gosier, lui apporte toujours une de
ses toiles. Après l'avoir placée en bonne lumière, il attend
que quelqu'un la regarde. Vainement. Affairés autour du
comptoir, les habitués ne daignent même pas jeter un coup
d'œil au tableau. D'un mot aimable, Maria tente de rassurer le peintre qui se morfond dans un coin : « Je vois bien
que mon travail ne les intéresse pas ! »

— Qu'attendez-vous d'eux ? Votre peinture vaut mieux
que leur coup d'œil !

Pour l'heure, Lautrec ne songe qu'à hâter la marche de
ses hôtes en route pour l'ivresse. En vérité, il n'aime que
les alcooliques. Lui refuser un verre, c'est prendre le risque
de lui déplaire à tout jamais. « Vincent, viens donc trinquer
avec nous au lieu de nous offrir ta gueule d'enterrement ! »
La mélancolie et l'entêtement du Hollandais alourdissent
l'humeur de l'infirme qui a bien assez à faire avec ses propres malfaçons. Et puis Vincent est trop envahissant et ses
idées humanitaires donnent la migraine à l'aristocrate ;
quant à la petite cour qui s'amuse dans ses parages et se
régale à ses frais, elle trouve l'ancien évangéliste franchement insupportable.

Blessé par tant d'indifférence, le rouquin est parti avec

sa toile sans que personne ait tenté de le retenir : « Que cet emmerdeur retourne évangéliser les mineurs ! », lance quelqu'un en haussant les épaules : « Il ficherait le cafard à un régiment ! »

— Vous êtes tous des vaches !

La maîtresse de Lautrec vient de saisir sa veste de laine. Lorsqu'il comprend qu'elle va quitter les lieux, l'infirme pose son verre. Il saute d'une chaise à l'autre, s'empresse auprès de Maria qu'il tente d'apprivoiser en lui caressant les hanches : « Mon ange... cet amusement ne tire pas à conséquence... Vincent en a vu d'autres... et puis il a trop mauvais caractère ! »

— Lâche-moi... il faut que je m'en aille !
— Qu'est-ce qui se passe ? Depuis quelque temps tous les prétextes sont bons pour me bouder ! Ce soir, tu viens avec moi au Moulin-Rouge... n'est-ce pas, ma Suzanne ?
— Non... j'ai promis à ma mère de passer la soirée avec elle et Maurice !
— Alors, à l'Elysée-Montmartre !
— Non... je te dis que je ne suis pas libre !
— Alors au Lapin Agile... ou chez Bruant... je sais que tu aimes monter sur la Butte !
— N'insiste pas !
— Tu me trompes donc déjà ?

Derrière le comptoir, les soiffards ricanent. Le tromper ? Pauvre Lautrec ! Mais elle n'a jamais fait que ça !

UNE VISITE AUX CONSÉQUENCES INATTENDUES

Un après-midi, alors que coulait sans fin le temps dans l'atelier du troisième étage, le peintre a décidé de rendre visite à sa maîtresse qui lui battait froid depuis une semaine. Il est descendu frapper à la porte du premier. Maurice est venu lui ouvrir : « Ma maman elle est pas là ! » Lautrec a insisté :

— Sais-tu quand elle va rentrer ?
— Non ! Elle est partie depuis ce matin avec Miguel !

Madeleine a convié le visiteur à pénétrer dans la pièce. Devant la fenêtre aux rideaux écartés, elle raccommodait des bas. Tout en continuant son travail, elle a invité Lautrec à s'asseoir près du lit, sur la chaise qui sert de table au gamin.

— Maria n'est pas ici ?
— Non, mais elle ne va pas tarder à rentrer !
— Elle est sortie avec Utrillo ?

La vieille a montré de la gêne. De toute évidence cette question la mettait dans l'embarras. Utrillo ? Ça faisait des lustres qu'on ne l'avait pas vu rôder dans les parages. Même qu'on commençait à s'inquiéter pour sa santé et son commerce. Peut-être était-il reparti en Espagne ? « Maurice vient de me dire que sa mère est avec lui ! » Si monsieur Henri écoutait cette langue inconséquente, il ne saurait bientôt plus faire la différence entre le blanc et le noir. En grandissant, ce petiot avait découvert le mensonge. Il devenait aussi difficile d'accès qu'un vieillard grincheux.

— Maria est allée à Paris... nous manquons de l'essentiel ces jours-ci !

Sur le pas de la porte, Maurice a glissé son pouce dans sa bouche. Il l'a tété un moment sans rien dire puis il a crié en tapant du talon :

— C'est pas vrai !
— Veux-tu une fessée ?
— Elle est avec Utrillo qu'est pas mon père !

Le gamin a regardé Lautrec avec méfiance et une sorte de dégoût : « Elle n'est jamais à la maison, ma maman ! »

117

— Vas-tu bientôt te taire ! a bougonné sa grand-mère.

— Elle est toujours dehors avec quelqu'un !

Madeleine a adressé un sourire navré à Lautrec qui a jeté un coup d'œil furibond au gamin :

— A son âge, ce gamin connaît déjà les affres de la jalousie !

— Qu'est-ce que c'est, les affres de la jalousie ?

Son chapeau sur les genoux et sa canne entre les cuisses, Lautrec s'est balancé sur sa chaise : « Les affres de la jalousie... c'est ce qu'on ressent face à quelqu'un qui vous trahit, face à une garce qui vous embrasse en vous disant qu'elle n'aime que vous alors qu'elle est en train de songer à un autre... » Maurice a retiré son doigt de la bouche :

— Qui c'est, la garce ?

Il a fixé gravement Lautrec puis sa grand-mère qui, la tête baissée sur son ouvrage, faisait mine de ne pas avoir entendu. Enfin, il a éclaté en sanglots. La vieille a poussé un soupir d'agacement. « Ne vous frappez pas, monsieur Henri ! Ce gamin prend tout de travers ! » Elle a posé le bas et la boule à repriser sur la table :

— Maurice, viens chercher un mouchoir ! Vas-tu cesser de pleurer pour un oui ou un non ? Tu as déjà la mine d'un neurasthénique. Qu'est-ce que ce sera plus tard, lorsque tu auras des raisons de te morfondre ?

Lautrec a profité de ce que Madeleine était occupée à consoler son petit-fils pour inspecter les lieux. Sur le mur du fond, trois dessins ont attiré son attention. Surpris par la qualité du trait et de la mise en page, il s'est tourné vers la vieille qui tentait d'apaiser Maurice plongé dans ses jupes : « Je ne m'attendais pas à trouver des dessins de cette qualité ici ! » Le nain a saisi sa canne. Il a sautillé dans la chambre, a approché son visage d'une mine de plomb :

— Vous vous intéressez aux gribouillis de Maria ?

Surpris, Lautrec s'est retourné :

— Quoi ? C'est Maria...
— Qui voulez-vous que ce soit ?
— Je croyais qu'on lui en avait fait cadeau !
— Non... c'est elle qui s'amuse ! Evidemment... avec toutes ces poses et les heures passées en votre compagnie, elle n'a plus beaucoup de temps, parce que ce n'est pas pour dire, mais elle vous aime beaucoup... et puis, il y a l'enfant à élever !

Maurice, puisqu'il était question de lui, a levé brusquement la tête. Il a tendu le bras en direction d'une sanguine qui le représentait à cinq ans : « Ça c'est moi quand j'étais petit, parce que maintenant, hein mémé, je suis plus grand ! » Tout en caressant les cheveux du gamin qui venait de retrouver sa bonne humeur, Madeleine a grimacé un sourire édenté :

— Faut pas croire, monsieur Henri, mais ce petiot prend les gribouillis de sa mère très au sérieux. Il discute avec elle du pourquoi des choses. Et il faut voir sa sagesse quand il pose, même si parfois il rouspète parce qu'il en a assez. Avec Maria ça dure toujours longtemps. D'ailleurs moi-même j'ai bien du mal à ne pas ronchonner. Poseuse, quel métier ! Les gens ne savent pas comme c'est difficile !

Lautrec est allé se rasseoir. Il a retiré ses lunettes, les a essuyées avec application avant de les chausser à nouveau. Ainsi, Maria, cette fille sans parole, qui n'avait reçu de l'éducation que les miettes, était capable de faire en cachette de tels croquis.

— Qui lui a appris à dessiner ?
— Pensez... mais personne ! Depuis qu'elle est haute comme trois pommes elle gribouille sur les trottoirs du quartier. J'ai eu assez d'ennuis avec les commerçants. Quand

elle était gamine, elle leur volait des morceaux de charbon de bois... enfin, c'était pas bien méchant !

Henri a songé à tous ces artistes aux noms éclatants chez qui sa maîtresse avait posé. Aucun d'eux ne s'était douté, alors qu'ils tentaient de traduire sa grâce, qu'en face, le modèle les guettait. Au moment de l'entracte, tandis que le peintre posait ses pinceaux... veux-tu boire quelque chose ? Attention ! c'est encore frais !... Maria venait rôder autour du chevalet. Pendant que l'artiste lui flattait les épaules ou les hanches avant, si l'humeur lui prenait, de l'étendre sur le tapis aux dessins orientaux, elle étudiait la technique, apprenait l'art de la mise en scène, le jeu des ombres, celui de la lumière.

— Est-ce que vous vous rendez compte que votre fille a du talent ?
— Le talent... ce n'est pas mon métier ! Mon métier à moi, c'est de compter le linge, de fermer les yeux sur la crasse des clients, de faire semblant de ne pas voir leurs saletés d'alcôve... mon métier à moi, c'est de savoir que ces chemises appartiennent à madame Untel, à cause de la poudre de riz, et ces caleçons à monsieur Duchenoque qui ferait bien, vu qu'il a les moyens d'avoir une baignoire, de prendre des bains plus souvent !

Du talent ? La vieille a haussé les épaules avec colère. Le comte de Toulouse-Lautrec avait oublié que le talent est destiné aux riches qui ont les moyens de jouer avec comme de grands enfants. Chez les pauvres, le courage suffisait. Ce nain se moquait-il d'elle ou cherchait-il à la faire parler sottement ?

Quelques jours plus tard, à la suite de cette visite, Lautrec a demandé à Maria de lui confier des dessins afin de tendre un piège à des amateurs : « De qui est-ce ? » Cer-

120

tains ont cité de grands noms, d'autres ont évoqué des influences brillantes. Nul n'a été avare de compliments. La virilité du trait a été plusieurs fois signalée, ce qui a plu à Maria qui regrette parfois de ne pas être née homme. Au sculpteur Bartholomé qui a montré un réel enthousiasme, on a enfin donné le nom de l'auteur. Il s'est exclamé :

— Mais il faut montrer ces dessins à Degas !

Quand on est fort, on crève de tout !
DEGAS.

Munie d'une lettre de recommandation, Maria est allée sonner rue Victor-Massé à la porte du maître. Elle était si troublée qu'elle a failli tomber dans l'escalier. Mais aussi, que n'avait-elle pas entendu raconter sur celui que l'on surnomme dans les ateliers « le vieil ours » ? Ceux qui avaient eu l'honneur de l'approcher prétendaient qu'il était aussi impitoyable que bon juge. Ils ajoutaient que les paroles blessantes qui tombaient souvent de sa bouche faisaient de ce grand homme un solitaire redouté par les autres artistes et haï par les mondains qui ne supportaient pas d'être jugés par un bourgeois aux mœurs débraillées : « Il ne fréquente plus que les coulisses des cirques ! »

— Qui vous a conseillé de venir me voir ?
— Toulouse-Lautrec et Bartholomé.

Après l'avoir invitée à passer dans le salon, Degas a demandé à regarder les dessins serrés dans le carton que Maria portait sous le bras. Sans mot dire, il a jeté un long regard au premier, s'est arrêté plus longtemps sur le second, une sanguine intitulée : *Le modèle sortant du bain près du fauteuil.*

— Qui vous a appris à dessiner ?
— Personne.

121

— Etonnant... étonnant... quel peintre aimez-vous ?

Maria a avalé sa salive. « Dürer. » Comme piqué par une guêpe, Degas a levé la tête : « Vous connaissez l'œuvre de Dürer ? » Elle a répondu que oui, depuis peu de temps. Elle avait eu l'occasion d'admirer des reproductions dans un livre que Toulouse-Lautrec lui avait prêté.

— C'est bien... c'est très bien... vous n'en saurez jamais assez ! Quant à vos dessins, je les trouve excellents.

Plus tard, lorsque ses amis l'ont interrogée sur les réactions de Degas, Maria a répondu fièrement :

— En partant il m'a tendu la main en me disant : « *Vous êtes des nôtres !* »

Maria

Hier, le dépit est tombé avec moi sur le lit. Je me suis mise à pleurer. Moi qui ne crois pas en lui, j'ai prié Dieu. Seigneur, faites qu'il me pardonne ! Seigneur, faites qu'il me revienne ! Ma mère était dans la cuisine où nous avaient surprises Lautrec et son ami Gauzi. Elle aussi pleurait. J'ai entendu qu'elle se plaignait. De quoi ? De la malédiction qui s'acharne à nous maintenir dans la pauvreté ? De ce talent qui me sépare d'elle ? Madeleine aurait voulu que je lui ressemble. Elle ne me pardonnera jamais de ne pas avoir une âme d'ouvrière. Sa résignation m'agace les nerfs. Je proteste : « Tu vois bien que je ne suis pas ta fille ! » Cette réflexion la pique au vif : « Ecoutez-moi cette dévergondée ! Comme si je n'avais pas assez d'aplomb pour t'avoir mise au monde ! »

Hier, le chagrin est tombé avec moi sur le lit. Je me suis mise à pleurer. Heureusement, Maurice était à l'école. Je n'aurais pas voulu que mon fils assiste à cette vilaine scène où j'ai perdu la face. A la revoir se dérouler dans ma tête, je sens encore la brûlure de la vexation. Tout a commencé à cause de cette idée. Elle me travaillait les méninges depuis plusieurs jours. Justement hier Lautrec est descendu me rendre visite. Il m'a demandé pourquoi je ne montais plus le voir. Ce n'est pas ma faute si mon amour a pris un coup de froid. « Je vais me suicider si tu ne m'épouses pas ! » lui ai-je répondu. « Mais c'est du chantage ! » a-t-il crié en gesticulant autour de sa canne. « Maria, je t'en supplie, ne

fais pas ça ! » La victoire soufflait dans mon camp. « Si !
Si ! Je vais me suicider parce que tu ne m'aimes pas assez
pour me donner ton nom ! » Il s'est précipité vers la porte.
Je l'ai suivi : « Inutile d'aller chercher Gauzi à la rescousse !
Je vais me suicider, et tout de suite encore ! » Je l'ai
entendu monter les escaliers en soufflant comme un pho-
que. J'ai pensé : cette crainte le fera peut-être grandir ? Ça
fait assez longtemps qu'il m'impose sa tyrannie ! Tout hale-
tant, il est entré chez Gauzi : « Descends vite avec moi !
Maria veut se suicider ! » L'autre a grogné : « Penses-tu !
C'est encore une de ses comédies ! Elle cherche à te rendre fou ! Et pourquoi veux-tu qu'elle se suicide ? Elle aime
bien trop la vie ! » Le salaud ! J'ai vite refermé la porte.
Du moins je l'ai cru. Chiennerie de destin ! Quand on
pense qu'il repose sur un détail aussi mince ! En effet, qui
sait comment Lautrec aurait réagi si en redescendant il avait
trouvé la porte close ? Maria est en train de se tuer pour
moi ! Peut-être m'aurait-il demandée en mariage ? Au lieu
de cela, pour une targette mal poussée, je l'ai perdu !

Hier, la colère est tombée avec moi sur le lit. Je me suis
mise à pleurer. Moi qui ne crois pas en lui, j'ai demandé
à Dieu qu'il m'envoie l'oubli. Evidemment, le Seigneur ne
m'a pas exaucée. Au contraire. J'ai revécu cent fois cette
pénible scène. J'ai revu ma mère appuyée contre la pierre
à évier : « Pourquoi as-tu raconté à ce pauvre garçon que
tu allais te tuer ? Je préfère encore vivre chichement que
de te voir épouser un infirme ! » Puis je me suis entendue
crier : « J'en ai assez de ses caprices, à ce sale nabot ! Je
ne suis pour lui qu'un jouet qu'il s'offre entre deux soûlo-
graphies ! Il n'a qu'à m'épouser ! Après tout, sa famille en
a vu d'autres ! » Ma mère, qui a bu la désillusion jusqu'à
suffisance, m'a regardée avec cette sorte de tristesse que je
ne supporte pas : « A force de fréquenter des gens au-dessus
de toi, tu finiras par être de nulle part... et puis on ne
s'amuse pas avec la peur des autres ! » Au lieu de songer

124

à la manière dont j'allais me suicider, j'ai tapé du pied comme Lautrec le fait quand on s'avise de ne pas lui donner satisfaction : « Je ne m'amuse pas du tout ! Tu n'y comprends donc rien ? Je veux savoir ce qu'il en est ! Et puis j'en ai assez de vivre dans son ombre ! Moi aussi j'ai besoin d'un peu de soleil ! » Ma mère s'est fâchée : « Si tu vis dans l'ombre de Lautrec, ce n'est pas le cas avec les autres. » Franchement, avait-elle besoin de me dire ça ? « S'il ne m'épouse pas, je ne remettrai plus les pieds dans son atelier ! Mais pour qui se prend-il ? En tout cas, il a fini de m'esbroufer ! Sa noblesse, il peut se la garder ! Je suis encore capable de gagner ma vie ! » Tout à coup, ma mère est devenue blanche comme un torchon de cuisine. Elle a regardé fixement dans mon dos. Quelqu'un venait d'entrer. Sacré nom de nom, la targette ! A ce moment-là, l'idée m'est venue de dire quelque chose d'aimable sur Lautrec, mais les paroles sont restées bloquées dans ma gorge. Penaude, je me suis enfin retournée. Ils avaient tous les deux la bouche ouverte comme des carpes. Lorsque Gauzi a retrouvé ses esprits, il a fait remarquer à Lautrec qu'on s'était moqué de lui : « Tu as entendu ? Ta noblesse, tu peux te la garder ! Et c'est une suicidée qui te le conseille ! » J'ai voulu m'excuser, dire à Henri que tout cela c'était de la frime, qu'en réalité je l'aimais bien, même si parfois je ne résistais pas au désir de le faire souffrir, comme aujourd'hui où la colère m'avait emportée presque malgré moi, mais il a tourné le dos sans même m'insulter. Ce silence m'a fait mal. J'aurais voulu le serrer contre moi, mais ça n'était plus possible. J'ai compris qu'il allait se mettre à sangloter dans l'escalier. Ma mère aussi l'a compris et Gauzi qui s'est écrié : « Tu n'as pas honte, Maria ? » Non, je n'ai pas honte ! Simplement, je ne suis pas fière de moi. Et puis, je n'aime pas perdre. Et puis, je ne suis pas n'importe qui. Et puis, je ne veux pas qu'on me donne des cours de morale dans une cuisine. Je suis une grande artiste. En tout cas, c'est ce que pense Degas. Et Degas est un maître qui ne se trompe pas. Je ne suis pas n'importe qui et pourtant je me suis mal conduite. Mais aussi, pourquoi Henri m'a-t-il poussée à bout ?

Hier... je sais, la peine, le lit. Je me suis mise à pleurer. J'avais les yeux rouges lorsque Maurice est rentré de l'école. « Qui c'est qui t'a fait de la peine ? » Je lui ai répondu qu'il n'avait plus à être jaloux de Lautrec. Nous venions de nous fâcher pour de bon. Le gamin a posé son cartable dans un coin. Il a interrogé sa grand-mère : « C'est une dispute comme avec Miguel ? » « Non, a répondu Madeleine. Cette fois je crois bien qu'il ne saluera plus ta maman. Elle est allée trop loin pour qu'il lui pardonne ! » Maurice a pris son air de penseur. Tout en mangeant une tartine de saindoux sucrée, il a donné son opinion : « Si ça se fâche pour de bon, un génie, c'est que c'est pas un vrai génie ! » Enfin, après un moment de silence, il a ajouté : « C'est dommage pour les livres... j'aimais bien quand tu les lisais à haute voix ! » Malgré ma peine j'ai éclaté de rire : « Tu ne vas pas me dire que tu comprenais Baudelaire ? » Il a jeté un regard déçu à la pile de bouquins que m'avait prêtés Henri. « Je comprends plus que tu crois ! » Afin que tout soit en ordre, j'ai expliqué à mon fils et à ma mère que quoi qu'il advienne dans le futur je serais toujours reconnaissante à Lautrec de ce qu'il a fait pour moi.

Degas me reçut très aimablement et m'accabla d'éloges. De ce jour-là je fus de sa maison. Il accrocha dans sa salle à manger un de mes dessins à la sanguine. Je passais chaque jour chez lui dans l'après-midi... S'il m'arrivait de rester quelques jours sans aller le voir, je pouvais m'attendre à être relancée chez moi par sa gouvernante, la fidèle Zoé... je n'ai jamais posé pour lui, bien qu'on ait dit cent fois le contraire.

Suzanne VALADON.

1891.
Rue de Tourlaque.
Maria est devenue la protégée de Degas. Sur ses conseils elle s'adonne de plus en plus au dessin.

PORTRAIT D'UN MAÎTRE

Au 37 de la rue Victor-Massé, Degas vit et travaille dans un immense appartement tapissé d'œuvres d'art qui se déroule sur trois étages. Cet homme dont on dit qu'il est devenu farouche a échangé son regard de poète contre l'œil perçant de l'entomologiste. Au contact de ses semblables dont il redoute le commerce et les agissements sournois, sa sensibilité s'est retranchée derrière l'ironie. Et peu lui importe ce que l'on pense de lui, et peu lui chaut d'apprendre que Huysmans qualifie son œuvre, non pas de naturaliste — ce qu'elle tente d'être — mais de grossière, voire d'obscène. Si la recherche du réel est obscène, alors vive

127

l'obscénité ! A celle qu'il va surnommer devant la postérité « la terrible Maria »...

> *Il vous faudra user du singulier talent que je suis fier de vous trouver ; ces terribles dessins, j'ai envie de les revoir. Il faut avoir plus d'orgueil...*

à la fille de Madeleine, il se confiera plus tard :

— La foule vous accorde ses faveurs et vous les retire sans que vous sachiez ce qui vous vaut tant d'honneur ou tant d'injustice.

La sauvagerie du vieil ours est un masque. Lui seul sait combien, sous son feutre usagé et sa houppelande poussiéreuse, il est cet être écorché par une intelligence trop universelle pour ne pas souffrir des limites de celle des autres. Personne n'est plus heureux qu'un sot ! A dire vrai, sa surprise a été grande. Degas ne s'était pas attendu à rencontrer l'hostilité de ses contemporains. Parce qu'il a fréquenté le foyer de la danse à l'Opéra, les bistrots malfamés de Pigalle et les cafés chantants, ce grand bourgeois n'a pas su se faire entendre de son milieu auquel il n'a, d'ailleurs, plus rien à dire. Le conformisme, la banalité, l'apprêt de certaines pensées l'insultent personnellement. Sa réputation de misogyne effarouche les dames qui, malgré la peur qu'il leur inspire, souhaiteraient attirer son attention.

> *Rien n'est impossible à l'homme, ce qu'il ne peut faire, il le laisse.*

— Parce que laisser... pour vous, c'est encore faire ?
— Parfaitement... et croyez-moi, ça demande beaucoup d'effort !

Après cela, on ne s'étonnera pas que cet homme sans famille soit voué à une vieillesse solitaire. Quant à la foule qui fréquente les mêmes lieux que lui, elle s'est vite lassée de la morosité et du mordant de cet atrabilaire ; l'absolu n'est pas une fréquentation. Qu'il aille le taquiner ailleurs ! Pas trop loin cependant, car on tient à entendre ses propos railleurs et ses bons mots. Derrière son dos, ils meublent les conversations, et celui qui en a fait les frais est le premier à les rappeler à ceux qui n'ont eu droit qu'au mépris. Mieux vaut essuyer les humeurs d'un grand homme que son silence.

— Monsieur Degas, pourquoi les gens disent-ils que vous êtes orgueilleux ?
— Parce que je suis modeste, Maria. La modestie est compagne de l'orgueil. On les confond souvent.

L'avarice de Degas est si grande que Balzac aurait été ravi de la caricaturer. Pourtant, il va se dépouiller de sa fortune — est-ce pour ne point avoir le souci de la gérer ? — au profit d'un parent défavorisé. Seule la collection qui recouvre les murs de l'appartement, collection dans laquelle s'inscrivent sans démériter les dessins de Maria payés à leur prix, raconte l'histoire d'un patrimoine qui a connu l'opulence. « Vous voyez ces tableaux ? Chacun porte en lui la passion. C'est pour cela que je les ai achetés. Prenez soin de la vôtre. Il vaut mieux mourir que de se trahir ! » Maria hésite. Doit-elle se confier à ce personnage vénérable qui, depuis qu'il l'a rencontrée, lui manifeste de l'estime ?

— Je sais où est l'intérêt de mon travail... mais je ne sais pas vers quoi diriger ma vie !
— Vous aimez trop le plaisir et vous avez le succès facile. C'est à qui vous possédera !
— Lautrec n'était pas n'importe qui !
— Certainement... mais il y en a eu d'autres depuis ! Regardez donc de plus près l'homme auquel vous vous apprêtez à céder ; ça vous évitera bien des déshabillages !

Degas fréquente aussi peu que possible la gent artistique. Elle lui paraît négligeable. Quant à son aversion pour les politiciens, elle est si grande qu'on se garde bien de lui présenter qui touche de loin ou de près aux affaires de l'Etat. Cet ancien homme du monde a pour principe de laisser au vestiaire les bonnes manières. Dès qu'il est en public, il ne peut s'empêcher de gratter le vernis. On ne lui pardonnera jamais cet exercice.

— En tout cas, je sais que vous n'êtes pas méchant. Bien au contraire... c'est votre franchise que les gens ne supportent pas. Moi-même, j'avais peur de vous rencontrer !

La fille de la lingère admire et respecte son maître. Comme lui, elle demeurera toute sa vie portraitiste. A tout autre modèle, Maria préfère ses familiers que Degas lui apprend à observer et à surprendre au sein de la joie, de la tristesse et, parfois, de la maladie. Au cours de longs entretiens, le peintre enseigne à son élève la valeur d'un simple geste ; la façon qu'a l'ouvrière d'essuyer la sueur qui coule sur son front, ou l'élégance involontaire d'un bras soudain levé parce que le chignon menaçait de se défaire, ou bien encore la joie qui éclaire un visage visité par un souvenir heureux.

— Lorsque vous faites un portrait, ayez toujours cette idée en tête... il n'y a pas au monde deux êtres semblables... même chez les nègres !

Par sa recherche et la singularité de son travail, et bien qu'il n'ait jamais cherché à étonner, Degas désoriente le public. Autant sa composition est originale, autant son pinceau est neutre. Comme ces hommes raffinés qui demandent à leurs domestiques de porter, le temps de les casser, leurs vêtements neufs, Degas voudrait ne pas être remarqué. Et pourtant, l'austérité de sa mise en page, ses effets d'éclairage sur les visages et les corps choquent : « Pourquoi ces déformations ? A quoi bon tant de pauvreté ? »

— N'essayez pas d'attirer l'œil ! L'insolite doit être naturel !

En même temps qu'il l'éblouit, un tel enseignement effraie Maria. Si la personnalité est fondée sur la différence, comment la mettre en évidence ? Et puis le modèle ne change-t-il pas à tout instant d'expression ? A peine une personne vient-elle de s'asseoir qu'on devine déjà sur son visage l'effort qu'elle va devoir faire pour se relever. Les êtres sont en permanence au-devant d'eux-mêmes. « On devrait demander au modèle de bouger constamment ! » Maria comprend pourquoi Degas a fréquenté les champs de courses et Lautrec les music-halls.

— Je n'y arriverai jamais !
— Mais si, vous y arriverez ! Il le faudra bien ! L'essentiel s'est déjà imposé à vous sans que vous en ayez eu conscience ! Ce qui m'a plu dans vos dessins, c'est la sobriété... et cette solitude que vous avez comprise sans pourtant l'avoir vécue.

Comment décrire le fugitif ? l'instabilité d'un corps ? la précarité des sentiments ?

— En refaisant sans cesse les mêmes portraits... chacun annonce le suivant. Les craies et le fusain donnent du mouvement aux ombres. Et puis n'oubliez pas que la lumière circule dans la pièce.

Depuis quelque temps, Degas, ce pessimiste, cache son œuvre. Elle ne le satisfait plus. Ses derniers tableaux sont tournés contre le mur. Mécontent de lui-même et commençant à souffrir des yeux, il peint de moins en moins.

— C'est comme si je n'avais plus envie de lutter... à moins que ce ne soit le début du détachement ?

Parfois, Zoé, la bonne, interrompt la discussion du maître et de l'élève. Sur un plateau orné d'un napperon de dentelle, elle apporte le thé et les petits gâteaux. Degas en profite pour se lever. Il invite Maria à en faire autant. Pendant que Zoé dispose les tasses sur la table située près du

131

grand chevalet, il pousse la petite Valadon devant un miroir qui surplombe une commode en sapin sur laquelle sont alignés des pinceaux.

— Regardez comme la lumière frisante aggrave le creux de votre joue !
— Lautrec m'a fait la même remarque alors que Renoir a toujours trouvé que j'avais un visage plein !
— Evidemment... l'un est un estropié qui n'aime que les éclairages artificiels, et l'autre un rhumatisant qui recherche le soleil et la sensualité. La peinture ne se fait pas qu'avec les mains. Tout le corps est en jeu. Si les médecins étudiaient nos tableaux, ils connaîtraient nos maladies.

Le maître a pris le visage de Maria dans ses mains. Il le fait tourner à droite puis à gauche, enfin de trois quarts. Le dessin des yeux a changé. Ils regardent Degas d'un air presque méchant. L'arc des lèvres est devenu incertain. On ne sait s'il appartient à une bouche bonne ou mauvaise.

— Je vois que vous vous étonnez. C'est cet aspect-là qu'il vous faudra vous acharner à traduire !

Degas sourit à l'élève qui ne se reconnaît pas.

La marchande de couleurs

Monsieur Degas, un homme du monde, avec sa chevelure lustrée et son grand front plein de réflexions, est venu rendre visite à Maria. Sa mère m'a raconté qu'elle était si contrainte que, ma foi, elle était restée cachée dans la cuisine. Je n'ai pas eu la malice de lui répondre qu'elle avait bien fait. C'est connu de tous, Maria a tellement honte de ses origines qu'elle raconte aux gens assez sots pour la croire que Madeleine Valadon, qui entre parenthèses a une fille plus âgée, n'est pas sa vraie mère. La lingère est juste bonne à élever le petiot, et allez savoir avec tous ces hommes à ses trousses qui est le père du bâtard ? Maurice, en voilà un qui promet du beau temps à son entourage ! C'est déjà rôdeur comme un mauvais mari et ça mange sa rogne avec appétit. C'est qu'il ne faut pas toucher à sa catin de mère à celui-là ! Il vous grifferait l'œil ou vous donnerait des coups de pied, tout malingre qu'il est et rechigneux ! Donc, monsieur Degas est venu rendre visite à Maria qui se vante d'être son élève. Elève de quoi, grand Dieu ? Moi je prétends qu'entre eux il y a plus que des croquis, enfin, passons ! La vieille lingère m'a raconté qu'il était resté plus d'une heure. Elle les a entendus discuter de choses et d'autres. Puis tout à coup, au milieu d'une phrase, le maître, comme elle l'appelle, a demandé à Maria de lui montrer de nouveaux dessins. « Votre crayon d'autodidacte en remontrera à plus d'un ! », qu'il lui a fait savoir en toute simplicité. Autodidacte ! Comme j'ai dit à Madeleine : « Votre monsieur Degas ne prend pas de risques à employer ce mot-là ! Est-ce que Maria elle-même sait ce que ça veut dire ? »... « Oh, mais c'est qu'elle s'instruit, ma fille ! » qu'elle a protesté Madeleine. « Depuis qu'elle fréquente Lautrec... » Comme si je ne savais pas que le nain refuse de la saluer maintenant qu'elle a ameuté la maison en faisant semblant de se suicider pour lui ! « Depuis qu'elle fréquente Lautrec, les livres défilent à la maison ! » S'il n'y avait que les livres qui défilent, que j'ai failli lui répondre, mais c'est qu'il ÿ a aussi les pantalons, et mieux vaut ne pas les compter ! Un nombre pareil ça donne le tournis. « Votre crayon d'autodidacte en remontrera à plus d'un ! », qu'il a répété en regardant attentivement les dessins que Suzanne était allée chercher, parce que depuis qu'elle a fait carrière de comtesse, Maria se fait appeler Suzanne ! « Jamais vos dessins n'ont eu autant de force ! », qu'il a continué en s'extasiant comme un gamin devant une vitrine de jouets. C'est en tout cas ce que prétend Madeleine qui, paraît-il, était postée derrière la porte de la cuisine. Et si ce n'est pas une misère de traiter sa mère de cette façon ? Une femme courageuse qui n'a jamais flanché devant le sacrifice pour élever sa fille au mieux ! Enfin, bref ! le visiteur a sorti sa bourse aussi sec. Il a demandé à l'artiste combien elle voulait d'une sanguine. Comme la lingère m'a dit : « A la fin, ils vont finir par lui faire croire que c'est du sérieux. » Non, mais vous vous rendez compte ? Acheter des dessins à cette fainéante qui n'a pas plus de muscles dans les bras qu'une fille du boulevard Haussmann ! « Oh, mais c'est que c'est très fatigant de poser ! » qu'elle a protesté Madeleine : « ... maintenant que c'est à mon tour, je peux vous en parler ! » Tu parles comme c'est épuisant de se déshabiller ! Non, on ne me retirera pas de l'esprit qu'entre Degas et cette pimbêche qui cache ses coquineries sous des gribouillages, il y a comme qui dirait des jeux de vilains. D'abord si c'était si franc entre eux, il ne serait pas là à venir mendier sa présence tous les jours et il n'enverrait pas sa domestique la chercher. Ce n'est pas

que je sois méchante, mais il y a des moments où je me dis
que la bonne fortune devrait aller faire un tour ailleurs. Ça
lui apprendrait, à cette garce, à boucler sa mère dans la cuisine pendant qu'un homme de la haute vient lui rendre
visite !

Dépeceurs,
terribles hordes
de pillards modernes
surgissant à l'improviste
et disparaissant de même. Horrible
et cruelle soldatesque.

Erik SATIE.

1891-1896.
Rue de Tourlaque.
En 1891, Miguel Utrillo reconnaît Maurice.
L'année suivante, Suzanne fait la connaissance
d'Erik Satie dont elle deviendra la maîtresse avant
de devenir celle d'un de ses amis, Paul Mousis,
qui l'épousera en 1896. Durant la même époque,
elle s'adonne à la peinture à l'huile — Conte à
l'enfant, Jeune fille faisant du crochet,
Portrait de petite fille, *etc.*

— On m'a parlé de vous.
— Je doute que ce soit en bien.
— Il paraît que vous avez failli partager les quarante-trois
mille francs de rente de Toulouse-Lautrec ?
— Que ne raconte-t-on pas sur mon compte ?

Après une période d'accalmie amoureuse, du moins de
discrétion, car nul personnage glorieux ne semble avoir
bénéficié de ses faveurs durant quelques années, Suzanne
vient de rencontrer un individu qui tient plus du phénomène que du bourgeois négligé dont il a pourtant la mise

avec son lorgnon, son chapeau déformé et sa redingote mal
entretenue.

SUR UNE MUSIQUE DE SATIE

Rue Cortot où il dissimule ses audaces instrumentales et
son génie, Satie s'adonne déjà à l'amère solitude et à l'éso-
térisme. Le titre pompeux de maître de chapelle de la
confrérie de la Rose + Croix et du Saint-Graal dont il est
porteur n'a pas effacé l'affront que l'académie des Beaux-
Arts lui a infligé en refusant sa candidature. De plus, il
vient de vivre une rupture aussi pénible que fracassante
avec le sâr Peladan, excentrique à l'âme dominatrice et
ténébreuse. L'année 1892 dirigée, du moins le croit-il, par
des planètes hostiles à ses intérêts, se termine aussi mal
qu'elle a commencé. Dans le courant du mois de décembre, le directeur de l'Opéra refuse avec courtoisie mais fer-
meté *Uspud*, un ballet chrétien de Contamine de Latour sur
une musique de Satie.

Quelques semaines plus tard, dans le courant de janvier
de l'année qui le verra écrire un des articles les plus reten-
tissants de sa carrière : « Epître aux artistes catholiques et
à tous les chrétiens », avant de fonder l'Eglise métropoli-
taine d'art de Jésus-Conducteur dont il se nommera le maître de chapelle, Satie, à l'ombre de son « abbatiale » sise
modestement rue Cortot, rencontrera non pas le fils de Dieu
mais la protégée de Degas dont il a déjà eu l'occasion de
remarquer la beauté et entendu vanter le talent de dessinatrice en même temps que celui plus discret, mais à peine,
d'amoureuse. Malheureusement pour le musicien que l'on
nomme déjà dans le quartier — où l'excentricité se porte
pourtant bien — « le dérangé de la rue Cortot », s'il amuse
Suzanne par ses provocations humoristiques et ses facéties,
il ne sait pas se faire aimer d'elle.

Portrait d'Erik Satie, par Suzanne Valadon
(cl. Giraudon, © by SPADEM, 1984)

...
Je ne vois que tes yeux exquis, tes mains douces
Et tes petits pieds d'enfant...

Adulée jusqu'à l'étouffement par un homme qui n'aimera jamais aucune femme autant qu'elle, Suzanne, au cours des six mois qui vont suivre, ne recevra pas moins de trois cents lettres qu'elle lira sans passion.

...
Cher Petit Biqui,
Impossible
De rester sans penser à tout
Ton être ; tu es en moi tout entière, partout...

Tout entière ? Pour une personne décidée à n'appartenir qu'à elle-même, c'est beaucoup trop. « Je ne pourrai pas te rejoindre ce soir, Maurice est malade. Peut-être demain s'il va mieux. Suzanne. » Après les heures de l'attendrissement où l'amour de l'autre vous console de n'en pas ressentir pour lui, Suzanne a connu celles de la lassitude. Une fois de plus, elle a pris la traverse du mensonge. Quant à Satie qui n'a su montrer jusqu'ici que son adoration, voilà qu'il se met à accuser l'objet qui se refuse. « Pourquoi mens-tu ? J'ai rencontré Maurice dans la rue. Il avait l'air de se porter au mieux ! » Les récriminations du musicien ne rencontrent bientôt plus qu'agacement et indifférence, mais aussi ce plaisir cher à l'âme teintée de sadisme : « Pourquoi m'accuser ? Tu sais bien que je pense à toi. Suis-je coupable d'aimer les miens ? de leur consacrer du temps ? Suis-je coupable de plaire aux hommes ? » Aux protestations de l'accusée qui, bien évidemment, n'est jamais fautive, le musicien répond par la hargne :

— Cesse de te conduire comme une catin ! Pour un peu tu inviterais tes voisins de table à venir dégrafer ton corsage !
— Tu finiras par me reprocher de regarder le paysage !

— Parce que Paul Mousis, c'est un paysage peut-être ?
— Non ! C'est ton ami !
— Drôle d'ami... j'ai bien vu qu'il te faisait la cour !

Depuis qu'elle est montée sur la scène amoureuse en compagnie de Lautrec qui a su lui donner la réplique, Suzanne, mieux que quiconque, pratique la mauvaise foi :

— Pourquoi es-tu jaloux ? Paul ne me plaît pas ! Il est trop sage, trop mesuré... le contraire d'un artiste ! Mais on ne peut pas toujours refuser les invitations. Ce n'est pas parce que j'ai passé une soirée avec lui...
— Si tu n'en avais passé qu'une !

Est-ce un hasard ou la fréquentation de Paul Mousis, le fondé de pouvoir de la maison Bel et Sainbénat, personnage fort sympathique que sa fortune n'a pas encore rendu idiot, après s'être enthousiasmée pour le musicien auquel elle a trouvé, le temps de deux saisons, maintes qualités, voilà que Suzanne se ravise. Pendant que Satie dort sous le portrait qu'il a fait d'elle sur du papier à musique, portrait qu'il couvre de baisers en l'absence de la cruelle, Suzanne reprend goût aux travaux de la séduction.

— Je n'aime pas ce regard aguicheur que tu lances aux hommes !
— Et moi je n'apprécie pas tes scènes !
— Que feras-tu lorsque tu seras fanée ?
— Je me réfugierai dans la peinture !

Au Lapin Agile ou à l'auberge du Clou où Satie gagne sa vie en jouant du piano, Suzanne vient rendre visite à son amant. Tout en souriant à l'artiste qui s'évertue sur l'estrade, elle jette un regard à la salle. De toute évidence, elle est à la recherche d'une silhouette dont elle apprécie de plus en plus la distinction. « Le pianiste n'en a plus pour longtemps à figurer sur la liste. Même s'il n'a pas la fortune de Lautrec, Paul Mousis est riche. Il intéresse sûrement plus une femme qui va sur la trentaine que cet excentrique drapé dans le christianisme ! »

— Suzanne... m'aimes-tu ?

L'urgence de son sentiment, son intensité poussent Satie à se manifester plusieurs fois par jour alors qu'il serait dans son intérêt de jouer au négligent. L'humour, la virulence verbale qui lui avaient attiré les faveurs du modèle lui font maintenant défaut. Lettre après lettre, il supplie, reproche. Ses griefs pourtant ô combien justifiés tombent au premier regard de la séductrice. Il propose plusieurs rendez-vous à la fois pour être certain d'en voir un accepté. La coquette, lasse d'être aimée, déserte la rue Cortot. Elle s'invente des malaises, se plaint de troubles si graves que Satie, à défaut de la croire et pour ne point prendre le risque de la perdre, simule la compassion. Hélas, les semaines passant, le musicien ne parvient plus à étouffer la rancœur qui le ravage. Dans le minuscule appartement qu'il a surnommé « mon placard », ce ne sont que scènes et lamentations. Valadon commence à s'inquiéter. Elle craint que ce tapage ne parvienne aux oreilles de Mousis qui, entre-temps, est devenu son amant. De plus, le besoin de légitimité a refait surface. L'idée d'un mariage avec le fondé de pouvoir séduit Suzanne qui souhaiterait se consacrer à son art sans avoir le souci du pain quotidien. Paul Mousis a le bon goût d'être célibataire et sa fortune montre un visage rassurant.

Un après-midi où Suzanne, après avoir rendu visite à Degas, est montée chez Satie, le musicien tourmenté par un mauvais pressentiment lui a barré le passage : « Ne pars pas ! » Valadon s'est fâchée :

— Laisse-moi passer... je suis déjà en retard !
— J'ai à peine le temps de te prendre dans mes bras que tu es déjà envolée ! Depuis que je t'aime, je vis dans l'appréhension de te perdre !

Alors qu'elle allait ouvrir la porte de force, il a saisi à

bras-le-corps sa maîtresse qui s'est débattue. Après les protestations, les insultes ont jailli. Suzanne a traité le musicien de tous les noms. Emporté par la fureur, Satie a giflé l'enragée qui s'est mise à hurler. Pour étouffer ses cris, il l'a enfermée dans un placard. Un peu plus tard, un voisin alerté par le vacarme est venu délivrer Suzanne. Tandis que son amant s'effondrait à ses pieds en lui demandant pardon, la jeune femme à moitié asphyxiée a prié le voisin de la raccompagner chez elle.

Cet esclandre a porté un coup fatal à une liaison déjà bien bousculée. Malgré ses supplications, Suzanne a refusé de revoir Satie pour lequel elle n'a plus que crainte et mépris.

> *Pour moi il n'y a plus que la glaciale solitude qui met du vide dans la tête et de la tristesse plein le cœur.*

Durant l'été qui suivra, l'abandonné promènera sa solitude dans les ruelles de Montmartre. Seul le Sacré-Cœur, objet de gloire pour certains et de moquerie pour d'autres, le Sacré-Cœur que Paris ne peut plus ignorer, demeurera insensible à la douleur du musicien.

— Il pourrait montrer un peu plus de discrétion ! A-t-on jamais vu homme pleurer une femme de cette façon ?

A PROPOS DE PEINTURE

> *J'ai dessiné follement pour que, quand je n'aurai plus d'yeux, j'en aie au bout des doigts.*
>
> Suzanne VALADON.

Tandis que Satie endeuillé par la perte d'un amour dont il ne connaîtra jamais le pendant attable sa peine au café de la Nouvelle Athènes où il rencontrera Maurice Ravel adolescent... tandis que Toulouse-Lautrec entraîne dans son

142

sillage de nabot claudicant de nouveaux venus entichés de sa laideur et de ses cocktails, noceurs qu'il emmène dans les maisons closes où son génie s'emploie à peindre des prostituées... tandis que Bruant, sous son chapeau de parade, attire le Tout-Paris dans son beuglant...

> *La dernièr' fois que je l'ai vu*
> *Il avait l'torse à moitié nu*
> *Et le cou pris dans la lunette*
> *A la Roquette.*

... Valadon s'adonne à sa passion, le dessin ; et depuis 1892 — date capitale pour son œuvre — à la peinture dont elle s'était tenue à l'écart, plus par crainte de ne pas réussir que par goût. Suzanne n'ignore pas que la peinture demande un métier qui ne s'acquiert qu'avec du temps et de la rage. Qui n'a point donné des coups de pied dans une toile n'a pas peint.

> *J'étais tellement sauvage et orgueilleuse que je ne voulais pas peindre.*

— Pourquoi m'a-t-on fait croire que j'avais du talent ?
— Ton impatience te jouera des tours ! A peine as-tu commencé que tu voudrais déjà peindre comme ces gens de métier pour qui tu poses ! Crois-tu que j'ai appris à repasser des jabots en un jour ?

Ses premières toiles annoncent l'expressionnisme et aussi le fauvisme. La couleur y est crue et la touche violente. Bien que dessinés avec vigueur, les visages montrent la maladresse de la débutante et une certaine lourdeur qui disparaîtront lorsque, rassurée, Suzanne oubliera la technique pour ne songer qu'au sujet à traiter.

— Maurice... ne bouge pas ! C'est la quatrième fois que je rate mon dessin !

— C'est pas ma faute !

— Bien sûr... c'est la mienne !

Assise en face de son petit-fils, maman Madeleine soupire :

— Toi qui sais ce que c'est, tu pourrais montrer un peu plus d'indulgence !

— Je sais ce qui est possible et ce qui ne l'est pas !

Parfois, la lingère montre de l'exaspération. La pose a assombri sa bonne humeur :

— Je trouve que ce gamin a déjà bien de la patience !

— Cesse de gémir ! Je n'en ai plus pour longtemps !

— Qu'avait-il à te faire tant de compliments, ce Degas ? A cause de lui, nous voilà condamnés à poser !

Fille et mère possessive, « la terrible Maria » n'est jamais aussi heureuse que lorsqu'elle dessine les siens. Dans l'appartement exigu qu'ils vont bientôt quitter grâce aux largesses de monsieur Paul, la dessinatrice impose une sorte de dictature à laquelle les deux autres se soumettent en rechignant. Elle impose sa volonté au corps nu de Maurice qui tremble de froid, s'en prend à la robe de sa mère qui gonfle trop sur l'estomac. Dès qu'ils ont adopté la pose de son choix... « Maurice, pourquoi serres-tu les poings ? »... « J'sais pas ! Ça s'fait tout seul ! », elle va s'installer en face de la vieille et de l'enfant. Si Degas était assis à sa place, avec quels yeux observerait-il son fils ? Longiligne et très cambré, Maurice a des membres trop minces.

— Pourquoi ne manges-tu pas davantage ? Il faudrait que tu prennes un peu de poids !

Suzanne sourit au gamin qui ne la regarde pas car il connaît la consigne ; répondre sans bouger :

— Quand t'es pas là j'ai pas faim !

144

Une bouffée de joie traverse l'artiste penchée au-dessus de son carton à dessins, une bouffée d'orgueil... mon Utrillo ! et non pas... mon Maurice ! ce prénom que pourtant elle lui a donné et qu'il réclame... « J'veux pas que tu m'appelles Utrillo ! »... « Pourquoi ? C'est un très beau nom ! »... *D'après mon fils... D'après mon Utrillo.*

Tout en dessinant, Suzanne songe à cette matinée de janvier 1891 au cours de laquelle le généreux Espagnol a reconnu l'enfant malgré l'honnêteté de la mère : « Je ne sais pas si Maurice est ton fils ! En revanche, je sais que Mousis ne m'épousera pas s'il n'est pas reconnu ! » Miguel n'a pas craint d'assumer une fausse paternité. Il a proposé de donner son nom à l'enfant ; ainsi le conformisme du fondé de pouvoir sera satisfait. Hélas, l'après-midi même, alors que Madeleine et sa fille se réjouissaient de l'événement, le drame a éclaté. A peine Miguel avait-il tiré la porte sur lui que Maurice s'est mis à hurler comme un écorché :

— J'veux pas m'appeler Utrillo !

Suzanne a tenté de calmer le nouvel adopté :

— C'est un nom superbe ! En Espagne, il représente quelque chose ! Tu devrais en être fier !

La gorge nouée par le chagrin accumulé au cours de la journée, Maurice s'est jeté dans les jupes de sa mère dont il a enserré la taille en criant : « J'suis ton enfant ! J'suis ton enfant ! » Cet appel désespéré a arraché des larmes à Suzanne :

— Qui t'a dit le contraire ?
— J'veux m'appeler Valadon comme toi !

Le gamin a sangloté si longtemps que Suzanne en a perdu son sang-froid. Quant à Madeleine, elle a tenté de ramener un peu de raison dans ces deux cervelles égarées :

— Calmez-vous ! C'est mieux de porter le nom d'un

homme que celui d'une femme ! Maurice comprendra cela plus tard !

— J'veux rien comprendre du tout ! D'abord si c'est mieux d'porter le nom d'un homme, pourquoi maman elle porte le tien d'nom ?

Bien qu'il ait persisté dans son refus et sa violence : « J'suis pas un Utrillo ! J'suis un Valadon ! », cette scène appartient à un passé auquel Suzanne se refuse à songer. Miguel, le père présumé, est retourné dans son pays. Il adresse de temps à autre une belle lettre à la famille, s'enquiert de la santé de chacun. Suzanne lui répond. Elle ne manque jamais de donner des nouvelles de l'enfant. « Mon petit Maurice a eu la grippe. J'ai dû le garder au lit quelques jours. Il t'embrasse comme un fils. »

— Veux-tu mettre un mot à Miguel ?
— Non ! C'est pas mon père !
— Qu'en sais-tu ?
— J'suis ton fils à toi ! à toi toute seule !

> *Terrible Maria, hier chez Lebarc de Boudeville, j'ai voulu acheter votre dessin excellent, mais il n'en savait pas le prix. Venez si vous pouvez demain matin vers 9 h 30 avec votre carton pour voir si vous n'avez pas encore quelque chose de mieux. Degas.*

Derrière les rideaux en crochet, le soleil joue à cache-cache avec les nuages qui filent en direction de l'est. Madeleine et son petit-fils ont repris la pose. « T'es-tu lavé ce matin ? », demande tout bas la vieille. « Avec maman, j'suis bien obligé ! », répond l'effronté à haute voix. Il sait que Suzanne, absorbée par son étude, ne l'entend pas. « Mémé... tu crois qu'elle a bientôt fini ? » Madeleine avoue sa lassitude : « J'ai bien peur que non ! »

— Après... j'aurai l'droit de descendre ?

Suzanne sursaute : « Quoi... que dis-tu ? »

— J'te demande si après j'aurai le droit d'aller m'amuser avec les autres enfants ?

« Les autres enfants », comme les appelle Maurice, ne sont pas à l'abri du regard inquisiteur de la dessinatrice... *Fillette nue assise par terre...* « Elle a de drôles d'idées, Suzanne ! Elle m'a demandé de me mettre toute nue et après j'ai dû m'asseoir par terre ! J'avais peur que quelqu'un entre dans la pièce ! »... *Nu debout se coiffant...* « Moi, d'être nue ça ne me dérange pas, sauf quand il fait froid. C'est de rester debout sans bouger qui me fatigue, surtout quand on a la tête penchée et les cheveux dans la figure ! »

— Tu as vu ton portrait ?
— J'ai pas pensé à le regarder ! J'étais bien trop contente de partir ! Maman Madeleine dit que depuis qu'on a raconté à sa fille qu'elle avait des dons, c'est plus une vie pour elle et Maurice !

Sur le trottoir de la rue de Tourlaque, des fillettes se font des confidences. « Il n'y a pas à avoir honte ! Après tout, ce n'est pas une femme comme les autres, Suzanne Valadon, c'est une artiste peintre ! » Mais il y a pose et pose ! Certaines ne permettent même pas de cacher la pudeur.

— C'est parce que c'est ma tante que j'accepte de me déshabiller devant elle !

Emue et peut-être coupable d'avoir découvert sa nudité devant ce regard impitoyable, Gilberte, la nièce de Suzanne, qui jusque-là n'avait entr'aperçu sa chair qu'au moment de la toilette et du coucher, regarde ses souliers.

— Il paraît qu'un jour tous ces dessins on les verra dans les musées !

La mère de Maurice possède un crayon qui a le pouvoir

147

de rendre votre image. Tandis que vous posez pour elle sans arrière-pensée, elle raconte vos secrets et ceux des objets. Le linge a son histoire, la cuvette également.

— C'est fini pour aujourd'hui ! Tu peux te rhabiller !

Ce soir, la voix est tranchante. Valadon n'est pas satisfaite de son travail. Elle en veut au modèle qui enfile sa jupe silencieusement dans un coin de la pièce. Puisque c'est ainsi, je ne viendrai plus poser pour elle ! Mais au moment d'ouvrir la porte, Suzanne se souvient de l'autorité de son sourire :

— Je t'attends demain à la même heure.
— Je ne sais pas si maman voudra !
— Qui t'oblige à le lui dire ? Fais comme moi... apprends à mentir ! Il n'y a qu'avec mes pinceaux que je dis la vérité !

Gilberte

il y a l'ombre
l'ombre qui joue sur ma joue
le bruit du crayon
sa voix à elle, ne bouge pas Gilberte !
facile à dire
je suis morte, enfin presque
ne plus bouger
ne plus respirer
j'étouffe !
ne plus sentir
ne plus voir
à quoi joues-tu, petite sotte ?
à mourir !
je suis étendue sur le lit
avec mon bras derrière la tête
et le plafond au-dessus qui ne raconte rien du tout
le plafond
on dirait un drap tiré aux quatre coins
avec quoi on enveloppe les morts ?
avec un plafond !
c'est pour ça qu'ils ont si froid
je tremble
il y a l'ombre
l'ombre qui grimpe sur mon nez
le bruit du crayon
sa voix à elle, ne bouge pas Gilberte !
facile à dire

ce sont surtout mes cuisses qui me gênent
tante Suzanne m'a dit de laisser mon ventre à l'air
quel joli nu tu fais, vrai, quel joli nu !
et quelle sensualité
à ton âge !
toi, plus tard, tu sauras séduire
qui ?
si seulement j'avais sommeil, je pourrais dormir
ne plus songer à mes cuisses écartées
avec cette chose au milieu
qu'on ne doit pas montrer
c'est dégoûtant !
qu'est-ce que tu as à te trémousser
comme ça ?
la prochaine fois je refuserai
comment va ta mère ?
je n'en sais rien comment va ma mère,
et puis je m'en fiche
et puis je n'ai pas envie de répondre
et puis toutes ces histoires de famille je n'y comprends rien,
sauf que Suzanne est la sœur à moitié de ma mère qui s'appelle Marie, sauf que maman Madeleine est ma grand-
mère, mais ça je n'y crois pas tout à fait, vu qu'avant de
venir à Paris je ne l'avais jamais rencontrée, vu qu'elle ne
s'est jamais occupée de nous, vu qu'il n'y en a que pour
Suzanne et Maurice, vu que quand on a des enfants on ne
fait pas de différence, ou alors c'est que les autres on ne les
aime pas
une mouche sur mon ventre
elle m'agace
j'ai envie de me gratter
qu'est-ce que tu as à te trémousser ?
il y a une mouche qui me chatouille !
elle va bien finir par s'en aller
facile à dire
pourvu que Maurice n'entre pas

La grand-mère et l'enfant, dessin de Suzanne Valadon
(cl. Atelier 53, © by SPADEM, 1984)

il me verrait couchée sur son lit comme une cochonne
Maurice est mon cousin
il a finalement trouvé un père
mais son nom ne lui plaît pas
Utrillo
je lui ai demandé pourquoi ?
parce qu'un père qu'on ne voit pas c'est pas un père
qu'il m'a répondu
et si maman Madeleine n'était pas là je serais toujours
seul
il y a l'ombre
l'ombre qui s'enfonce dans mon œil
pauvre Maurice
il pleure souvent
j'ai envie de dormir
ne plus bouger
ne plus respirer
ne plus sentir
ne plus voir
à quoi joues-tu, petite sotte ?
à mourir !

Eh quoi !... Vous m'envoyez des fleurs,
Ah ! Quel bonheur !
Mais des fleurs avec le pot
C'est beaucoup trop !

HYSPA.

1896-1898.
Rue Cortot.
La Butte-Pinson.
Suzanne Valadon épouse Paul Mousis. Ils
s'installent au 12 de la rue Cortot ainsi qu'à
Montmagny où Mousis loue une villa. De 1896
à 1898, Suzanne se consacre à la peinture et à la
gravure que lui enseigne Degas. Elle expose
régulièrement ses œuvres.
Tout en poursuivant des études au collège Rollin
à Paris, Maurice rentre chaque soir à la Butte-
Pinson où il vit avec maman Madeleine.

L'obstination de Suzanne que l'âge — elle fêtera ses trente et un ans au mois de septembre — et sa fâcheuse aventure avec Toulouse-Lautrec ont rendue plus circonspecte, mais aussi ses succès professionnels (n'a-t-elle pas exposé des dessins à la Nationale aux côtés des plus grands, et le marchand Ambroise Vollard ne publie-t-il pas ses gravures ?), ont eu raison des tergiversations de Paul Mousis. Las de tenir le rôle du célibataire que l'on cherche à capturer, le fondé de pouvoir s'est décidé à mettre un terme à sa liaison. A la surprise générale, car nul n'espérait plus son assentiment, il a renoncé à l'indépendance si chère aux vieux garçons. Soudainement piqué par l'aiguillon de la légitimité, ses sentiments l'ont poussé jusqu'à la mairie où il a présenté Suzanne au bonnet phrygien de la République avant d'articuler un oui qui, durant trois ans, a mûri dans sa bouche. A défaut d'une passion flamboyante, Paul a offert à sa maîtresse son nom et sa fortune.

5 AOÛT 1896

Aux environs de midi, après une virée dans les bistrots de la Butte où les apéritifs successifs ont mis de la gaieté dans les esprits, la noce s'est retrouvée dans un restaurant réputé pour sa bonne cuisine.

Autour de la table, les invités attendent que commence la régalade. Pressés par la gourmandise, ils ont déjà noué leur serviette autour du cou :

— Il s'est fait tirer l'oreille, mais cette fois ça y est ! Le fondé de pouvoir a la bague au doigt !

Sanglée dans un corsage aux brillances de taffetas, Suzanne préside l'assemblée. Sous ses bandeaux enduits de pommade, son regard n'a jamais été aussi clair ni sa beauté aussi paisible.

— A la santé des mariés !
— Faudrait pas laisser de côté celle de maman Madeleine !
— Ni celle de Maurice... pas vrai, garçon ?

A-t-on jamais vu un gamin de treize ans aussi mal luné ? Avec son visage maigre et sa tête enfoncée dans les épaules, il arracherait des larmes à une bêche. Enfin... on ne va pas se lamenter pour lui, car en fin de repas, tel qu'on le connaît dans le quartier, le compte rendu de son humeur sera le même.

154

— Pourquoi as-tu cet air triste ? Tu devrais te réjouir ! Ta mère a trouvé un mari et toi un beau-père !

A l'autre bout de la table, là où l'on rigole fort, un ami du marié joue au garçon de café. Il a mis une serviette autour de son bras, sert le vin aux femmes qui l'applaudissent. « Mais c'est que l'estomac crie famine ! », lance la mère de Gilberte en avalant un morceau de pain trempé dans de la moutarde. Qu'à cela ne tienne ! La patronne surgit du trou noir de la cuisine. Elle porte cérémonieusement un plat de hors-d'œuvre assaisonnés à l'anglaise. « Des crudités pour un repas de mariage ? quelle idée ! », rouspète une invitée qui ne digère bien que les tartes aux fruits de mer. « J'aurai vite fait de torcher mon assiette ! » Après cette mise en appétit, un second plat suit, puis un troisième. Le vin a mis le feu au ventre des hommes qui défont leur cravate et retirent leur veste. Quant à leurs compagnes, renversées sur le dossier des chaises, elles s'éventent avec le menu.

En attendant la volaille, on discute de tout et de rien, comme ça, pour dire quelque chose, le temps de permettre à la nourriture de se tasser au fond de l'estomac. Dans les assiettes grasses, les fourchettes et les couteaux forment des croix.

Au milieu de la rangée, les nouveaux mariés se taquinent du regard. Ne dirait-on pas que ces deux-là viennent de se croiser ? Hélas, les éblouissements ne sont pas de longue durée. Pendant qu'autour de lui on accueille le plat de résistance avec des sifflements admiratifs et des commentaires truculents, un détail heurte le regard du marié : « Maurice !... en voilà des façons ! » Stupéfait par la précocité d'un gosier qui fera carrière, Mousis fixe avec sévérité son beau-fils qui a profité de ce que ses voisins avaient la tête tournée pour vider leur verre.

— Suzanne... as-tu vu ton fils ? Il est temps que je m'occupe de son éducation !

La mère de l'effronté quitte son rôle d'amoureuse transie pour endosser celui de l'offusquée. Aujourd'hui est jour de fête et pas jour à sermon. Elle jette un regard agacé au maniaque de la bonne tenue en société :

— Pourquoi gronder cet enfant ? Ce n'est pas un verre ou deux qui peuvent lui faire du mal ! Quant à son éducation, on verra ce problème plus tard, et de préférence en famille !

Bigre ! Ce repas si bien commencé va-t-il finir sur une scène de ménage ? Autour de la table les mâchoires ont soudainement cessé de mastiquer. Après un instant d'hésitation où chacun s'interroge, Suzanne s'empare de la main de son époux qu'elle porte affectueusement à sa bouche. Dame, ces doigts-là sont trempés dans la prospérité ! Si la mariée veut en croire les personnes qui lui souhaitent du bien, elle n'en prendra jamais assez de soin !

— Je peux m'en aller ?

Maurice, l'insupportable, vient de se lever. Il oscille au-dessus de son assiette où une cuisse de canard attend d'être dégustée. Suzanne lâche la main de Mousis qui tombe mollement sur l'accoudoir : « Comment, t'en aller ? Et pourquoi ne manges-tu pas ? » Entre deux obèses au menton barbouillé de jus, le jeune Utrillo affiche un mauvais vouloir dont il ne se laissera pas dessaisir :

— Non... je n'ai plus faim !
— Et le dessert ? Tu ne veux pas y goûter ? Toutes ces bonnes crèmes... ces gâteaux...

La mère du méchant gamin fait mine de se lever, mais le visage de son mari auquel elle accorde brusquement un regard en oblique lui dicte de n'en rien faire. Elle se rassoit, et pour ne pas perdre la face, elle adresse un sourire forcé au voisinage qui lui rend sa gêne. « Qu'est-ce qu'il a ce gamin à toujours bouder le monde ? », demande un indiscret à Madeleine qui, entre deux fenêtres, tente de rattraper Maurice par la manche :

— Petiot, ne fais pas ta mauvaise tête ! Reste avec nous ! Ce n'est pas tous les jours que tu marieras ta mère !
— Laisse-moi... je veux prendre l'air ! Tous ces plats me portent au cœur !

L'avez-vous entendu, Seigneur ? L'avez-vous entendu, cet ingrat ? Nous qui avons connu la disette et des semaines sans viande ! Une cuisine de cette qualité, lui porter au cœur ? Pour un peu, Madeleine... cette vieille, tout de même, quelle belle et grande patience !... pour un peu, l'ancienne lingère pleurerait de honte.

— Un si beau jour... vous n'allez pas le mouiller avec des larmes ? Ne vous en faites donc pas. A cet âge on fabrique des caprices à longueur de journée !

Le boulanger de la place des Abbesses a son opinion sur Maurice. Il profite des jacasseries en fin de table pour se pencher vers sa voisine, le temps de lui glisser à l'oreille une information : « Ce que sa mère ne sait pas, c'est qu'il va boire le jus de la treille dans les bistrots du coin... même qu'il s'y connaît en degrés ! » Un peu plus loin, une dame au chapeau surmonté d'une plume de paon du meilleur effet enseigne aux personnes qui l'écoutent combien le sort... chut, pas si fort !... combien le sort est favorable à la trilogie Valadon : « Madeleine trompe la mort chaque année, Maurice a trouvé un nom sur sa route de bâtard, et Suzanne un parti inespéré... parfaitement, je dis bien inespéré ! Surtout, quand on amène en dot un passé aussi tumultueux ! Le style Lautrec, ça vous marque à jamais ! »

— Oh, mais voyez cette crème Chantilly ! On dirait qu'elle a été battue toute la nuit tant elle se tient droite !

Pendant que Maurice rumine son amertume sur le trottoir d'en face, son beau-père, l'air avantageux, raconte aux

157

convives ses derniers projets. Il vient de louer près de Pierrefitte, très précisément à la Butte-Pinson... la Butte-Pinson,
n'est-ce pas charmant ?... une villa ! Le fondé de pouvoir
compte y installer ce petit monde. Des regards consternés
se tournent vers Suzanne, la montmartroise. L'amour
a-t-il à ce point aveuglé l'ancien modèle pour qu'elle accepte
sans protester une installation qui ressemble à s'y mépren-
dre à un enterrement, bucolique peut-être, mais un enterrement ?

— On ne vous verra donc plus ?

D'un geste protecteur, Mousis entoure les épaules de la
future campagnarde qui approuve ce choix avec un lyrisme
de fin de noce. La main tendue au-dessus d'un compotier
dans lequel se noient des prunes à l'eau-de-vie, elle
s'exclame :

— Retrouver la nature, les arbres... jouir enfin des saisons... compter les étoiles... que de joies en perspective !

Un insolent qui a oublié sa timidité dans un verre de vin
blanc ponctue ce couplet champêtre par l'imitation d'un
merle enroué.

— Si vous en avez le cœur, moquez-vous ! Je sais où sont
mon intérêt et ma santé ! Et puis, je pourrai venir à Paris
lorsque j'en aurai envie... parce qu'il est question que Paul
achète un atelier rue Cortot... nous l'avons déjà visité !
C'est exactement ce qui convient à un couple d'artistes !

Un couple ? La vieille Madeleine et le bâtard seraient-
ils déjà de trop ? Mais voici qu'un invité se lève. Il met un
terme à la discussion :

— Après toute cette mangeaille... si nous allions prendre
l'air ? Je vous offre ma compagnie et un cognac au Moulin de la Galette ! Ça rappellera de bons souvenirs à la
mariée... pas vrai, Suzanne ?

Un coup de pied sous la table met un terme à l'éloquence du maladroit. Il l'invite, un peu tard, à ne pas s'aventurer plus avant. L'image de Renoir n'est pas encore effacée des mémoires, et lorsqu'on sait ce que l'on sait, il est souhaitable, un jour de mariage, de ne pas évoquer certain canotier.

L'APPRENTISSAGE DE LA SOLITUDE

A la Butte-Pinson où il vit en compagnie de la vieille Madeleine, car Suzanne malgré son concert de louanges a bien vite repris ses habitudes de Parisienne, Maurice, dont on dit qu'il souffre déjà d'une malfaçon de l'esprit, se refuse à louer son sort. Après être rentré de Paris où il suit des études au collège Rollin, il s'en prend à sa grand-mère qui pour se débarrasser de sa maussaderie lui conseille d'écrire à son père.

La Butte-Pinson, le 15 octobre 1896

Mon cher Miguel,

Je prends la plume pour te dire combien je suis malheureux, d'abord parce que tu m'as donné le nom d'un homme qui n'est jamais là, ce qui fait que j'ai beau m'appeler Utrillo, je suis toujours sans père, ensuite parce que depuis le mariage de maman qui dit amen à tout ce que propose Mousis, je suis maintenant sans mère, ce qui fait qu'il n'y a plus dans ma triste vie que le collège où je ne me plais pas et maman Madeleine qui s'ennuie autant que moi, car il faut bien te l'avouer, mon cher Miguel, la vie dans cette maudite maison est

159

sinistre, surtout le soir, quand les ténèbres nous surveillent derrière les fenêtres et qu'on n'entend plus que les oiseaux de nuit...

Madeleine qui a écouté attentivement le début de la lettre s'exclame : « Qu'est-ce que tu lui racontes ? Il va croire que ta mère nous a abandonnés ! » Maurice répond en tapant du poing sur la table :

— C'est la vérité !

Il lance un coup d'œil venimeux à la vieille qui est assise près du poêle : « Je ne suis qu'un sale intrus... et toi aussi ! Ils se sont débarrassés de nous ! »

— Intrus ? Qui t'a appris ce mot-là ?
— Un gars du collège... il dit que je suis un intrus !
— Qu'est-ce que ça veut dire ?
— Je ne sais pas trop... une saloperie !

Madeleine opine du bonnet. Quelque chose lui dit que ce mot à la sonorité trop courte désigne une forme de maladie. Sa bonté, et peut-être la pitié qu'elle ressent pour cet adolescent délaissé l'obligent à se lever. Elle s'approche de Maurice affalé sur la table, lui caresse les cheveux : « Voilà un geste que je n'ai jamais osé avec ta mère... as-tu encore bu avec les plâtriers en rentrant du collège ? » Le gamin hoche la tête en signe d'approbation. « Tu ne devrais pas accepter l'absinthe qu'ils t'offrent. Ça les amuse de te voir tituber comme un ivrogne. Si ta mère t'avait vu rentrer l'autre soir, elle n'aurait pas été contente et Mousis encore moins qu'elle ! Déjà que dans Pierrefitte on jase sur ton compte ! »

— Pourquoi maman ne nous aime plus ?
— Ta mère nous aime toujours, mais elle a un mari !
— Je n'en peux plus de vivre ici !
— Il faudra pourtant bien que tu t'y habitues, car après

160

l'automne viendra l'hiver, puis le printemps, puis l'été, puis un autre automne... dans la vie tout s'additionne, la solitude à la solitude, la misère à la misère... mais moi je suis là... depuis que tu es au monde, je ne fais que ça, être à côté de toi.

La Butte-Pinson, le 10 juin 1897

Mon cher Miguel,

Comme dit maman Madeleine lorsqu'elle ne trouve plus de mots pour me consoler, après le printemps viendra l'été, puis l'automne, puis l'hiver, puis un autre printemps. Je sais que je n'ai pas encore l'âge d'avoir une opinion sur moi, pourtant je dois te dire, à toi qui es si loin, combien je suis triste. Je songe constamment à ce qui me manque ; toi, maman, de vrais amis. Au collège Rollin, les professeurs disent que j'ai une mauvaise tournure d'esprit. C'est peut-être pour ça que les copains me tapent dessus ? Hier, quelqu'un m'a dit que je n'étais pas ton fils mais celui d'un pauvre type, Boissy, qui traîne sa clochardise dans Montmartre. Mon Dieu, pourvu que ce ne soit pas vrai !

La Butte-Pinson, le 20 mars 1898

Mon cher Miguel,

Ce matin j'ai été à la messe. J'avais besoin de me repentir. Je ne sais pas au juste de quoi. Tantôt je suis furieux, tantôt je suis si malheureux que je m'accroupis dans un coin comme un vieux chien et je t'appelle tout bas, pour moi tout seul, papa ! papa ! On me reproche de bouder, car je refuse

161

souvent de parler. Ce n'est pas de la bouderie, c'est
pire que cela. En fait, ça ressemblerait plutôt à de
la peine. « A la fin, vas-tu me dire ce qui ne va
pas ? » J'aime mieux ne pas répondre à maman,
surtout devant son mari. Je préfère enfermer mes
malheurs en moi. Madeleine dit qu'un jour ils fini-
ront par m'étouffer.

Pendant que rue Cortot Suzanne s'essaie à la gravure sur
les conseils de Degas dont elle est restée l'intime...

> *L'artiste a poussé droit son trait, comme ferait un*
> *laboureur ; l'acide bouillonnant dans ces profondeurs*
> *va les élargir encore. Les techniciens du vernis mou*
> *triomphaient dans les gris, les blondeurs, les demi-*
> *teintes. Ici l'on croirait presque qu'un sculpteur déli-*
> *mita les plans, inventa les profils, donna tant de poids*
> *à chaque forme et notamment aux nus qui, bien que*
> *nés de la page blanche ont l'éclat et la dureté du*
> *marbre.*

> Claude ROGER-MARX.

... son fils fait l'apprentissage de la solitude et de l'alcoolisme. A Pierrefitte, où on a interdit aux autres enfants de
le fréquenter, les gens le montrent du doigt comme un
lépreux : « Il paraît qu'il s'enivre avec les plâtriers qui le
ramènent dans leur carriole. Parfois, c'est lui qui paie les
tournées avec l'argent de poche que lui donne son riche
beau-père. Le fondé de pouvoir ne sait bien compter que
les gros billets ! »

— Quelle idée aussi de l'envoyer dans un collège à Paris !
Comme si les écoles d'ici n'étaient pas assez bonnes pour
lui !
— Il paraît que le lunatique est doué pour les mathématiques !

Aux abords de la villa que loue Paul Mousis, les voisins s'interrogent sur le commerce inquiétant de ce garçon au visage sombre qui, dès qu'il a bu, va bousculer les danseurs dans les bals, à moins que poussé par de méchants comparses qui souhaitent le voir rosser, il ne se mette à injurier les paysans. « Son beau-père parle de le mettre en pension, mais la peintresse s'y refuse ! » Ne raconte-t-on pas que cet ivrogne en herbe maltraite sa grand-mère, une brave femme à la modestie d'ouvrière qui a traversé des années de privations avant d'aborder le rivage de Pierrefitte ?

— Maurice... qu'as-tu fait de ta montre ?
— Je n'en sais rien ! Donne-moi la bouteille !
— Et ton porte-monnaie... qu'as-tu fait de ton porte-monnaie ?
— On me l'a volé ! Donne-moi la bouteille, ou je casse la vaisselle !

Par lassitude, Madeleine a cessé de lutter. A l'heure de la soupe, alors qu'ils vont encore une fois dîner seuls, elle sort d'autorité la bouteille de vin rouge, arrose copieusement le potage du gamin dont le visage s'illumine :

— Vas-y, grand-mère ! N'aie pas le coude avare !
— Si avec une pareille rasade tes nerfs ne trouvent pas le repos... je change de nom !

Utrillo

Si j'avais assez de confiance pour écrire à Miguel, je l'appellerais papa, comme un vrai fils affectueux. Je commencerais ma lettre de la façon suivante. Mon cher papa. Je voudrais te regarder et t'écouter, je voudrais sentir ton bras autour de mon cou et ta présence à mes côtés. Peut-être m'aiderais-tu à grandir et à devenir un homme ? Après cette dernière phrase je laisserais un grand blanc, plein de souffle et d'espérance. Je sucerais mon porte-plume en attendant que les idées viennent. Je penserais à cette belle lettre que Degas a envoyée un jour à maman...

> « *Zandomeneghi m'a appris, ma pauvre Maria, qu'après votre fils, vous avez été vous-même fort malade. Je viens encore vous rappeler qu'une fois sur pied, il vous faudra, puisque vous avez maintenant une vie assurée, ne penser qu'à travailler, à user du singulier talent que je suis fier de vous trouver, ces terribles dessins que j'ai envie de revoir. Il faut avoir plus d'orgueil.* »

Qu'est-ce que ça veut dire, avoir plus d'orgueil ? Maman ne s'occupe quasiment plus de nous. Elle ne songe qu'à peindre. Est-ce que l'art c'est plus important que le sentiment ? Peut-être. Mais alors, les autres en souffrent. A ce moment d'interrogation, grand-mère entrerait dans la pièce. Elle jetterait un coup d'œil au-dessus de mon épaule : « A qui écris-tu ? A ta mère ? Elle m'a dit que tu lui glissais des mots d'amoureux dans son sac ! » Cette

164

réflexion m'attristerait. Pour ce qu'elle fait de mes lettres, ma mère !

Si j'avais assez de confiance pour écrire à mon père, je lui dirais les choses crûment. Ici tout va mal. Reviens vite. J'ai besoin de toi. Si tu as un peu d'amour pour moi, demande-moi de te rejoindre en Espagne. Je sais que tu n'es peut-être pas mon père, mais ça m'est égal du moment que j'ai quelqu'un à qui me confier. Et puis je voudrais te rappeler que je vais avoir seize ans au mois de décembre prochain. Il y en a qui seraient contents. Pas moi. Que puis-je encore espérer de la vie ? Si tu me croisais dans la rue tu ne me reconnaîtrais pas. D'accord, j'ai grandi et il y en a qui trouvent que je suis plutôt joli garçon, mais pour le reste ! Depuis que je vis à la Butte-Pinson avec maman Madeleine, je ne me suis pas amélioré. Au contraire. Je ne sais plus vivre sans me griser à l'absinthe ou au vin rouge. Dès que j'ai bu, je me sens mieux. C'est comme si le malheur restait au fond des verres. Du moment qu'il ne me voit pas, mon beau-père est généreux. Il me donne de l'argent de poche. Je vais le dépenser dans les bistrots. Au café des Oiseaux situé à côté du collège Rollin, j'ai fini par me faire repérer. Le directeur a convoqué maman et Mousis. L'un et l'autre ont joué la surprise : « Il boit, depuis quand ? » Le directeur n'a pas pris leur étonnement au sérieux. Il s'est exclamé : « Depuis quand ? Mais depuis des années ! Faut-il que vous ayez été occupés ailleurs pour ne pas vous en être rendu compte ! Vous devriez consulter un médecin ! » Le soir même, Mousis a tenté de m'arracher la bouteille des mains. Je me suis mis à hurler si fort qu'il me l'a bien vite rendue : « Suzanne, occupe-toi de ton fils ! Ce gamin me rendra fou ! » Mais maman, elle, s'en est pris à ma pauvre grand-mère. Au lieu de l'envoyer promener, Madeleine a fondu en larmes : « Comment l'empêcher de boire ? Il est si malheureux et moi aussi de le voir ainsi ! »

Mon cher papa. Suzanne Valadon est devenue un peintre de renom. Ce sont surtout les corps qui la hantent. Dans son atelier il y a des nus partout. Elle sort souvent avec des artistes. Je n'aime pas ces gens-là. Avec Mousis, ils m'ont volé ma mère. Au collège, ça ne va pas mieux qu'à la maison. Lorsqu'il est venu pour la dernière fois à Pierrefitte, Mousis a demandé à voir mes notes : « Pas fameux ! Toi qui étais bon en mathématiques, tu es en passe de devenir un nullard ! Tu ferais mieux d'aller travailler ! » Je ne suis pas contre. A dire vrai, je ne suis contre rien. Je veux continuer à boire, c'est tout.

La folie est parfois côtoyant la raison.

Maurice UTRILLO.

1898-1900.
Rue Cortot.
Montmagny.
Période d'intense créativité pour Suzanne Valadon
qui partage sa vie entre la rue Cortot et
Montmagny. Maurice quitte le collège Rollin où
il poursuivait de médiocres études. Après des
emplois successifs : aide-monteur chez un
fabricant d'abat-jour, employé aux saisies-
warrants, copiste dans une agence de publicité,
son beau-père lui trouve un poste au Crédit
Lyonnais.

A Montmagny où Paul Mousis a fait construire une villa à la dimension de ses rêves en meulière, Maurice, certain soir de beuverie, a ramené du bureau une scène que ne sont pas prêts d'oublier les employés de la banque où il travaillait en tant que surnuméraire. Dans l'après-midi du même jour, en revenant du bistrot où il s'était attardé plus que de coutume, Utrillo a avoué sa haine pour les chapeaux melons en abattant son parapluie sur celui d'un client qui n'a pas compris les raisons de cet écrasement. Alors que l'agressé exigeait des excuses, Maurice a extrait une phrase de son cahier d'aphorismes, laquelle a assuré son licenciement :

— Ces chapeaux sont des cache-couillons !

Averti aussitôt du scandale par la direction, Paul a pris le premier train pour Montmagny où séjournait son épouse. Cette fois c'en était trop ! Son beau-fils, ce malotru, cet alcoolique en herbe allait se faire botter les fesses ! Mais à peine le fondé de pouvoir avait-il posé son manteau sur une chaise que Suzanne, au lieu de s'indigner, s'est mise à rire comme une gamine mal élevée. Les chapeaux melons étaient des farces. Que Maurice ait eu l'audace d'en aplatir un enchantait l'esprit de sa mère.

— Parfait ! Que ton fils continue donc sur sa lancée ! Mais ne compte plus sur moi pour le recommander auprès de quiconque !

Depuis ce jour, Maurice vit à l'écart du travail qui lui porte ombrage et entame sa bonne humeur. Il erre, tel un vagabond, dans la campagne de l'Ile-de-France dont il aime les cieux, les arbres et tout particulièrement les églises. Le désœuvrement est devenu la seule occupation du délaissé qui n'a conservé de ses anciennes activités qu'un souvenir amer d'obligations et le complet d'employé de bureau que lui a offert son beau-père. Sa silhouette gesticulante effraie les femmes qui s'enfuient à son approche, et sa présence importune les paysans de Montmagny qui ne voient en lui qu'un gêneur entretenu par des sots.

— Ecartez-vous ! Voilà le dingue et son parapluie ! A quel chapeau va-t-il s'en prendre aujourd'hui ?

Dans les bistrots où l'on se garde bien de refuser un verre à un si bon client, les conscrits, à l'heure de l'apéritif, viennent tourner autour de lui. Ils l'excitent de la voix et du geste, et après l'avoir encouragé à vider son verre d'un trait, le bousculent, histoire de s'assurer de son équilibre :

Utrillo, sa grand-mère et le petit chien Lello, par Suzanne Valadon
(cl. Lauros-Giraudon, © by SPADEM, 1984)

— Maumau titube ! Pas de doute... c'est le travail qui l'épuise !

L'alcoolique tente d'acheter l'amitié qu'on lui refuse en offrant des tournées à qui lui fait l'honneur de l'approcher. Mais parce que les autres, après avoir bu à ses frais, continuent à l'insulter tout en l'acculant contre le comptoir, il les repousse en jurant qu'on ne l'y reprendra plus : « Je vous arrose de ma générosité, et pour tout remerciement vous me cherchez noise ! » Un verre s'écrase sur le sol, puis un second. La violence mène le jeu. Le cafetier qui jusque-là s'était refusé à prendre parti abandonne la neutralité : « Dehors, mal léché ! » Maurice se débat :

— Ne me touchez pas !
— Dehors, je te dis !
— Ne me touchez pas ! Vous êtes bien content de prendre mon argent !
— Ce n'est pas ton argent ! C'est celui de cet idiot de Mousis qui t'entretient à faire le mal ! Allez... ouste ! File cuver ton vin ailleurs !

Lorsque Madeleine se rend au village pour effectuer quelques achats, elle surprend son petit-fils affalé sur un banc. Il se plaint à un arbre de sa solitude.

— Si tu rentrais avec moi ? Tu serais encore mieux à la maison qu'à te laisser épier par tous ces yeux secs !
— Je me vengerai... ce soir j'irai au bal et je leur chiperai leur cavalière !

Madeleine connaît trop bien la suite de l'aventure pour ne pas s'en désoler à l'avance. Attiré par les jolies filles qui lui rendraient volontiers ses politesses s'il ne buvait pas tant, Maurice ira les taquiner jusqu'à ce que, excédées par ses agaceries, elles fassent appel à des amis qui assommeront l'ivrogne dans un coin de la buvette. Les fins de semaine sont devenues un véritable tourment pour la vieille qui sait

que son petit-fils regagnera la maison le visage en sang et
les pommettes bleuies par de méchants coups de poing.

— Pourquoi ne parlez-vous pas à son beau-père ? Personne
ne sait jusqu'où il peut aller ? Hier au soir, il était tellement soûl qu'il a suspendu un gamin qui l'injuriait au
porte-manteau d'un bistrot !

> Mon cher Miguel,
>
> Encore une lettre que je ne t'enverrai pas. Les
> années passent et ma douleur demeure la même. Je
> bois de plus en plus. Je suis devenu le bouffon des
> rustauds du coin qui me cassent la figure à tour de
> rôle...

— Paul le mettrait à l'asile... déjà qu'il ne peut plus le supporter ! Ce que les gens ne savent pas, c'est que ce gamin
souffre plus qu'un adulte !

Sur le seuil de la propriété du fondé de pouvoir, une voisine s'étonne : « Souffrir... à son âge ? Mais de quoi grand
Dieu ? » Madeleine plonge le nez en avant. Elle scrute le
gravier. De quoi ? Si seulement la souffrance pouvait raconter son histoire, on pourrait lui répondre !

> Mon cher Miguel,
>
> Encore une lettre que je ne t'enverrai pas. Je n'ai
> pas vu maman depuis quinze jours. Nous n'existons
> plus pour elle...

— Suzanne a de la chance d'avoir une mère comme vous !
Sait-elle au moins ce que vous endurez ?
— Ma fille n'a jamais obéi qu'à son plaisir... ce n'est pas
aujourd'hui qu'elle va changer !

Derrière le voilage de la fenêtre, Maurice a assisté à la

discussion. Il descend les escaliers en courant, va ouvrir la porte à sa grand-mère qui recule devant son air vindicatif : « Qu'est-ce que cette garce t'a raconté sur mon compte ? » Madeleine regarde son petit-fils dans les yeux : « Tu sens encore le vin... laisse-moi passer, j'ai le repas à préparer ! » Maurice s'écarte à regret. La mèche batailleuse et l'œil méchant, il suit la vieille qui monte les marches en soupirant.

— Ils me détestent tous !
— A la fin, tu es trop dur à vivre !
— Ils m'envient même mon complet... comme si je m'en fichais pas mal d'être bien habillé !
— Ils ne te détestent pas... ils te fuient !
— C'est pire !

Et parce que Madeleine ne trouve pas le mot qui le rassurerait, Utrillo donne un coup de pied dans une chaise qui va valser au milieu de la salle à manger : « Tu m'entends ? C'est pire ! » La lingère grogne son impuissance : « Probable ! Mais qu'est-ce que je peux y faire ? » Elle pose son cabas sur la table, étale les provisions avec lenteur : « Probable que c'est pire, mais aussi, pourquoi promènes-tu la peur avec toi ? »

— Je me montre aimable avec tout le monde !
— Même en accrochant un gosse à un portemanteau ?

A la vue d'une belle pomme qu'elle caresse avant de la placer en évidence sur la toile cirée, son visage s'éclaire :

— Il faudra que je la mette de côté... ta mère aimerait sûrement la peindre !

Mon cher Miguel,

Suzanne Valadon ne songe plus qu'à sa carrière qui s'annonce glorieuse d'après ce que disent les gens dont on ne discute pas l'opinion...

172

— Peindre ! Elle ne pense qu'à ça ! Et nous ? Qu'est-ce qu'on représente pour elle ?

Madeleine hausse les épaules avec agacement. Quand ce garçon cessera-t-il de se torturer ? Qu'il soit à jeun ou éméché, il pose des questions auxquelles personne ne peut répondre sans le blesser. Elle se dirige vers la patère où l'attend son vieux tablier. « Ça ne sert à rien de se révolter. Ta mère a toujours été la plus forte. Même les hommes ont dû reculer devant elle ! »

— Elle pense peut-être que les largesses de Mousis suffisent à notre bonheur ?
— A mon avis, elle ne se pose même pas la question. Et puis il y a la peinture. Depuis qu'elle y a goûté, cette manie lui rabote la cervelle !

Le discours de la vieille a ravivé la douleur de l'exclu, celle aussi de l'abandonné. Maurice va s'asseoir à sa place habituelle, entre le bahut et une table sur laquelle Suzanne dépose les bouquets qu'elle aime à composer, hiver comme été, lors de ses séjours à Montmagny. Le soleil éclaire un vaisselier où brillent des assiettes que la peintresse a achetées en Bretagne, à l'occasion d'un voyage de plaisance effectué en compagnie de son riche mari. A gauche de la baie vitrée, un rai de lumière tombe en diagonale sur le fauteuil dans lequel Madeleine, lorsqu'elle n'est pas à fricoter dans la cuisine, se tient à longueur de journée. Depuis que les deux chiens de Suzanne s'y sont fait les crocs, il montre des défaillances ; sous le siège deux ressorts ont crevé le tissu de la doublure qui pend jusqu'à terre.

— Je n'ai jamais rien demandé à Mousis... je n'ai donc pas à le remercier !

Madeleine maugrée sa désapprobation tout en nouant son tablier sur le ventre :

173

— Voilà un calcul qui mériterait d'être recompté... sans monsieur Paul tu suerais tous les jours de la semaine dans un atelier pour trois francs six sous et nous crèverions à moitié de faim tous les trois... parce qu'il ne faut plus compter sur Miguel... tu as bien vu, il ne répond même pas à tes lettres... quant à ta mère elle n'a plus l'âge d'être modèle !

Mon cher Miguel,

Comment pourrais-tu répondre à mes lettres puisque je ne te les poste pas ? Maman a beaucoup vieilli. Elle n'est plus aussi belle qu'autrefois, lorsque les hommes se retournaient sur elle dans la rue. Grand-mère prétend qu'elle ne pourrait plus être modèle. Hélas, moi je l'aime et je l'admire toujours autant. Pourquoi je dis hélas ? Peut-être parce que ce sentiment m'apporte plus de peine que de plaisir ? J'oubliais de t'annoncer une chose importante... il va falloir qu'elle porte des lunettes !

Le châle de Madeleine vient de tomber à terre. Il forme une grande flaque noire à gauche de la table. « Maurice... tu ne pourrais pas venir me le ramasser ? J'ai si mal aux reins que je ne peux plus me baisser ! », demande la vieille en jetant un regard de reproche à son petit-fils qui, de toute évidence, a d'autres pensées en tête.

— Pourquoi les filles me fuient-elles ?
— As-tu seulement entendu ce que je viens de te demander ?

Maurice regarde sa grand-mère. Les mains sur les hanches, elle est venue se planter devant lui : « Si tu buvais moins, tu leur plairais, aux filles ! J'ai vu leurs regards. Ils ne te repoussent pas. Au contraire. C'est toi qui ne veux pas d'elles ! » Rouge de confusion, Utrillo bafouille. Il

cherche une phrase qui se dérobe : « L'amour... ah, bien...
l'amour, quelle sale histoire !... » Hébété et comme au sortir d'un mauvais rêve, il se lève, file en direction de la cuisine : « L'amour... quelle cochonnerie ! » Madeleine l'entend ouvrir le placard. Il réapparaît, une bouteille à la
main :

— Il faut les voir danser avec leurs gros culs... toutes des
pouffiasses !

Au lieu d'acquiescer, Madeleine désigne le litre : « C'est
le vin qui te trouble l'esprit et te maquille la vue. Les filles ne sont pas ce que tu crois. Quant à toi, si tu continues
à ce rythme, tu seras à l'asile avant peu ! » Cet air de pro-
cureur désoriente Maurice habitué à plus de mollesse. Il
pose la bouteille sur le bahut : « Mais qu'est-ce que tu as
ce matin ? Pour un peu tu deviendrais féroce ! »

— Je suis inquiète à ton sujet... sais-tu seulement ce que
tu as fait hier au soir ?
— Non.
— En rentrant à la maison, tu as arraché le papier de l'entrée avec un parapluie !

Rassuré, l'ivrogne s'empare de la bouteille. Il se verse
un verre, puis un second, trinque à la santé de sa grand-
mère qui disparaît dans la cuisine :

— Mousis fera retapisser son entrée... ne t'inquiète pas
pour si peu ! A quoi sert l'argent, sinon à le dépenser ?

Le pas d'une mule qui traverse le carrefour attire son
attention. Il bondit jusqu'à la fenêtre, écarte le rideau, et
désappointé de ne pas apercevoir qui il souhaiterait découvrir, le laisse retomber aussitôt. A quelques pas de lui, la
vieille émet un regret tout en s'activant au-dessus de ses cas-
seroles : « J'étais déjà toute contente... je croyais que c'était
le tilbury de ta mère ! »

175

— Moi aussi... ça fait combien de jours qu'elle n'est pas venue nous rendre visite ?

— Fais comme moi, ne les compte plus !

A travers le voilage Utrillo contemple la rue déserte. Bordée d'une rangée de peupliers, elle mène au village où il ira boire et récolter des quolibets en fin de journée.

Mon cher Miguel,

Grand-mère bougonne dans la cuisine. Elle en veut à sa fille de nous abandonner mais elle ne l'avouera jamais, surtout pas devant moi dont elle redoute les scènes. Une bonne odeur d'oignons roussis me vient aux narines. Dommage que j'aie perdu l'appétit. A côté de moi, la bouteille est vide. Si tu savais comme on se sent heureux lorsqu'on a bu. Cet après-midi, j'irai me réchauffer le cœur au village. Le brûle-gueule de l'absinthe. Ceux qui n'ont pas besoin d'en boire disent que c'est du vitriol. Et après ? Il vaut mieux boire que de crever de désespoir... pas vrai, papa ?

La terrible Maria

Lui qui autrefois allait et venait dans mon atelier avec aisance et familiarité, il est resté assis près de mon chevalet comme un vieillard presque aveugle, et pour chasser la tristesse qui le poussait à demeurer silencieux, il s'est mis à me questionner sur la santé de mon fils dont il sait qu'il me donne beaucoup de soucis, la mienne, celle de mon mari. « Et votre mère ? » Dieu, que Degas s'ennuie ! Que pourrais-je bien lui raconter pour le distraire ? Une idée m'est venue à l'esprit. Si je lui parlais de la bande d'énergumènes qui, place Ravignan, a décidé de mettre la peinture à feu et à sang ? Je me suis aventurée : « J'ai été rendre visite à Van Dongen... il habite une baraque sordide, la maison du trappeur ! » Degas a daigné me jeter un regard. Vague, le regard, très vague. Un regard d'aveugle. Me voit-il seulement ? Il a soupiré : « Ah oui... le Bateau-Lavoir... on m'en a parlé ! » J'ai poursuivi : « Je ne sais pas si vous l'avez jamais visité ? C'est une bicoque bâtie de bric et de broc, avec des planches pourries qui n'intercepptent même pas le bruit des jets de pisse dans les pots de chambre, et pour je ne sais combien d'ateliers plus misérables les uns que les autres, une dizaine peut-être, je ne les ai pas comptés, il y a un seul point d'eau ; d'où l'intérêt de ne pas être chatouilleux quant à la propreté ! Et je ne vous parlerai pas de l'odeur qui règne dans ce bastringue, entre l'urine, l'huile rance et le poussier, de quoi vous donner mal au cœur toute la journée ! » Ma description a séduit Degas qui s'est mis à rire de bon cœur : « Et que

177

pensez-vous des peintres qui vivent là-dedans ? » « Ils m'amusent et m'agacent à la fois ! Ce sont des fous de la couleur, des malades de la forme ! Et que je te barbouille, colle, coupe, assemble… papier journal, bouts de chiffon, ficelle, et j'en passe !… et tout ça pour choquer ! Quand on regarde leurs tableaux on a l'œil retourné et la tête à l'envers, mais sacré nom, ce n'est pas rien ! » Mon vieux maître m'a applaudie : « Vous êtes tellement plus vous-même lorsque vous parlez du métier que lorsque vous gémissez sur les crises d'alcoolisme de votre fils ! Racontez-moi donc ce qui se passe dans les ateliers de la place Ravignan ! Moi qui n'aime plus la peinture, je voudrais savoir comment mes successeurs lui font la cour ! » Bigre ! J'ai été m'asseoir sous la verrière. Comment présenter des artistes de cette envergure à un Degas ? « Comme au théâtre, m'a-t-il répondu, ou plus simplement comme dans un commissariat de police, lorsqu'à bout d'arguments vous tendez au flic furieux une pièce d'identité. »

Le vieil ours s'est levé. Il a présenté ses mains au poêle. Quel homme, tout de même ! Quel seigneur ! Je ne remercierai jamais assez le ciel de l'avoir rencontré.

AU PAYS DES GÉNIES

Nom : VAN DONGEN.
Natif de : ROTTERDAM.
Caractéristiques : Clochard barbu, plutôt joli garçon à l'humeur égrillarde. Visage taché de son. Yeux bleus. Dessine aussi bien qu'il parle mal le français.
Ancien lieu de résidence : Le Maquis, sorte de bidonville qui se déploie sur la pente nord de Montmartre, là où s'alignent pêle-mêle des baraques mal plantées au milieu de jardins en friche, le maquis où vivent des chiffonniers, des brocanteurs et des rapins au teint crayeux de phtisiques en sursis.

Après s'être marié avec une compatriote qui répond au prénom d'Augusta, il s'installe au 23 de la place Ravignan où la gloire le surprendra quelques années plus tard.

> ... Avec d'autres artistes de Montmartre, Picasso, par exemple, souvent nous essayions de vendre dans les environs du cirque Médrano. Nous étalions nos tableaux par terre. On les vendait cent sous...

— Non, mais vous avez vu ces croûtes ?
— Cent sous ? J'aime mieux les donner à la ville de Paris !
— Surtout qu'elle risque d'en avoir besoin... le métro lui coûte les yeux de la tête !

Nom : PICASSO.
Prénoms : PABLO, RUIZ.
Natif de : MALAGA.
Aspect : Petit, ce qui serait banal s'il n'était pas aussi sûr de lui et bien fait de sa personne, les hanches serrées dans une ceinture rouge qu'il arbore avec un culot de toréador en visite à Paris, le front haut barré d'une lourde mèche noire qui ne sait pas encore qu'elle entrera dans les livres d'art. Porte le bleu de mécano avec la distinction d'un homme du monde.
Caractéristiques : Fixe déjà la gloire dans les yeux. Personnalité destinée à régner sur la planète durant plus d'un demi-siècle. « En faisant quoi ? »... Les demoiselles d'Avignon !

> J'avais fait la moitié du tableau, je sentais, ce n'est pas cela, je fis l'autre, je me suis demandé si je devais refaire le tout. Puis je me suis dit non, on comprendra ce que j'ai voulu faire.

— Moi, j'ai compris qu'il s'était moqué de nous !
— Afficher des négresses sur un mur... si ce n'est pas un scandale !

Avant de sombrer dans la passion avec la belle Fernande Olivier, il s'entichera de l'amuseur public, ce Max Jacob qui traîne sa repartie, son béret et sa pauvreté dans les ateliers d'énergumènes qui veulent faire la révolution à coups de pinceau.

Nom : JACOB.
Prénom : MAX.
Emploi : Homme à tout faire de la passion qu'il porte à autrui.
Activités secondaires : Poète, professeur de piano, employé de commerce, clerc d'avoué, critique au *Moniteur des Arts*.
Aspect : Chauve, loufoque, chauve, excentrique.
Caractéristiques : Lit les lignes de la main, tire les cartes, dresse des horoscopes.
Signes particuliers : Sera choisi par le Christ qui lui apparaîtra le 22 septembre 1909. Se convertira au catholicisme durant la guerre de 14, ce qui lui permettra de s'adonner à la confession publique.
Lieu de résidence : Le sous-sol du Bateau-Lavoir.

— Y a pas pire !
— Il faut tenir du rat pour y vivre !

Nom : SALMON.
Prénom : ANDRÉ.
Apparence : Pince-sans-rire.
Caractéristiques : Fréquente les peintres et l'ironie qu'il cultive avec une élégance de dandy.
Signes particuliers : Sa pose. A un faible pour son œuvre maîtresse *Mémoires sans fin* dont il aura du mal à se détacher. Deviendra le biographe de la bande du Bateau-Lavoir avant de se marier sur une musique à scandale. Cet événement fera jaser les riverains de la place Ravignan.

— Ils ont osé appeler ça un mariage !

— Moi je dis que ça tenait plus de l'orgie que de la fête nuptiale !

— C'est comme cette fête qu'ils ont organisée en l'honneur du douanier Rousseau... mieux vaut n'en pas parler !

Nom : WILHELM APPOLINARIS DE KOSTROWITSKY ou plus simplement GUILLAUME APOLLINAIRE.

Natif de : La bâtardise. Entre Rome, 1880, et Paris où il mourra en 1918 de la grippe espagnole.

Fils d'une aristocrate polonaise qui a fauté avec un officier italien.

Aspect : Porte un chapeau au-dessus d'un nez busqué.

Nature : Empâtée.

Caractéristiques : Découvreur de talents et ami des plus grands artistes de son temps, Picasso, Derain, Vlaminck, le douanier Rousseau.

Emplois : Poète, défenseur de l'art nouveau.

Signes particuliers : S'écriera devant *Les demoiselles d'Avignon...* « C'est une révolution ! »

Lieu de résidence : Le cœur de Marie Laurencin, une longue fille mince, affectée et poseuse, qui joue fort bien de sa fausse beauté et de ses pinceaux, mais n'apprécie guère les amis d'Apollinaire qui le lui rendent bien.

Nom : GÉNIE.

Prénoms : TOUS LES AUTRES...

> Je me suis trouvée, je me suis faite, et j'ai
> dit, je crois, ce que j'avais à dire.
>
> Suzanne VALADON.

1900.
Rue Cortot.
Montmagny.
Suzanne mène une vie bien rangée aux côtés de son
mari tandis qu'à la campagne Maurice continue à
s'adonner à l'alcoolisme et à la déréliction.

Sous la grande verrière de l'atelier où règne une odeur de térébenthine, Suzanne étudie le paysage. Au-dessus des toits, une lumière frileuse d'arrière-saison donne à la ville encore embrumée une apparence rêveuse.

— Il n'y a qu'à Paris qu'on voit de tels ciels !

— ...

— Paul... tu m'écoutes ?

Installé dans un fauteuil aux formes généreuses qu'il a subtilisé quelque jour au riche ameublement de la maison de ses parents, Paul est absorbé par la lecture d'un journal financier. D'un toussotement qui tient plus du désintérêt aimable que de l'agacement, il fait savoir à sa compagne qu'il l'a parfaitement entendue. Toutefois, il n'est pas l'heure pour lui de partager ses enthousiasmes d'esthète. Tandis que son regard suit les cours de la Bourse, sa main droite plonge une tartine beurrée dans une tasse de café que sa femme a posée sur le guéridon.

182

— J'ai l'impression de parler à un mur !

Nul doute, Valadon s'est réveillée sur un air de querelle. Cet individu installé confortablement dans son atelier, ce fondé de pouvoir que le cours des matières premières préoccupe davantage que les états d'âme de sa femme qu'il a tendance, sinon à critiquer, du moins à refroidir avec des formules du genre : Tu ne peux donc pas vivre sans exaltation ?... « Non, Paul ! La passion est mon second métier, la peinture étant le premier ! »... ce mari flegmatique l'exaspère. Elle cherche à l'entraîner là où il perdra son sang-froid :

— Tu ne t'intéresses qu'à l'argent !

Sur ces paroles blessantes, dont elle connaît parfaitement la portée et les effets, Suzanne va se camper devant son mari qui jette son journal à terre :

— Où veux-tu en venir ?

Tout en regardant sa femme, Paul achève de manger sa tartine. Il porte la tasse aux lèvres, signale à l'emportée que s'il s'intéressait uniquement à l'argent, il se serait bien gardé de l'épouser : « Tu es un trop mauvais placement ! » Le sourire ironique qui accompagne cette remarque n'en atténue pas la virulence. Valadon se regimbe. Son visage prend la couleur de son corsage, une satinette rose qui ne lui va pas au teint :

— Mes tableaux vaudront un jour beaucoup d'argent ! Ce n'est pas pour rien qu'on commence à les acheter. Le marché de la peinture n'est pas plus une œuvre de bienfaisance que la Bourse !

Paul n'en espérait pas tant. Il pose sa tasse sur le guéridon, et faute de serviette, s'essuie les lèvres avec un mouchoir. Le service laisse à désirer mais on ne peut exiger l'impossible. Sa femme est une artiste et pas une ménagère.

— Et puis... qu'est-ce que tu as depuis quelque temps contre Maurice ? Je n'ai même plus le droit de prononcer son nom ! On ne peut pourtant pas dire que mon fils nous dérange !

Mousis qui allait quitter les lieux se ravise. Il regarde sa montre... je vais encore être en retard !... La question que sa femme vient de lui poser l'irrite trop pour qu'il s'en écarte sans répondre. Comment échapper à ce fléau qui porte nom Utrillo ?

— Enfin... nous y voilà !

Entre une nature morte accrochée au mur et son chevalet sali par la peinture, le peintre affronte le fondé de pouvoir qui ne cache plus son mécontentement :

— Je ne comprends pas la faiblesse dont tu fais preuve à son égard ! Alors qu'on aurait pu l'amender, tu n'as rien trouvé de mieux que de le retirer de la pension où je l'avais placé pour le confier à ta mère qui est... laisse-moi terminer !... qui est, la pauvre femme, incapable d'éduquer un enfant !

Suzanne qui, pour assurer la paix de son ménage et sauvegarder le temps nécessaire à son travail, a toujours écarté l'inquiétude, soudainement ressent le besoin de parler :

— J'ai appris que les jeunes de Montmagny venaient chaque nuit jeter des cailloux dans les fenêtres de la chambre de Maurice. Ma mère est si troublée qu'elle en a perdu le sommeil.

Paul Mousis sursaute. Le visage renfrogné, il se tourne vers sa femme. Se soucierait-il enfin de la famille Valadon ? Non. C'est pour sa maison qu'il s'inquiète : « Ont-ils fait des dégâts ? » Ma foi, pas que Suzanne sache. Il y a eu simplement des vitres brisées.

— C'est donc tout ce que tu trouves à dire ? La santé de ta maison t'importe plus que celle des miens !

— A dire vrai... oui ! Je ne me sens pas d'humeur à m'apitoyer sur Maurice !

Armé d'une bonne conscience achetée à bas prix, le fondé de pouvoir arpente l'atelier de son pas furieux. Après un silence lourd de sous-entendus, la voix de Suzanne le frappe en plein dos : « Je n'ai jamais caché mon garçon dans un sac ! Lorsque tu m'as épousée, tu savais à quoi t'en tenir ! Voici deux ans que je ne le vois quasiment plus ! »

— Parce que c'est moi qui t'empêche de le voir, peut-être ? C'est toi la première... parfaitement ! ne crie pas ! C'est toi la première qui... comment non ? c'est toi qui as voulu t'éloigner d'eux !

Dans l'entrée, le carillon vient de sonner la demie de neuf heures. L'ambiance a la lourdeur d'un jour d'orage. Un des chiens gratte à la porte. Il rappelle à l'ordre sa maîtresse oublieuse ; l'heure de la promenade matinale est passée. Si Maurice rôdait dans les parages il dirait... ma mère préfère ses chiens à son fils, la preuve, elle ne s'en sépare jamais ! Dommage que je ne sache pas aboyer, j'aurais enfin droit à ses caresses ! Quel méchant fils j'ai là, répondrait Suzanne qui aime jouer avec la jalousie de cet exigeant jeune homme qu'elle continue à appeler fièrement « mon Utrillo »... « A croire qu'elle a mis un prince au monde ! », disent les gens du quartier qui ne comprennent pas une mère aussi singulière. Pour aimer, celle-là a besoin de tenir son objet à distance.

— Que trouves-tu à répondre ? Rien... évidemment, puisque j'ai raison !

Paul offre au bon droit son menton. Quant à Suzanne, elle regarde ses pinceaux posés sur une petite table qu'elle nettoie chaque jour avec amour. Quoi qu'on pense de moi, j'aurai mené à bien quelques bonnes toiles ces dernières années. Et parce que son mari insiste, elle tente de se justifier : « Cette vie à trois commençait à devenir étouffante... mais de là à dire que... », abandonne la suite de la phrase au remords. Qu'il en fasse bon usage ! En face de celle que l'on commence à appeler « la Valadon », le directeur de la maison Bel et Sainbénat tire sur les poignets de sa chemise. Sous le tissu gris de la veste, ils sont d'une blancheur éclatante. « Dans mon métier, que voulez-vous, un complet bien coupé est aussi important pour le client qu'un bon dossier ! », a-t-il l'habitude de répondre aux amis qui le taquinent sur son élégance.

— Tu n'as jamais aimé mon fils... voilà la vérité !

Pendant que son mari agacé par une discussion qu'il ne maîtrise plus ordonne au chien geignard de se tenir tranquille, la mère de Maurice confie le reste de son amertume : « Si Miguel, cet homme d'honneur, n'avait pas donné son nom à Maurice, tu ne m'aurais jamais épousée ! »

— J'ai une famille dont je dois respecter les idées !
— Quelles idées ces médiocres ont-ils jamais eues ?

Le fondé de pouvoir hésite. Doit-il quitter les lieux en claquant la porte ou dire son fait à cette prétentieuse ? « Il n'y a que celles de Puvis qui m'aient impressionnée ! Les idées des imbéciles, il faut savoir les laisser de côté. Crois-tu que si j'en avais fait cas, je serais là où j'en suis aujourd'hui ? » Une larme glisse sur le passé glorieux de Maria, une larme qui étonne Mousis. On ne l'a pas habitué aux pleurs de la nostalgie mais au rire du présent. Ne sachant quel visage offrir à la tristesse inattendue de sa compagne, il va ouvrir au chien qui bondit dans l'atelier avant d'aller se frotter contre la jupe de sa maîtresse indifférente à ses démonstrations :

— Mon passé vaut ta famille et mon art ta richesse !

Mousis regarde à nouveau sa montre. Il connaît assez sa faiblesse pour savoir qu'il ne se résoudra pas à partir avant d'avoir reçu l'absolution. Mais l'amertume est la plus forte. Elle lui dicte des paroles qu'il regrettera plus tard :

— Ecoute, Suzanne... je n'ai rien à te reprocher si ce n'est de ne pas m'avoir dit combien ton fils était impossible. Il nous empoisonne la vie.

— Rien que ça !

— Maurice a pour toi un sentiment excessif que tu te gardes bien de refroidir. Ta coquetterie est si grande que tu ne te rends pas compte du mal que tu lui fais !

— Je savais bien que cette discussion finirait par une crise de jalousie... si ! si ! de jalousie !

— Et si à Montmagny on vient jeter des cailloux dans ses fenêtres, c'est qu'il y a une raison !

Blessée par ce qu'elle juge être de la rancune et de la mauvaise foi, Suzanne proteste en agitant un doigt accusateur : « Voilà une réponse qui sonne tellement la facilité qu'elle m'exaspère ! » Que sa mère et Maurice soient tenus à distance respectable pour permettre au couple de mener une vie plus libre, soit ! mais qu'on persécute son fils, non !

— Personne ne comprend mon Utrillo ! Cet enfant ne ressemble pas aux autres !

— Quand cesseras-tu d'appeler un garçon de dix-sept ans « cet enfant » ?

— Jamais ! Maurice restera « mon enfant » jusqu'à ma mort !

Rendu à l'impuissance, Mousis décide de quitter le plateau du mélodrame conjugal. « Excuse-moi... on reprendra cette discussion plus tard. J'ai déjà raté un rendez-vous ! » Pour Suzanne, les contraintes professionnelles de son mari sont méprisables. « Plus tard ? Dois-je attendre de fêter nos noces d'or pour avoir avec toi une conversation sérieuse ?

N'oublie pas que Maurice est l'être que j'aime le plus au monde ! »

— Merci pour moi !

D'un regard appuyé qui lui a valu de si nombreuses victoires, Valadon tente de faire oublier sa maladresse : « Tu sais parfaitement ce que tu représentes pour moi. Si je ne t'avais pas rencontré, je ne serais pas devenue le peintre que... bref ! ai-je besoin d'en dire plus ? » Rassuré par l'importance d'un rôle qu'on a bien failli lui retirer, Mousis dépose un baiser sur la bouche qui s'offre en signe de réconciliation : « Mon Dieu... mais c'est que je suis vraiment en retard ! » Tandis qu'il enfile son pardessus, Suzanne lui annonce qu'elle envisage de passer quelques jours à Montmagny. Une promenade ferait le plus grand bien à la mule qui s'ankylose dans l'écurie.

— Je croyais que tu devais rendre visite à Degas ?
— J'ai été le voir hier... le grand homme vieillit mal... son isolement est si grand qu'il me fait de la peine !

Au moment de disparaître, Mousis conseille à sa femme la prudence sur la route : « J'irai te rejoindre à la fin de la semaine. Embrasse Madeleine pour moi ! » A peine la porte a-t-elle claqué que Valadon, comme une fillette à qui on vient de donner une autorisation de sortie, se met à sauter en battant des mains :

— Vite, les chiens, on file à la campagne !

A MONTMAGNY

Sachez que la raison
peut parfois en Folie,
Aux yeux des vils humains
s'ériger, avilie...

Maurice UTRILLO.

Hier matin, le plaisir du voyage a été de courte durée. A l'instant où Valadon a sauté du tilbury, Madeleine est apparue à une fenêtre du premier étage. Le buste penché, et comme pressée de remettre ses soucis à plus forte qu'elle, elle a interpellé sa fille :

— Les gendarmes sortent d'ici ! Maurice a encore fait des siennes dans un bal. Ton mari devra payer la note !

Vexée de ne pas être accueillie avec plus d'empressement, Suzanne a riposté par une phrase méprisante qui, d'emblée, écartait toute discussion :

— Que d'histoires pour des verres cassés ! Ces culs-terreux n'ont donc point d'autres intérêts ?

Tandis que la vieille refermait la fenêtre en maugréant, la Parisienne a traversé le jardin suivie de ses deux chiens qui n'ont pas manqué de lever la patte au-dessus de récents semis. Elle n'a même pas daigné accorder un regard aux plates-bandes retournées de frais. Dans l'entrée, sur la commode en loupe de noyer, un parapluie était posé dont on avait lacéré la toile noire. Le pas fatigué de Madeleine a annoncé son apparition au sommet de l'escalier. Elle a grondé les chiens qui menaçaient son équilibre :

— Si tu rappelais tes loups ? Ils vont me faire tomber !

Au lieu de les siffler et de dire un mot aimable à sa mère, Suzanne a désigné le parapluie : « Inutile de demander qui l'a arrangé de cette façon ! Il ne faut surtout pas que Paul le voie lorsqu'il viendra en fin de semaine ! » Accrochée à la balustrade, sa mère a tenté de repousser les fauves :

— Et le papier derrière toi, comment comptes-tu le cacher ?

A droite de la porte d'entrée, une bande de papier pendait jusqu'au sol. Suzanne s'est inquiétée : « Deviendrait-

189

il fou ? » Encouragée par cette interrogation, Madeleine a protesté avec une violence plutôt inattendue : « Il serait peut-être temps que tu te souviennes de l'existence de ton fils ! Et d'abord, pourquoi es-tu restée si longtemps absente ? »

— Où est-il ?
— Va savoir !

En fin d'après-midi, parce qu'il n'était toujours pas de retour, la mère du forcené est partie à sa recherche. Après avoir visité les fossés, elle s'est rendue chez les cafetiers de la région pour leur présenter son mécontentement. Ces commerçants sans scrupule avaient fait de son fils un alcoolique ! Et lorsque les coupables ont tenté de se disculper : « Comme si on avait besoin de lui tenir le coude ! », elle leur a imposé le silence. C'est à peine si le patron du café de la place a osé lui avouer que Maurice, dans une crise d'éthylisme, avait cassé son miroir à coups de sabot. « Qu'à cela ne tienne ! Envoyez-moi votre facture ! » Evidemment, quand on a de l'argent, on peut tout se permettre !

— Je préférerais que mon mari ne soit pas informé de ce détail !

Voilà un détail qui a confirmé le sentiment général ; l'honorable Mousis se laisse abuser par deux femmes qui protègent un garçon juste bon à livrer à l'asile.

— Comptez sur moi... nous réglerons nos affaires dans la plus grande discrétion !

Un peu plus tard, dans les bureaux de la gendarmerie, Suzanne, emportée par l'exaspération qui soufflait dans son camp depuis son arrivée à Montmagny, a donné une leçon de politesse aux deux pandores. Pendant qu'ils la regardaient descendre de son tilbury précédée de ses deux chiens mal dressés, elle est allée se poster devant le buste de la République qu'elle a qualifié de plâtre raté : « Ce sculpteur

190

aurait mieux fait de devenir curé ! », enfin, d'une voix glaciale, elle a demandé aux deux fonctionnaires s'ils avaient le cul collé sur leur siège pour demeurer assis devant une dame ? Stupéfaits, les deux gendarmes se sont levés dans un même mouvement.

— Vous qui êtes censés surveiller la région, avez-vous vu mon fils ?

Les représentants de l'ordre, oubliant tout contentieux, se sont empressés auprès de la peintresse : « Voulez-vous que nous fassions des recherches ? » Suzanne a pris place sur une vieille chaise cannée en soupirant :

— Cette fois, il ne vous embêtera plus. Je suis bien décidée à intervenir !
— Ce serait préférable. Parce qu'on ne sait jamais ce qui pourrait lui arriver ! Quand il est ivre, il fait n'importe quoi et s'endort n'importe où. Imaginez qu'une voiture lui passe au travers du corps. Lorsqu'on est mort, hélas, c'est pour longtemps ! Même à son âge !

Au moment où elle s'apprêtait à rompre le charme d'une compagnie somme toute assez plaisante... on a toujours intérêt à faire connaissance ! Suzanne a entendu la voix de Maurice. Sans autre remerciement, elle s'est précipitée sur la place, en direction de son fils qui titubait au bras d'un grand garçon blond.

— Ben v'là ma mère et ses chiens ! a crié l'ivrogne entre deux hoquets... pour un événement, c'est un événement !

Le compagnon de Maurice a tendu une main polie à Mme Mousis : « J'ai l'impression, sauf erreur, qu'il tient une sérieuse cuite ! » Suzanne a porté la sienne à son visage : « Mon Dieu.. dans quel état es-tu ? » Maumau a émis un rot, puis il a laissé tomber sa tête en avant, comme un pantin désarticulé : « J'ai soif ! Je prendrais bien un canon ! » Un hurlement est sorti de la poitrine de Suzanne, aussitôt repris par l'aboiement des chiens qui, de toute évidence, partageaient la colère de leur maîtresse.

— Un canon ? Petit misérable ! Monte dans cette voiture immédiatement !
— Ordonne à tes clébards de reculer ! J'aime pas qu'on me flaire !

Inquiet de la tournure que prenait cette rencontre, le compagnon de Maurice a tenté de s'écarter. Mais l'ivrogne, plus prompt que lui, s'est accroché à son épaule comme un nageur épuisé à un radeau de fortune : « T'en fais pas, André, elle a une grande gueule mais elle est pas méchante ! » Suzanne a fait un pas en direction de son fils. Elle a levé la main : « Un mot de plus, et je te flanque une baffe ! » L'ivrogne a chancelé d'avant en arrière puis il est tombé à genoux :

— Sonne pas l'alarme comme ça, déjà qu'au pays... j'te présente... qui au fait ? ah oui, Utter... André Utter... il habite Montmartre comme nous, mais il est ici en convalescence, pas vrai camarade ?

Démis de ses fonctions de sauveteur, Utter s'est écarté : « Enfin... heu... je suis venu chez mes grands-parents pour me retaper une santé..., a-t-il bredouillé avant de s'enhardir... j'apprends le métier d'électricien, mais c'est la peinture qui m'intéresse ! » Suzanne a fixé son interlocuteur. Qui était donc ce gringalet qui osait lui parler peinture ? Elle s'est tournée vers les deux gendarmes venus lui porter secours :

— Je vous en prie, messieurs, aidez-le à monter dans la voiture... moi, je n'en ai pas la force !

Utrillo a levé une main protestataire au-dessus de sa tête :

— Ah ceux-là, qu'y m'touchent pas ! ou j'leur casse la gueule et le képi !

Paul Mousis

Voyons, quelle heure est-il ? Déjà ! Ce train aurait donc du retard ? Si les chemins de fer ne respectent plus leurs engagements où allons-nous ? Bientôt ce sera le crépuscule. Le paysage disparaîtra peu à peu, gommé par les ténèbres. Je ne verrai plus dans la vitre que le profil de mon vis-à-vis. Cet homme aux joues plates et à la moustache taillée de près ne me plaît pas. Il lit un journal dont je ne parviens pas à lire le titre. Probablement un de ces périodiques provinciaux aussi insipides qu'une menthe à l'eau. On reconnaît la presse provinciale à sa typographie mal soignée. Opinion toute parisienne ? Parti pris ? Possible ! Je n'ai jamais caché ma fierté. Pour moi, être parisien, c'est déjà une signature. Même chez l'ouvrier. Nous ne voyons pas les faits de la même façon que les gens de la province qui ont tendance à s'oublier dans l'indolence et le passé. Suzanne s'étonne toujours de ma curiosité pour le journalisme. Sa passion pour son métier est telle qu'elle n'imagine pas qu'on puisse avoir d'autres intérêts que les siens. A l'entendre, un homme fréquentable ne peut être qu'un peintre. Les autres sont des ratés ou des idiots. Sauf moi. Je suis l'exception qui confirme la règle. Jusqu'à quand ? Ceci est une question à laquelle je préfère ne pas répondre. Jusqu'à quand trouverai-je grâce à ses yeux ? Sans doute ai-je tort de m'inquiéter ? Mon argent est, si j'ose dire, la sécurité de mon emploi de mari. J'aimerais oublier ce détail mais je n'y parviens pas. Il est vrai, j'apporte le bien-être à trois personnes qui n'avaient connu jusqu'à mon arrivée que les privations et la gêne. On me répondra que Suzanne n'a pas besoin de moi. Elle a toujours su passer contrat facile avec l'existence et l'essentiel ne lui a jamais fait défaut. C'est bien là ce qui me tracasse. Où trouvait-elle les sous qui leur permettaient de survivre tous les trois ? Parce qu'il y a beau temps que Madeleine ne travaille plus ! Tiens, voilà cette maison bourgeoise à laquelle je trouve si belle allure ! Dommage qu'ils aient fait élaguer les arbres ! C'est comme si on lui avait retiré une partie de sa parure. Oui, je me demande où Suzanne trouvait l'argent ? Si je me pose cette question ce n'est pas parce que je regrette mes générosités... bien que pour croquer des sous, ma tigresse en croque ! et je ne parle pas de l'argent de poche que je distribue volontiers à Maurice ni de la pension que je verse à Madeleine, non ! l'avarice n'est pas mon fort ! Si je me pose cette question c'est parce que le passé de ma femme me tourmente. Que n'a-t-on pas raconté sur elle et Puvis de Chavannes ? et Renoir ? Quant à son aventure avec Toulouse-Lautrec dont on dit qu'elle l'a persécuté parce qu'il refusait de l'épouser, je préfère ne pas y songer tant cet accouplement me paraît contre nature. Et puis des gens, mais ceux-là détestent Suzanne, m'ont laissé entendre que Satie qui était pourtant mon ami... enfin, bref ! Même si elle refuse de me parler de son passé, même si elle ne cesse de mentir pour le plaisir, ma femme n'a jamais été une fille de rien ! Légère peut-être, sensuelle sûrement, mais pas ce genre de créature qui va bassiner les lits. Et puis, non ! Je n'aurai pas le mauvais goût de critiquer la nature chaleureuse de celle qui partage mon intimité. Trop d'hommes souffrent de la froideur de leur femme pour que je me plaigne des exubérances de la mienne. D'ailleurs ce qui me réconforte, ce n'est pas tant d'être l'époux d'une amoureuse que le mari d'une personnalité qui n'a pas sa pareille dans Paris. Lorsque j'entends ces gens d'esprit qui décident de tout en art, lorsque j'écoute ces collectionneurs qui me disent que j'ai bien de la chance de vivre avec une très grande artiste, la seule femme peintre de son temps, parce que les autres, non vraiment, elles ne lui arrivent pas à la cheville !... même Berthe Morisot ? même Berthe Morisot, d'ailleurs elle est morte !... même Mary Cassatt ? même Mary Cassatt !... je respire la fierté à pleins poumons, je m'épanouis. Pas pour longtemps, hélas, car aussitôt il me revient en mémoire que cet être d'exception a un fils, et quel fils ! Que ne donnerais-je pas pour que ce boulet disparaisse de notre existence ! En l'installant avec sa grand-mère à Mont-magny, j'espérais que nous aurions enfin le loisir de vivre en paix. Malheureusement, jamais cet alcoolique n'a com-mis autant de bêtises. Lorsque je menace de l'expédier à l'asile, Suzanne éclate en sanglots. « Il est ma chair ! Il est mon sang ! » Comment sévir face à ce langage mystique ? Ce qu'elle oublie, c'est qu'il est aussi la chair et le sang d'un autre, et ma foi je ne donne pas cher de cette hérédité-là ! Bonsoir, monsieur ! Finalement, cet homme n'était pas si antipathique. On l'oublie trop souvent, la politesse est une vertu ! Combien d'années aura-t-il fallu à Maurice pour qu'il apprenne à sourire en saluant ? Jamais je n'ai rencon-tré quelqu'un d'aussi fermé que ce garçon. Lorsqu'il m'adresse la parole, c'est à peine s'il bouge les lèvres. Avec sa mère, évidemment, c'est différent. Il faut le voir guet-ter une approbation, quémander un sourire, attendre un regard... c'est tout juste si une parole gentille ne lui arra-che pas des larmes. Non, je n'appelle pas ça un homme !

Si le petit Valadon avait été normal, s'il avait grandi près d'un vertueux papa qui lui eût fait boire de l'orgeat, si au lieu de vagabonder il avait sagement préparé les Beaux-Arts et s'était appliqué devant le motif plutôt que de peindre en chambre, un litre de gros rouge à ses pieds, il ne serait jamais devenu Utrillo. Son art est le rachat de sa vie misérable. En le niant on le dessert et on trahit la vérité. Car tout est vrai dans sa légende de peintre maudit, même ce qui paraît incroyable...

Roland DORGELÈS.

1901.
Montmagny.
Rue Cortot.
A la suite d'une scène, Maurice est interné à
Sainte-Anne.

Assis entre la porte vitrée et le vaisselier, Paul Mousis tente d'échapper à l'engourdissement dans lequel l'a plongé l'air vif de la campagne. Il regarde avec complaisance les meubles astiqués de frais. Si sa belle-mère manque de conversation, elle a le mérite d'avoir conservé son talent en matière d'astiquage et sa discrétion ; Madeleine confie à son chiffon les tourments qu'elle a l'intelligence de taire à son gendre qui ne saurait en vérité les entendre. Soudainement pressé par la faim, le fondé de pouvoir se lève. Il tourne autour de la table où brillent les couverts, demande si l'heure n'est pas bientôt venue de se mettre à table. Le voyage a aiguisé l'appétit d'un homme qui sait s'installer sans rechigner devant une assiette bien garnie.

— Voilà ! Voilà !

La vieille apparaît sur le seuil de la cuisine. Elle porte un plat parfumé aux lardons qu'elle va présenter cérémonieusement aux narines de son gendre qui joue l'étonné :

— J'ai l'impression que vous nous avez gâtés !

Flattée de recevoir enfin un compliment, Madeleine laisse échapper une phrase malheureuse :

— Maurice me gâche le plaisir de cuisiner... il n'a jamais faim !

Paul pince les lèvres. Il s'assoit à la place du maître, déplie lentement sa serviette :

— Est-ce le manque d'occupation ou l'inintérêt que tu portes aux choses qui te poussent à tout dédaigner, y compris la nourriture ?

Le jeune homme ne répond pas. Il regarde fixement la bouteille posée au milieu de la table. Excédé par le mutisme de son beau-fils, Mousis persiste dans un interrogatoire qui n'intéresse que lui :

— Comptes-tu nous regarder manger avec cet air de juge hypocondre, ou nous feras-tu le plaisir de venir prendre place en face de nous ?

Utrillo se lève pesamment. Le dos voûté et la tête en avant, il fait trois pas en direction de la table. Ce garçon a déjà des allures de vieillard. L'émotion envahit Suzanne. Elle tend le bras, saisit gauchement la manche qui résiste : « Embrasse-moi ! » Maurice se dégage brutalement. Il se refuse à cette tendresse de passage qui, il ne le sait que trop, n'engage pas le futur. « Embrasse-moi, te dis-je ! » Sa

197

Maurice Utrillo (cl. Roger-Viollet)

fourchette à la main, Paul interroge sa femme : « Crois-tu que ce soit le moment des embrassades ? On dirait que tu ne sais pas combien ton fils est sujet aux mauvaises humeurs ! » Blessée d'être refusée d'un côté et rappelée à l'ordre de l'autre, Suzanne saisit un verre qu'elle tend en direction d'Utrillo :

— Verse-moi à boire, et pas de faux-col, s'il te plaît !

Par les deux fenêtres ouvertes sur la douceur d'une belle soirée, pénètre l'odeur entêtante des marguerites d'automne, longue plate-bande violacée le long de la façade. « J'ai à peine eu le temps de les admirer... où prenez-vous le temps d'entretenir le jardin ? » Madeleine jette un regard de reconnaissance à son gendre qui, par le biais d'une question flatteuse, vient de lui rendre hommage :

— Je profite des dernières heures de ma vie, car je n'aurai bientôt plus le temps de rien faire. La mort occupe tellement !
— Rien ne vous presse !

Est-ce l'évocation de la mort ? Tandis que Suzanne, le menton appuyé sur une main, rêve à quelque nouvelle toile, l'humeur de Maurice vire à la mélancolie. Après avoir porté plusieurs fois son verre vide à la bouche, il observe fixement les jeux du clair-obscur dans l'embrasure d'une fenêtre. Mousis qui vient d'abandonner sa belle-mère à la porte du cimetière observe le jeune homme avec sévérité :

— Notre présence semble te déplaire... ta mère et moi serions-nous de trop dans cette maison ?

Madeleine se dresse pour aller chercher la suite du repas :

— Allons donc ! Il ne cesse de se plaindre de votre absence !

Au moment du dessert, alors que Suzanne et son mari commentent les derniers événements parisiens auxquels ils ont eu le plaisir de participer, Utrillo s'éclipse discrètement. Il va dans la cuisine où sa grand-mère est en train de laver la vaisselle. Le bruit d'une discussion parvient au couple qui se tait pour mieux écouter. « Ouvre ce placard ! » Le ton, bien qu'étouffé, est impératif. La vieille répond par un chuchotement peureux : « Non ! Tu as assez bu ! »

— Ouvre ce placard ou je casse tout !
— Calme-toi, Maurice... calme-toi !
— Sacré nom de Dieu... donne-moi cette bouteille !

Une casserole vient de tomber à terre, puis un verre. Suzanne jette sa serviette sur la table. Elle se lève avec précipitation, court jusqu'à la cuisine et crie : « Paul... viens vite, il va la tuer ! » Ecrasée entre son petit-fils et la porte du placard, Madeleine suffoque ; au-dessus de sa robe noire, son visage a la pâleur de l'agonie. Elle lance un regard effrayé à sa fille qui tremble de tous ses membres :

— J'ai pourtant fait ce que j'ai pu !

Mousis se décide enfin à intervenir. Il écarte Suzanne, saisit Utrillo par le col de son veston : « Cette fois, je t'envoie à l'asile ! » L'ivrogne pousse un hurlement de bête blessée. Il titube, heurte le buffet et tombe à la renverse en entraînant une chaise dans sa chute. Mais à peine a-t-il touché le sol qu'il se redresse aussitôt, comme un boxeur qui refuse la défaite. Mousis le voit hésiter. Que va-t-il faire ? Foncer sur lui ? Non. Maurice se précipite en direction de l'évier où sont entassées les assiettes sales. Il s'en empare, les dresse au-dessus de sa tête puis les jette sur le sol où elles s'écrasent les unes après les autres. Le pot à eau pulvérise une vitre. Affolée, Suzanne s'élance vers sa mère qu'elle serre de toutes ses forces contre sa poitrine.

— Maman... pourquoi ne m'as-tu pas dit qu'il te menait une vie d'enfer ?
— Tu n'as jamais voulu m'entendre.

Le gendre de Madeleine est parvenu à ceinturer Maurice qui se débat avec fureur : « Vas-tu te calmer ou j'appelle les gendarmes ! » Contre toute attente, cette menace ramène le forcené à la raison. Il se laisse tomber sur le carrelage et, comme s'il prenait conscience de sa folie, il se met à sangloter : « Je ne boirai plus… je vous promets que je ne boirai plus… » Ces larmes arrachées à un mal incurable bouleversent Suzanne qui porte ses mains au visage :

— Tout ça est de ma faute ! Je n'ai songé qu'à moi !

Alors que son épouse vient de reconnaître ses défaillances, Mousis qui entend bien ne pas se laisser décontenancer ni émouvoir, d'un geste autoritaire lui ordonne de se taire.

— Paul… donne-lui encore une chance ! Tu vois bien dans quel état il est ? Puisqu'il promet de ne plus boire !

A l'abri du buffet, Madeleine cherche un mouchoir pour éponger sa peine : « Ce garçon est malade… ton mari a raison… il faut l'envoyer à l'hôpital avant qu'il ne soit trop tard ! » Réconforté par cet appui, Paul exulte :

— Enfin… un constat raisonnable ! Vous y aurez mis le temps !

Il aurait gagné à être plus discret. L'amertume accumulée durant ce trop long séjour à Montmagny pousse la vieille à blâmer des parents par trop inconséquents :

— Si on l'avait aimé comme il se doit, Maurice n'en serait pas là ! Ce n'était pas de moi que l'enfant avait besoin !

Suzanne repousse le bras de Mousis qui, brusquement inquiet, tente de la consoler : « N'écoute pas ta mère… le chagrin l'égare… nous avons tout tenté… tu n'es en rien coupable ! » Elle va s'agenouiller auprès de son fils recroquevillé contre un pied de la table : « Ne pleure plus, mon grand… ne pleure plus, mon fils, nous allons te faire soigner ! » Excédé par cette débauche d'émotions et de regrets, le fondé de pouvoir disparaît dans la salle à manger. Il entend la voix enrouée d'Utrillo qui supplie sa mère comme un enfant :

— Je veux que ce soit toi qui m'accompagnes à l'hôpital !

Lors sachez que tel geste nerveux, ou impulsif
Est parfois bon, sensé, bizarre, inoffensif...

Maurice UTRILLO.

Depuis qu'elle a laissé son fils à l'asile de Sainte-Anne, Suzanne a perdu une part de sommeil. Dès cinq heures du matin, elle émerge d'un rêve, toujours le même. Maurice est attablé dans un bistrot lorsque survient un personnage vêtu d'un uniforme blanc qui l'abat froidement avec un fusil. Etreinte par l'angoisse, elle ouvre les yeux sur les ténèbres de la chambre. La chaleur de son compagnon contre lequel elle se blottit la rassure un peu. Elle tente à nouveau l'inconscience, mais la pendule du rez-de-chaussée la renseigne toutes les demi-heures sur son insomnie.

— Depuis que je me suis approchée de la détresse de Maurice, je ne parviens plus à retrouver la gaieté !

Il y a quelques jours, Suzanne s'est confiée à sa mère. Mais alors qu'autrefois Madeleine l'aurait rassurée d'un mot affectueux, elle a fixé sa fille sans daigner émettre un son. Et lorsque Valadon s'est écriée : « Mais enfin... qu'attends-tu pour me répondre ? », l'inévitable mouchoir à carreaux a balayé le visage osseux de l'ancienne lingère qui, en hommage au temps où elle transpirait d'abondance au-dessus de la table à repasser, ne cesse aujourd'hui d'essuyer un front sec : « A toujours avancer sur la même route, à toujours s'écarter des autres et du commun, il arrive un temps où on ne peut plus revenir sur ses pas...

202

pauvre gars, je plains son futur ! » Suzanne s'est dressée comme une furie en face de sa mère blottie dans un fauteuil auquel elle refuse une nouvelle tapisserie, l'ancienne convenant mieux à son humeur qu'une nouvelle trop éclatante pour de vieux yeux.

— Mais tu condamnes mon Utrillo !

Madeleine a regardé le plafond avec un air excédé puis elle a risqué une impertinence que sa fille n'est pas près d'oublier : « Ton Utrillo ? Es-tu certaine qu'il t'appartienne toujours ? »

— Il ne cesse de me le prouver... même à l'asile !
— Si tu tenais à lui, pourquoi l'as-tu abandonné à l'alcoolisme ?
— Après m'avoir caché son vice durant des années, tu oses me poser la question aujourd'hui ?
— Ce n'était pas à moi de t'en parler. Une mère devine ce que cache son enfant. Tu lui as préféré la peinture. De toute façon, je ne te reproche rien. C'est toi qui me cherches !

A bout d'arguments, Suzanne a quitté la pièce en claquant la porte. Elle a sifflé ses chiens qui sont arrivés en courant. Tous les trois, ils sont allés parcourir le maquis, le temps que s'apaise la rancune. Suzanne en a profité pour rendre visite au brocanteur, le père Deleschamps, un cinglé de grande classe qui se fait appeler pompeusement « Le Premier Ministre de la Mort », une allusion aux vestiges immobiliers qu'il tente de vendre à quelques farfelus. Elle s'est surprise à rire de bon cœur avec l'excentrique qui lui a offert un canon. Tous deux ont fait un sort au litre de vin que le bonhomme s'apprêtait à boire en solitaire. Cet entretien s'est terminé par un exercice acrobatique. En sautant à pieds joints sur une chaise, Suzanne a prouvé à son interlocuteur qui mettait en doute ses talents qu'elle avait conservé sa souplesse d'ancienne acrobate.

Alors que la matinée tirait sur sa fin, la mère de Maurice est retournée voir Madeleine qui l'a accueillie par une phrase bien ajustée : « Tu n'accepteras donc jamais la défaite ? » Valadon a songé que, décidément, sa mère était la seule à la connaître.

— Pourquoi ne m'as-tu pas dit combien mon fils te maltraitait ?
— Peut-on en vouloir à un malade ?
— Le docteur Vallon est une personne en qui j'ai toute confiance... il m'a affirmé que Maurice ne relevait pas de la psychiatrie !
— Ce n'est pas la folie de ton fils qui m'inquiète ! C'est sa douleur ! Pourquoi crois-tu qu'il boive ?

Un rai de lumière pénètre dans la chambre aux rideaux tirés. Depuis qu'elle a laissé son fils à Sainte-Anne, Suzanne a perdu une part de sommeil. La main posée à plat sur son front, elle vagabonde par l'esprit au côté de son mari endormi... Renoir, lorsqu'il habitait encore cette bâtisse, prétendait qu'avec le temps on acquiert le visage qu'on mérite. Je me demande à quoi va ressembler celui que je me prépare ? En admettant que j'enlaidisse, j'aurai toujours le recours de m'admirer sur quelques toiles célèbres. Je ne m'effacerai du monde qu'avec les tableaux des génies qui m'ont rendue immortelle. La vanité n'est pas un défaut qu'on peut me reprocher. Seule la peinture me préoccupe. Quel dommage que Puvis soit mort. Sa disparition m'a causé beaucoup de peine. J'appréciais ses visites. A l'époque, je me souviens, j'avais une petite chèvre. Elle adorait manger mes dessins. « C'est ainsi que vous traitez votre œuvre ? » M'a-t-il jamais prise au sérieux ? Qu'importe. Il m'a tant appris sur la vie, sur moi-même, que je n'aurai jamais assez de reconnaissance pour lui. Evidemment, je n'irai pas confier cela à Degas qui désire être mon seul maître...

Dimanche, Ma chère Maria,

Votre lettre m'arrive toujours ponctuellement avec ses lettres gravées et fermes. Ce sont vos dessins que je ne vois plus. De temps à autre, dans ma salle à manger, je regarde votre dessin au crayon rouge, qui est toujours pendu ; et je me dis, cette diablesse de Maria avait le génie du dessin. Pourquoi ne me montrez-vous plus rien ? Je marche vers mes soixante-sept ans.

DEGAS.

Si le cher grand homme n'avait pas cru en moi, je serais toujours inconnue... Tiens... si j'allais lui rendre visite cet après-midi ? Mais de quoi l'entretiendrai-je ? De la maladie de mon fils ? Il ne veut plus en entendre parler. Je ne vais tout de même pas lui raconter que je suis en train de construire des meubles ? Pour le coup, il serait furieux : « Vous voilà donc avec une scie et un marteau ? De mieux en mieux ! Pourquoi ne vous écrasez-vous pas les doigts pour n'avoir plus à dessiner ? » Il va encore me faire l'éloge de mon trait alors que seule la couleur m'intéresse. Rien n'est plus agaçant pour un artiste que les compliments dédiés à son œuvre passée. Si seulement Paul pouvait se réveiller ! Je lui parlerais de ce que l'on trouve soi-disant dans mes tableaux, « l'authenticité », ce mot galvaudé, « l'humanité », un autre qui ne vaut guère mieux. Je lui dirais combien j'éprouve de difficultés à terminer mes dernières toiles. Evidemment, ce n'est pas ce qu'il souhaite entendre de bon matin. Lorsqu'on est un bourgeois, on ne vit pas avec une artiste. « En épousant Mousis, Valadon a contracté une assurance-vie ! » Quelle méchanceté ! Dieu merci, l'opinion des gens m'indiffère. Il n'y a que celle de mon fils qui me préoccupe. Maurice m'appartient. Personne ne pourra le détacher de moi. Jusqu'à sa mort je resterai son seul amour !

205

Ma chère mère,

Un jour prochain, je ne sais pas exactement quand, tu viendras me rendre visite. L'infirmier m'appellera par ce nom que je déteste. « Utrillo, ta mère t'attend au rez-de-chaussée ! » Je me jetterai dans l'escalier. Parvenu au milieu de l'étage, je m'arrêterai brusquement parce que j'aurai honte de ma précipitation. Tu me verras donc descendre les dernières marches calmement. Je t'embrasserai comme un fils affectueux et sage. Nous irons nous asseoir près de la fenêtre qui donne sur le massif orné d'une statue à laquelle tu trouves noble allure. « Elle n'est pas si mal sculptée que ça ! » Je t'admirerai pendant que tu ne me regarderas pas. Tu porteras ce long manteau qui te va si bien. J'apercevrai le bout de tes chaussures. Je sais que tu es fière de tes petits pieds. Il y a de quoi, d'ailleurs tout le monde t'en fait des compliments. Tu me souriras en disant : « Ecoute, Maurice... je n'ai pas traversé Paris et pris l'omnibus pour écouter ton silence. N'as-tu rien à me raconter ? » Je ne saurai pas quoi te répondre parce qu'il y a tant de sentiments en moi qui se confondent que je ne sais plus comment les trier. En face de toi je me complique malgré moi. C'est pour cette raison que je t'écris cette lettre. Peut-être qu'après l'avoir lue tu me pardonneras mon silence d'hospitalisé ? « Tu n'as donc rien à me dire ? Dans ces conditions, je m'en vais ! » Je crierai : « Non, maman ! Non, ne t'en va pas ! Pas encore ! » Puis, pour te garder près de moi quelques instants, je te demanderai des nouvelles de tes chiens, de ton travail, de maman Madeleine, de la famille en général. « Et comment va Gilberte ? » Tu me répondras : « Elle est venue poser pour moi avec ma sœur ! » Enfin il y aura ces cris que tu ne veux pas entendre : « Mais que leur fait-on à ces misérables ? » J'essaierai de prendre bonne contenance : « Rien... ça vient d'eux ! Ici, ce n'est pas comme à l'extérieur. Quand les gens ont envie de hurler, ils ne se retiennent pas. » Si je buvais du vin, je souffrirais moins du bruit. Mais comme je suis à jeun, ça me fait mal à la tête et à la sensibilité. Depuis une semaine, j'ai moins besoin de boire qu'avant. Peu à peu mon estomac s'est calmé. On dirait qu'il a compris. Le docteur Vallon m'a signalé que je souffre de dipsomanie, c'est-à-dire que je ressens le besoin de boire, même lorsque je n'ai pas soif.

Je vais terminer cette lettre en t'avouant, ma chère mère, combien j'ai besoin de vous sentir proches de moi. Je préfère qu'avec grand-mère vous restiez rue Cortot. Mon esprit est apaisé lorsqu'il vous imagine là-haut. Quand je songe à Montmagny, je me mets à trembler. Peut-être est-ce à cause de cette pénible scène dans la cuisine, quand tu as posé ton front derrière ma tête et que j'ai senti tes larmes dans mon cou ? Mais tout ça fait partie du passé. Je ne boirai plus. Tu peux le dire de ma part à ton mari avec lequel j'ai été si odieux.

A bientôt, ma chère mère, ne m'oublie pas.

MAURICE UTRILLO V.

Sept heures sonnent à la pendulre du rez-de-chaussée. Un rai de lumière pénètre dans la chambre aux rideaux tirés. Suzanne se tourne et se retourne dans le lit conjugal...

Le docteur Vallon

Lorsque je l'ai vu... boutonne ta veste ! lui a conseillé
sa mère, une femme de caractère malgré sa petite taille et
son air faussement frivole... *bonjour, madame, oui, je sais, on
m'a annoncé votre visite...* lorsque je l'ai vu, les cheveux emmê-
lés en dépit du coup de peigne donné à la hâte dans la salle
d'attente... *excusez ce retard, madame, mais j'ai été retenu...*
détraqué par les litres qu'il a sifflés depuis des années... oh,
docteur, c'est moi qui vous remercie d'avoir accepté de
nous recevoir aussi rapidement !... déjà cassé par le mal
être, les jambes flageolantes et le buste instable, avec ce
creux terrible dans la poitrine, et cette quête du corps avide,
et ce besoin de boire inscrit jusque dans ses gestes les plus
simples, comme le mouvement de la main toujours active,
et l'écartement des doigts prêts à saisir un verre... *que puis-je
faire pour vous ?...* et cette tremblote de l'avant-bras, et cette
toux nerveuse du gosier trop sec... eh bien voilà, docteur,
Maurice boit ! de plus en plus, n'importe quoi, dès le
matin... je ne veux pas qu'on m'enferme ! a-t-il crié en
jetant un regard affolé à sa mère, je ne suis pas fou, n'est-
ce pas que je ne suis pas fou ?... Maurice, si tu te calmais
un peu ? si tu me laissais parler au docteur ?... lorsque je
l'ai vu traverser mon bureau, avec ce regard désespéré qui
ne sait jamais où se poser, et cette crispation de la mâchoire
prête à mordre le goulot de la bouteille, j'ai songé, encore
un gamin qui ne deviendra jamais un homme, moins de
vingt ans et déjà perdu, comment en est-il arrivé là ?... mon
mari et moi avons tout essayé pour l'empêcher de boire...

mange-t-il, au moins ?... très peu, docteur, très peu, il n'a jamais faim !

comment te sens-tu ?
j'ai soif !
comment te sens-tu, Maurice ?
je ne veux pas rester ici !
as-tu peur de moi ?
je ne sais pas... oui... sûrement !

Lorsque je me suis approché de lui, il a baissé la tête en pensant, si seulement ce docteur pouvait me laisser en paix et me rendre la liberté... je ne suis pas fou ! a-t-il hurlé en se cramponnant au dossier de sa chaise... *je sais, Maurice, je sais, tu n'es pas fou ! comment te sens-tu ?...* ailleurs, docteur ! m'a-t-il répondu en s'agitant, ailleurs ! en vérité, je ne me sens pas très bien car la soif est revenue... *ce n'est pas si grave, nous allons la soigner, je suis ici pour te guérir, pour t'apprendre à ne plus lui céder ; la soif n'a pas le pouvoir que tu lui accordes...* docteur, je vous en prie, dites à ma mère que je ne suis pas · fou ! je ne veux pas rester ici !... *je sais, tu me l'as déjà dit ; pourquoi ne veux-tu pas rester ici ?...* parce que j'ai peur !... *de quoi ?*

de la folie
des autres
et qu'est-ce qui les pousse à crier ainsi ?
Seigneur, dites seulement une parole et mon âme sera guérie !

Je me suis penché vers sa mère... *que dit-il ? je ne le comprends pas !...* rien, docteur, rien, le voilà sans doute reparti dans ses lubies, il me reproche de ne pas avoir pris le temps de le faire baptiser, mais pour ne rien vous cacher, moi et la religion, nous ne sommes pas amis !... lui s'est regimbé ; tu ne m'as pas fait baptiser parce que tu étais trop occupée avec tous ces hommes qui te couraient après !... elle m'a adressé un sourire d'excuse... *alors, il ne mange pas, m'avez-vous dit ?...* très peu, docteur, mais ce n'est pas tant le refus de la nourriture qui me tracasse que la douleur qui le tenaille jour et nuit !

elle est à moi
ma souffrance est à moi
maman, qu'as-tu besoin de lui parler de ça ?

Cesse de marmonner, Maurice ! nous ne comprenons pas un mot de ce que tu dis !... elle a cherché quelque chose dans son sac... le docteur va te prendre pour un maniaque !... *pas du tout, madame Valadon, au contraire, laissez-le s'exprimer à sa façon, il est venu ici pour vomir...* pour vomir ? comme vous y allez, docteur !... *oui, pour rejeter tout ce qu'il a sur le cœur, pas vrai, Maurice ? mais au fait, depuis quand bois-tu ?...* il faut demander ça à mes démons, eux s'en souviennent, pas moi !

le vin et moi c'est notre affaire
saloperie ! saloperie !
le vin et moi c'est fini
maman, ne me laisse pas ici !

Voyons, voyons, Maurice, fais un petit effort, je suis convaincu que tu as bonne mémoire, depuis quand bois-tu ?... il a fixé sa mère... eh bien, qu'attends-tu ? réponds au docteur !

... au début, ils descendaient seuls de la carriole, moi je les attendais tout en discutant avec le cheval, l'animal ne me répondait pas, mais ça m'était égal... les plâtriers n'aimaient pas notre bonne entente, ils disaient que je montais la tête à la rosse et que c'était pour cette raison qu'elle refusait de galoper au retour...

au lieu de rêvasser comme une fille
viens donc boire un canon avec nous !
à treize ans,
il est grand temps de goûter aux joies de l'existence !

... la première fois que j'ai pénétré dans un bistrot avec

eux, j'ai été pris de panique et de répugnance, mais je me suis bien gardé de le montrer... un poivrot m'a demandé mon âge

enfin un môme à qui on va former le goût !
du raide pour démarrer dans la carrière
ce gamin-là il ne faut surtout pas le rater !

... j'ai senti l'alcool qui coulait comme un ruisseau de feu dans mon corps... cul sec !... voir trouble, on s'y fait, le tout est de ne pas bouger... cul sec !... entendre de travers, on s'y fait, le tout est de ne pas parler...

ça y est, le môme est poivre !
il a la langue collée au palais !

... ils m'ont ramassé sous la table... ça les amusait tellement de me voir fin soûl qu'ils ont recommencé chaque soir... c'était à celui qui me paierait un verre... un pour ta grand-mère, un pour ta cousine Gilberte, un pour ta tante Marie, un pour ton beau-père, et une giclée d'absinthe pour ta mère !

un pour la République
un pour l'affaire Dreyfus
un pour le Pape
tu ne vas pas me refuser celui-là, il est pour moi !

... à la fin, docteur, je ne tombais même plus par terre, c'était moi qui leur donnais des leçons de bonne tenue...

Maurice, tu as le génie de l'ivrognerie !
ce môme-là nous battra tous !

...
je n'insiste sur ce point qu'afin de m'expliquer comment ce garçon de génie dont les brocos et les bistrots de Montmartre faisaient des gorges chaudes, a pu, dès qu'il tint un pinceau, composer de pareils tableaux.

Francis CARCO, *Montmartre vécu par Utrillo*.

1901-1904.
Après une cure de désintoxication, Maurice réintègre la vie familiale.
Poussé par sa mère, il s'essaie à la peinture.

Montmagny s'interroge.

Utrillo a-t-il renoncé à ses beuveries ? A l'hôpital Sainte-Anne où il a fait un séjour de deux mois, « Maumau le dingue » a laissé en dépôt son teint cireux et sa maigreur d'alcoolique. Nul ne reconnaît en ce promeneur à l'allure romantique l'ivrogne de la saison précédente.

— Allez... ne te fais pas prier comme un châtelain !
— Non, merci... je n'ai pas soif !

Sur le seuil de leur établissement, les cafetiers le regardent passer avec désappointement. Des questions se posent qui amènent l'inquiétude dans les esprits. Si la médecine s'en mêle, le commerce de la boisson risque fort de péricliter.

— Tiendra moins longtemps la distance que le curé dans son prêche, et vous le verrez bientôt rappliquer encore plus pochard qu'avant !

Le teint frais et la silhouette bien prise dans un nouveau complet que lui a offert son beau-père, Maurice promène sa santé reconquise. Fuyant les lieux où l'on aimerait le revoir s'adonner à son vice, il parcourt la campagne, surpris et émerveillé par des paysages que l'ivresse lui masquait autrefois. Dans les villages, chaque église a sa visite. A sa mère qui s'étonne d'un intérêt aussi marqué : « Ce passage à Sainte-Anne t'aurait-il rapproché de Dieu ? », il avoue son goût pour les édifices religieux, édifices que l'on retrouvera plus tard dans des toiles pathétiques et célèbres qui raconteront l'émotion ressentie devant l'humilité d'une chapelle ou la naïveté d'un clocher.

— L'ennui aura bien vite raison de ces promenades... elles ne seront plus de mode avant la fin de la saison !

Après avoir épargné le service militaire à son fils grâce à des certificats médicaux qu'elle a obtenus non sans peine, Suzanne s'est éclipsée à nouveau. La fabrication de meubles la mobilise tant qu'elle ne songe plus, dans son atelier de Montmartre transformé en boutique d'artisan, qu'à scier et à clouer : « Qui aurait cru que je serais capable de construire des chaises ? » Pendant que sa mère s'interroge devant des témoins admiratifs, Maurice, en compagnie de Madeleine qui partage son temps entre la somnolence et le radotage, a retrouvé sa compagne, la solitude.

— Ma foi, je m'étais endormie... je manque à moi-même de plus en plus souvent... qu'est-ce que tu lis encore ?

Lorsqu'il n'est pas plongé dans des ouvrages de vulgarisation scientifique ou dans quelque roman de cape et d'épée, tel *Les Trois Mousquetaires*, son roman préféré, Utrillo lit *La Croix*, un journal dans lequel il puise des raisons d'espérer. Sa mère n'a pas tort. Ce séjour à l'asile lui a donné le goût de Dieu. Ce qu'elle ignore, c'est qu'il ne l'a pas pour autant écarté de l'alcoolisme qui le guette sans relâche à la devanture des bistrots.

— Voilà Maumau ! Il a bonne mine ce matin et la risette fraîche ! C'est vrai que depuis Sainte-Anne il se débarbouille avec de l'eau ! Si tu venais trinquer avec nous ?
— Avez-vous vu André Utter ? J'ai à lui parler !
— De quoi ? Des filles ? Le remède pour lui, c'est pas le vin, c'est la bagatelle !
— Utter... celui-là, quel fainéant ! Il s'est mis en tête de devenir peintre... comme si la peinture était un métier !

Piqué au vif, Utrillo proteste : « C'en est un... et un beau ! Voyez ma mère ! » Un rustre s'avise de donner son opinion : « C'est peut-être joli ce qu'elle peint ta mère... moi, je discute pas, j'y connais rien... n'empêche que si elle n'était pas entretenue par le riche Mousis... »

— Si vous laissiez Maurice tranquille avec toutes ces histoires de famille ! Offrez-lui plutôt un canon !

Utrillo jette un regard craintif à la bouteille que lui présente en souriant le patron. Il détourne la tête, cherche une aide que personne ne désire lui accorder : « Non, merci... sans façon ! »

— Allons, tu ne vas pas nous offenser ?
— Je n'ai pas soif !
— Si on buvait seulement quand on a soif, l'existence serait d'un triste à claquer !
— Alors... un petit rouge mouillé d'eau.

Un cri d'horreur échappe à la bande de poivrots :

— Mettre de l'eau dans son vin... mais tu n'y penses pas ? Qu'est-ce qu'ils t'ont fichu dans la tête, ces maboules de l'hosto ?

Le patron qui n'a pas dit son dernier mot se penche au-dessus du comptoir :

— Fais-moi le plaisir de goûter ce petit bordeaux sorti spécialement pour toi de derrière les fagots !

Au diable l'abstinence !

Il n'a pas fallu plus d'un verre pour convaincre Maurice des bienfaits du jus de la treille. On ne l'y reprendra plus !

Un soir où l'ivrogne n'en finissait pas de tenir des discours ineptes à deux paysans qui venaient de le menacer de lui clouer le bec à l'aide d'une méchante claque, Utter, pour éviter le grabuge, a raccompagné son ami jusque chez lui. Il allait s'éclipser lorsque Maurice l'a poussé dans le vestibule illuminé. Accrochés au mur, les dessins et les toiles de Valadon ont accueilli les visiteurs. L'éblouissement a laissé Utter sans voix. Lorsqu'il s'est enfin ressaisi, il s'est exclamé :

— Je ne savais pas qu'une femme pouvait avoir autant de force dans le poignet !

Avachi contre la commode, Maurice a bégayé que sa mère était un homme :

— Si tu voyais ses dernières toiles, vrai, tu en aurais plein les quinquets !

Les deux garçons remontaient côte à côte le chemin de l'admiration lorsque Suzanne est apparue sur le palier. Surpris dans les brouillards de l'ivresse, Maurice a sursauté :

— Ah, ça par exemple... je ne m'attendais pas à te trouver à la maison !

Suzanne a frappé du poing sur la rampe de l'escalier :

— J'aurais dû te laisser à l'asile ! Puisque c'est ainsi, tu rentres à Paris !

Cette sentence a ravi le condamné qui a quitté l'appui de la commode. Il est allé s'agenouiller sur la première marche de l'escalier : « Je ne souhaite que ça... vivre auprès de ma sainte mère ! » A l'étage, l'humeur n'était pas à la plaisanterie. Des insultes sont tombées sur l'ivrogne qui les a reçues avec une sorte de jubilation. Enfin, Suzanne s'est adressée à André :

— Vous ne pourriez pas l'empêcher de boire ?

Utter a tenté de se disculper. Puis il a quitté une place où il se sentait importun.

La peinture à l'huile c'est plus difficile, mais c'est bien plus beau que la peinture à l'eau !

Maurice était de retour rue Cortot depuis une semaine, lorsqu'un voisin, le docteur Ettlinger, est venu rendre visite à Suzanne. Après s'être extasié sur les dernières œuvres de l'artiste, une chaise et les débuts prometteurs d'un fauteuil, il a demandé des nouvelles de l'alcoolique dont les accès de nervosité alarment de plus en plus sa mère :

— Pourquoi ne l'initieriez-vous pas à la peinture ?

Suzanne s'est montrée perplexe :

— Je doute fort que ça lui plaise. Jamais il n'a eu la tentation de prendre un pinceau, et pourtant, les occasions ne lui ont pas manqué !
— Comment voulez-vous, en étant inactif, qu'il résiste à son vice ?

L'insistance du médecin qui connaît bien le fils de Suzanne pour l'avoir soigné à diverses reprises a eu raison des réticences du peintre. Le lendemain de cette entrevue capitale, Valadon a invité Maurice à s'installer en face d'elle dans le grand atelier. Le futur apprenti a renâclé. La peinture ne l'intéressait qu'encadrée, et encore, lorsqu'elle était signée par sa mère. D'ailleurs, il n'avait aucun talent : « Je ne suis pas comme toi qui dessinais sur les trottoirs dès l'âge de neuf ans ! » La remarque a flatté Suzanne en même

216

temps qu'elle interrompait les déambulations de Madeleine :

— C'est pourtant vrai qu'elle peignait sur les trottoirs… et il fallait entendre le bougnat à qui elle volait le charbon de bois !

Maurice a demandé du secours à sa grand-mère : « Toi qui sais combien je suis maladroit, dis à maman d'abandonner ce projet ! » Suzanne n'a pas cédé. Elle a déposé sur la table trois pinceaux et cinq tubes de couleurs.

— Qu'est-ce que je dois peindre ?
— Ce que tu vois.
— C'est trop difficile !
— Eh bien, voilà un fruit… essaie de le rendre tel que tu le ressens !

Bon gré, mal gré, Maurice a dû s'installer devant la fameuse page blanche dont parlent avec terreur ceux qui ont eu quelque jour à la recouvrir. Et parce que sa mère, au soir de cette première journée de labeur, lui avait donné quartier libre, il est allé se plaindre auprès de ses amis qui se sont moqués de lui :

— Valadon ferait mieux de te donner à dessiner une bouteille ! Tu la rendrais plus vraie que nature !

Depuis ce moment, Suzanne qui refuse de prêter l'oreille aux persiflages, car il n'est pas question pour elle d'accoucher d'un peintre mais de sauver son fils de l'alcoolisme, presse son élève que seuls intéressent les exploits de Napoléon dont il est en train de lire les glorieuses aventures. Est-ce à la stratégie de l'empereur qu'il emprunte ses ruses ? Lorsqu'il n'a pas égaré son matériel, c'est son bras qui est trop ankylosé pour tenir correctement un pinceau, ou le ciel qui est sale de pluie. Chaque jour apporte une nouvelle excuse que sa mère refuse d'entendre :

— Tu n'as donc pas encore compris que j'étais plus têtue que toi ? Ou tu acceptes de peindre quelques heures par jour, ou tu restes enfermé ! A toi de choisir !

Assis devant la fenêtre, Maurice profite de ce qu'il est seul pour s'abandonner à la paresse. Il regarde le paysage d'un œil morose, pour ne pas dire hostile. Non, décidément, il ne se sent pas l'âme d'un peintre. Soudain, le pas de sa mère qui vient le surveiller comme un gardien son prisonnier le pousse à saisir un pinceau. Elle ouvre brusquement la porte dans l'espoir de le surprendre en faute.

— Tu travailles ? C'est bien !

Penché avec une fausse application sur son carton, Utrillo tourne le dos à Suzanne qui jette un coup d'œil hâtif au dessin en cours : « Continue... tu es sur la bonne voie ! » Maurice avale une remarque hargneuse qui, si elle était exprimée à haute voix, le dénoncerait. Mais au moment où sa mère satisfaite de son autorité s'apprête à quitter les lieux, la colère l'emporte sur la prudence. Il oublie la promesse qu'il s'était faite : « Ma besogne t'intéresse si peu que tu n'as même pas vu que je n'ai pas touché à ce tableau depuis hier ! » Furieuse, Suzanne revient sur ses pas, le bras dressé et la gifle prête :

— J'en ai assez d'être battu ! Si tu me touches, j'ameute les voisins !

Le bras tombe en même temps que la sanction : « Puisque c'est ainsi, nous irons passer la belle saison à Montmagny ! Là-bas tu pourras brailler ton content ! » La porte se referme sur Valadon qui continue à clamer sa colère dans le corridor. « Avais-je besoin de mettre un pareil imbécile au monde ? » Ses cris couvrent la voix éraillée de la vieille que le tapage a sortie du sommeil : « Allons bon ! Qu'a-t-il encore fait ? Je n'ai pas eu le temps de m'habituer à

218

l'air de Paris que déjà il me faut songer à partir ! Crois-tu qu'un jour nous resterons en place ? »

— Oui... le jour où on nous portera en terre !

A PARTIR D'UNE NATURE MORTE

Dimanche matin à Montmagny.

Sur la table qui sert de base à la mise en scène picturale, la pomme de terre a un aspect ingrat. Non satisfaite de lui avoir imposé ce motif, Suzanne a tenté de convaincre son fils de la beauté de ce légume informe. Après plusieurs tentatives qui, toutes, se sont soldées par un échec, Maurice, brusquement propulsé au sommet de la fureur... « Bordel de bordel de peinture ! », hurle des grossièretés à la figure de sa mère tout en trouant le papier à dessin avec le manche de son pinceau.

— Arrête !... que fais-tu ? Maurice !

Accroupi au milieu d'un massif de lupins qu'il est en train de dégager des mauvaises herbes, Paul entend les cris de Suzanne. Il se relève, tente d'attirer sa femme à la fenêtre du premier étage : « Que se passe-t-il ? », et parce qu'il ne reçoit pas de réponse, le fondé de pouvoir se précipite à l'intérieur de la maison.

Dans la pièce où sont censés travailler mère et fils, la violence d'Utrillo vient de signer un chef-d'œuvre que nul collectionneur ne possédera. La table sur laquelle reposait le motif a été renversée d'un coup de reins. Des feuilles de papier déchirées jonchent le sol. Quant aux tubes de couleurs, ils ont été écrasés sous le talon.

— Ainsi... tu es fou ?

— Non, Paul, il n'est pas fou ! Il est ivre ! Je me demandais ce qu'il faisait de si bon matin dans la cuisine. Il a trouvé la bouteille de muscat que tu nous as apportée hier au soir !

D'un mouvement d'épaule, Mousis se déleste d'une interrogation vaine. Démence ou alcoolisme ? Il n'est plus temps de se poser la question. « Puisque c'est ainsi que tu montres ta reconnaissance, tu vas retourner à Sainte-Anne ! Et cette fois, plus question d'en sortir au bout de deux mois ! » Cette menace ramène Maurice à la raison. Il adresse un regard de supplicié à sa mère qui pousse un gémissement : « Donnons-lui encore une chance ! » Tout en essuyant ses chaussures tachées de peinture, Mousis annonce qu'il ne tolérera pas une autre scène, celle-là, qu'on se le dise en famille, est la dernière !

— Si je te prends à puer l'alcool encore une fois... une seule fois !... tu fileras à l'asile !

Entre l'internement dont il connaît les mauvais effets et le travail forcé, l'ivrogne préfère la liberté surveillée. Aussi, dès le lendemain de cet esclandre, alors que Suzanne mal réveillée bâille au-dessus de son bol de café fumant, elle s'entend vanter la beauté d'un verger des environs que son fils a décidé de peindre sur le vif.

— C'est une excellente idée ! Mais n'oublie pas de songer à ce que je t'ai dit sur l'emploi des ombres ! Apprends à les placer !

Au soir de cette journée difficultueuse au cours de laquelle il s'est battu avec des mélanges qui ne lui plaisaient pas, car les couleurs que lui a données Suzanne, jaune de chrome, vermillon, laque de garance et bleu outremer ne conviennent pas à sa sensibilité, Utrillo présente à sa mère un tableau sur lequel elle s'attarde, le temps de la surprise :

— Sais-tu que j'ai vu pire ?

Flatté par ce constat, Maurice, qui n'a guère eu l'occasion d'entendre des éloges, s'empare de celui-ci : « Vraiment, maman, tu crois ? Jusqu'ici la peinture... enfin, c'était un vrai crève-cœur pour moi ! » Les jours suivants le voient s'acharner sur un paysage auquel il tente de voler sa poésie. Nouvel étonnement de sa mère qui manifeste franchement sa satisfaction : « Eh bien, voilà qui n'est pas mal du tout ! Il te reste à apprendre à dessiner ! »

— Est-ce bien nécessaire ?
— Quelle question ? Evidemment !

On s'habitue aux félicitations, bientôt on les sollicite. Les dernières doivent être plus vibrantes que les précédentes. Pour conquérir sa mère à laquelle il commence à plaire, Maurice a décidé de devenir peintre, et peu importe si dans les rues de Montmagny les quolibets pleuvent autour de l'artiste.

— On aura tout vu... Maumau se prend pour un rapin !

Assis près d'un bosquet ou derrière un mur de pierres sèches, le débutant commence à cerner des formes et à choisir des couleurs qui ne rappellent en rien les œuvres viriles de sa mère. « Je voudrais peindre comme toi mais je n'y parviens pas ! » Suzanne le rassure du mieux qu'elle peut : « Tu as ta propre personnalité. C'est bien ainsi. Personne ne pourra te reprocher de subir mon influence ! » Mousis, lui, est stupéfait par une métamorphose à laquelle il n'osait plus croire. Il a échangé le désabusement contre la fierté, et comment résisterait-il à cette qualité ? Sa compagne a du génie et son beau-fils un brin de talent.

— Bravo, Maurice ! Je me félicite d'avoir montré de la patience... depuis quand n'as-tu pas bu ?

Utrillo échange un coup d'œil complice avec Suzanne qui a décidé d'ignorer les défaillances de son garçon. Après tout chacun a les siennes. « Ma foi... je ne les compte plus ! » Abusé par le hâle dû aux longues séances de travail au grand air, Paul fait compliment de sa mine au désintoxiqué. Quel mérite y a-t-il à afficher bonne couleur ? Maurice cache son embarras sous un sourire emprunté. Il tambourine sur la vitre en songeant au litre de vin qui l'attend derrière sa table de nuit.

— Mais j'y songe... je vais montrer tes tableaux à mes patrons... je suis convaincu qu'ils leur plairont ! Ils n'aiment pas les manières et le grand style les contraint !

« TU ENTRERAS DANS LA CARRIÈRE... »

Un soir de septembre, alors que la tribu venait de reprendre ses habitudes rue Cortot, le fondé de pouvoir est rentré du travail un sourire de satisfaction aux lèvres. Messieurs Bel et Sainbénat, charmés par la naïveté des paysages, avaient décidé le jour même d'acheter plusieurs toiles d'Utrillo pour décorer leurs bureaux. Lorsqu'il a annoncé la bonne nouvelle, Suzanne qui tout en l'écoutant tentait de découvrir les faiblesses de sa dernière toile — une femme nue cernée d'un trait noir à la manière de Gauguin avec lequel elle partagera le goût d'une certaine mise en scène à la japonaise — a accueilli le succès de son fils avec une remarque qui est tombée à propos :

— Mais c'est qu'il va lui falloir signer ses œuvres !

Au lieu d'applaudir sa bonne fortune, Maurice est allé se blottir dans un fauteuil. Interloqué par cette réaction singulière, Paul a interrogé le peintre : « Eh bien, n'es-tu pas content d'être reconnu avant même d'avoir commencé ? Combien d'artistes confirmés souhaiteraient vendre leurs tableaux ? »

— Ce n'est pas de les vendre qui m'ennuie... c'est de les signer !

Le rire de Suzanne a sonné haut dans l'atelier. « C'est donc ça qui te tracasse ? Tes croûtes valent bien celles des autres et toi, au moins, tu n'as pas à te réclamer d'un maître ! Je ne t'aurai appris que la technique ! » Mousis, à l'étonnement des trois autres, a cru bon d'intervenir en faveur de son beau-fils : « Si l'on peut dire ! Je ne te savais pas si avare de conseils ! » La réponse ne s'est pas fait attendre :

— Je ne crois pas à l'enseignement ! Seul l'instinct compte ! Il est le style !

Maurice a quitté son siège. Il est venu se camper devant sa mère suffoquée par tant d'autorité : « Je ne veux pas signer Utrillo mais Valadon ! » Suzanne a pointé le menton en direction de la poitrine du protestataire qui la surplombait d'une bonne tête : « Qu'est-ce qui te prend ? Miguel t'a donné un nom superbe ! », puis se tournant vers son mari, elle a sollicité son aide : « Qu'en penses-tu ? Utrillo n'a-t-il pas meilleure sonorité que Valadon ? » Maurice n'a pas laissé le loisir à Mousis d'émettre un avis :

— Peut-être... mais c'est le tien ! Je porte le nom d'un étranger qui ne m'a jamais tendu la main !

Suzanne a donné une tape affectueuse à Utrillo : « C'est moi qui ai voulu que Miguel n'ait aucun droit sur toi ! » Mais alors qu'elle croyait son fils rassuré et la discussion close, la vieille qui s'était laissée oublier jusque-là a arraché une phrase insidieuse à sa somnolence :

— Il aura mis des années pour cracher sa souffrance... depuis le temps qu'il étouffe sous le poids de l'Espagnol !

D'où sortait cette mauvaise dent ? Et de quoi Madeleine se mêlait-elle ? Valadon a adressé un sourire à Maurice qui a refusé de le lui rendre : « Maman... tu as toujours cherché à me posséder, pourtant, tu ne veux pas de moi ! » Paul n'a pas caché plus longtemps sa désapprobation :

223

— Que cherches-tu ? A donner de l'inquiétude à ta mère ?

Dieu merci, la cloche du rez-de-chaussée a mis fin à une scène qui risquait de virer à la dispute. Quelqu'un sonnait à la porte. Suzanne a repris ses esprits et son entrain : « Flûte ! J'avais oublié que Mireille venait poser pour moi en fin de journée ! Si tu le veux bien nous reprendrons cette discussion plus tard ! » Maurice a insisté : « Je signerai Utrillo V ! » Soulagée, et à bon compte, Suzanne a tenté de rassurer l'anxieux :

— Le nom ne fait rien à l'affaire ! C'est à ton œuvre que tu dois te consacrer. Si elle est valable, Utrillo sonnera bien !

Un peu plus tard, la voix criarde de Valadon a traversé les murs :

— Vacherie ! Mireille, tu ne pourrais pas garder la pose ? Je ne sais pas ce que tu as ce soir... tu n'arrêtes pas de bouger et la lumière avec toi ! Il fait trop sombre. On reprendra demain !

Le trait noir qui cerne les nus en précise les contours mais laisse intacte la sensibilité émue de la chair, chair quelquefois molle, quelquefois lasse. L'impitoyable trait, précis et ferme, souligne parfois les tares, les plis du ventre, les seins qui s'affaissent — un beau dessin n'est pas toujours un joli dessin — mais toujours chair vivante et belle justement par la vie qui l'anime, fraîche parce qu'on sent le sang circuler à fleur de peau...

André Warnod.

Mme Mousis à sa fenêtre

J'étais penchée à la fenêtre et perdue dans mes pensées lorsque je l'ai vu passer. Sa tignasse blonde a attiré mon attention. Elle ne m'était pas inconnue, non plus que sa maigre et longue silhouette de funambule. Lorsqu'il est parvenu à la hauteur du 12 ses traits se sont précisés et je l'ai reconnu. C'était le garçon qui, un soir d'ivresse, avait ramené Maurice à la villa de Montmagny. Il portait une salopette d'électricien avec la désinvolture d'un dandy. J'ai pensé ; celui-là ne manque pas de culot ! S'il fait carrière ce ne sera pas comme ouvrier ! « Que faites-vous ici ? » Surpris par ma voix, il a levé la tête dans ma direction. Au-dessus des pommettes bien dessinées, de grands cernes donnaient au regard une profondeur inhabituelle chez un garçon de cet âge. J'ai pensé encore : en plus du culot le môme n'est pas dépourvu de charme. En voilà un qui doit avoir du succès auprès des femmes. Sait-il au moins faire l'amour avec talent ? Cette réflexion m'a troublée. Depuis que je suis mariée avec Paul, je ne m'étais jamais interrogée sur les compétences amoureuses de qui que ce soit. J'ai plongé mon regard dans ses yeux, d'un bleu ! et parce qu'il s'y trouvait bien, je l'y ai laissé. Il a tenté de m'échapper par un sourire que j'ai jugé niais avant de le trouver émouvant. Je n'aime pas les hommes qui plissent le nez sous prétexte qu'une femme cherche à leur plaire ! « Toujours désireux de peindre ? » Ma question l'a rassuré. Au premier étage, on n'en voulait pas à son corps, mais à ses dons. Parce qu'elle est abstraite, cette demande-là est moins inquiétante que la première. Il a éclaté de rire : « Vous savez... je n'ai pas oublié les conseils que vous nous avez donnés, au copain Heuzé et à moi, alors que nous étions deux gosses en train de peindre au coin de la rue Saint-Vincent... » *On ne peint pas le sol comme le ciel !* J'ai dû minauder : « Moi, je vous ai dit ça ? Et sur ce ton ? Suis-je donc aussi bourrue ? » Il a rougi en secouant sa tignasse de fauve. Une mèche a glissé sur son œil, d'un bleu ! avant d'être repoussée par un doigt nerveux. Derrière ce mignon, les filles doivent faire procession ! Tandis que je m'appuyais lourdement contre la barre d'appui, la crainte m'a saisie : suis-je coiffée correctement ? J'ai porté la main à mon chignon : « Pourquoi ne monteriez-vous pas un moment ? Nous pourrions discuter plus confortablement ! » Plus tard, lorsqu'il a pris place dans le fauteuil de maman Madeleine, Utter... « C'est bien votre nom, n'est-ce pas ? »... a croisé ses jambes. Le tricot de la chaussette formait des plis sur la cheville trop fine. Il a commencé à balancer le pied au rythme de son admiration. Des ah ! des que c'est beau ! Des quelle technique ! et ces aplats ! et ce trait ! et où allez-vous chercher cette lumière ! et comme vous y allez ! sont sortis de sa charmante bouche. Alors qu'il s'extasiait devant mes dernières toiles, je me suis mise à étudier ce pied qui allait et venait, ce pied dont je devinais la cambrure et le talon. « Alors, vous êtes remis, à ce que je vois... cette cure de repos à Montmagny vous a réussi ! » Une sorte de bien-être m'a envahie. Je me suis soudainement demandé comment j'avais pu vivre treize ans sans passion. « Et Maurice, comment va-t-il ? » a-t-il demandé. « Il peint, et lorqu'il a fini de peindre, il boit ! » Le soleil de quatre heures est venu rendre visite à la table. Il a joué à l'intérieur des verres qui ont pris l'aspect du cristal. Tout en caressant le mien — y a-t-il plus beau qu'un objet utilitaire ? — j'ai proposé à Utter de le resservir. Il m'a accordé le bleu de ses yeux, juste le temps que je m'interroge sur la solidité de ma vie conjugale : « Une goutte ! Je n'ai pas le coffre d'Utrillo ! »

226

Alors qu'en pénétrant dans l'atelier il avait dit qu'il ne s'attarderait pas, voilà qu'il n'était plus pressé de quitter les lieux. L'excuse d'un rendez-vous a disparu à l'horizon de la conversation. Nous avons évoqué la soirée où nous nous sommes rencontrés pour la première fois. « Moi, je vous connais depuis longtemps. J'ai toujours envié Maurice d'avoir une mère comme vous ! » Lorsque nous nous sommes quittés, je lui ai demandé s'il accepterait de poser pour moi. Mon offre a semblé l'effaroucher. « Pas nu ? » J'ai pris le ton ironique et méchant qu'empruntait Lautrec lorsqu'il demandait aux filles timides de se déshabiller : « Auriez-vous peur de perdre votre pucelage ? » Utter s'est regimbé : « J'en ai vu d'autres ! » Nous nous sommes promis de nous revoir.

J'aurais voulu peindre comme Watteau,
mais on ne m'a jamais donné de pinceaux
assez petits.

Maurice UTRILLO.

1904-1908.
Rue Cortot.
Suzanne Valadon ouvre à nouveau sa maison à la
jeunesse montmartroise. Quant à son fils, il
exécute entre deux cuites quelques très beaux
tableaux, Usines près du canal à Saint-
Denis, Eglise de village, La rue Custine à
Montmartre.

Chez les Mousis, le bonheur conjugal est en train de se
faner. Jaloux de sa femme qui convie dans son atelier les
rires et les idées nouvelles, et plus encore excédé par les
exploits de son beau-fils que l'ivresse conduit régulièrement
au commissariat de police, le fondé de pouvoir, ce jour
encore, s'abandonne à la colère. Tout en arpentant la cuisine d'un pas de colonel auquel la troupe aurait refusé
d'obéir, il accable son épouse de reproches :

— Du moment que tu t'amuses avec les godelureaux du
coin et que ton fils exécute chaque jour sa toile, il peut rentrer soûl et moi ne pas rentrer du tout, ça t'est égal !

De l'autre côté de la table, Maurice n'est pas content :

— Ma mère est une sainte femme !

228

— Ta mère est une sainte femme et toi un ascète ! Autrement dit, je devrais la remercier d'avoir accepté de m'épouser ?

La conversation prend un tour qui déplaît à Suzanne. Son mari ne comprendra jamais les créateurs. Michel-Ange aurait été l'ennemi de cet homme-là !

— Paul... ton ironie ne blesse que toi ! Ce qui m'importe c'est de savoir que Maurice a deux tableaux exposés dans la vitrine d'un marchand. Tu es trop bourgeois pour comprendre ça !

« Bourgeois », l'insulte de circonstance ! Mousis assène un coup de poing sur la table qui tremble sur ses pieds. Dans les assiettes la soupe forme des vagues avant de déborder sur la toile cirée. Madeleine se lève pour prendre un torchon. « C'est ça... traite-moi avec mépris et encourage ton fils à boire ! » Paul se tourne vers la vieille qu'il saisit par l'épaule :

— Comment avez-vous pu supporter ces deux caractères ?

Devant tant de violence et de rancune accumulées, l'ancienne lingère tente de se mettre à l'abri. Elle jette son visage en arrière : « Que voulez-vous, ma fille et moi nous avons remonté la misère ensemble. Elle aurait pu m'abandonner en cours de route pour rejoindre le succès. C'est une bonne personne, fantasque mais généreuse ! »

— Vous êtes donc tous contre moi ?
— Au lieu de nous gâcher cette soirée, pourquoi ne viendrais-tu pas t'asseoir avec nous ? Pour une fois que Maurice n'est pas poivre, j'aimerais discuter peinture avec lui !

Désarmé par l'autorité du génie et le sourire bienveillant qui l'accompagne, Mousis s'immobilise. Il fixe le trio attablé tranquillement devant une soupe appétissante et un

229

Maurice Valadon. V.

Maurice Utrillo. V.

Maurice, Utrillo, V.

Maurice Utrillo. V.

TER (André).— Peintr

Signatures de Maurice Utrillo (cl. Roger-Viollet)

gratin de pommes de terre. Après une hésitation... dois-
je céder ou laisser là cette famille impossible ?... le maître
de maison accepte de prendre place. Il déplie sa serviette
en grognant : « Vous finirez par me rendre fou ! » Tout
en flattant le dos de la main du mécontent qui avale sa
soupe froide, Valadon questionne Maurice sur ses fréquen-
tations :

— J'imagine que tu ne frayes pas avec la bande du Bateau-
Lavoir ?
— Je les croise !
— Ce n'est déjà pas si mal ! Il faut vivre à Montmartre

pour croiser le talent... ou à Montparnasse. On m'a dit que là-bas les idées allaient bon train.

— Tu sais, moi, les idées... il n'y a qu'avec Modigliani que je m'entends bien !

— Je n'en doute pas... il est aussi ivrogne que toi !

Entre le pointillisme, le post-impressionnisme, le néo-classicisme, le réalisme, le fauvisme, le futurisme : « *Nous luttons : contre le nu en peinture, aussi nauséeux et assommant que l'adultère en littérature ; contre l'archaïsme qui réduit la peinture à une impuissante synthèse puérile et grotesque...* », les idées vont trop vite place Ravignan pour le pas incertain de Maurice.

— On ne pourra pas me reprocher d'avoir mis au monde la curiosité !

Les coudes sur la table, l'épouse du fondé de pouvoir scrute le visage fermé de son fils : « A part le vin, à quoi t'intéresses-tu ? »

— A la peinture et aux copains !

— Tu t'intéresses à la peinture et aux copains ? Me voilà rassurée !

— Ce n'est pas parce que je suis muet que je ne pense pas !

L'exaspération s'empare de Suzanne. Un juron sort de sa bouche. Elle se lève brutalement. Sa chaise bascule en arrière : « Heureusement que je trouve ma nourriture à l'extérieur ! Avec vous trois, il y a de quoi crever d'inanition ! » C'est au tour de Mousis d'inviter sa femme au calme : « Ce que tu peux nous casser les oreilles ! Je plains les voisins autant que nous ! » Suzanne tape du pied comme une fillette mal lunée :

— Vous êtes-vous jamais posé des questions sur l'intérêt de votre conversation ? Quand je pense à mes anciens amis, Puvis, Lautrec, Satie... j'enrage !

Le fondé de pouvoir s'impatiente. Il est des noms qu'il

serait préférable d'oublier, surtout devant un mari. D'un ton offensé, il tente de mettre fin aux jérémiades de son épouse : « Tu n'avais qu'à rester en compagnie de ces drôles… parce que travailler des méninges, figure-toi que je ne fais que ça au bureau, aussi j'aimerais trouver la paix en rentrant à la maison ! »

— Ne compte pas sur moi ! Ah, par exemple, non ! J'ai besoin d'échanger des impressions ! Entre maman Madeleine qui dort toute la journée, Maurice qui ne songe qu'à s'enivrer et ta mauvaise humeur de chef de bureau… je n'en puis plus !

Sur ces paroles, Suzanne se précipite à la fenêtre qu'elle ouvre toute grande : « J'étouffe ! Holà ! Qu'on vienne m'arracher à ces trois emmerdeurs pendant qu'il en est encore temps ! » Maurice qui s'apprêtait à quitter une place trop bruyante revient sur ses pas. Il prend sa mère par la ceinture, la tire en arrière avant de refermer la fenêtre :

— Un ivrogne dans la famille, ça suffit !

Tant de simplicité émeut Suzanne. Elle pose sa tête contre la poitrine de son garçon. « Vous êtes aussi zinzins l'un que l'autre… », soupire Mousis en pliant sa serviette. Quant à Madeleine que rien ne semble plus émouvoir, elle profite de l'accalmie pour faire savoir à l'assistance qu'elle va se coucher ; ce n'est pas pour leur sucrer la politesse, mais vrai, elle en a assez entendu pour ce soir. Les cloches du Sacré-Cœur mettent un terme à la scène. Maurice se détache de sa mère. Il va regarder par la fenêtre la chute de la lumière sur les toits :

— C'est l'heure de l'extinction des feux à Sainte-Anne. La nuit va être longue pour les malades.

Suzanne sent la tristesse l'envahir. Je ne vais tout de même pas me mettre à pleurer sur le passé ? Ce qui importe, c'est que mon fils soit là !

— Avec le goût de la peinture, j'aurais dû te donner aussi celui de l'oubli... il serait temps que tu apprennes à laisser les choses derrière toi !

Le même soir, mère et fils se retrouvent dans l'atelier. L'absence de Mousis les pousse aux confidences. Maurice parle de son ami Quizet, un peintre qui le comprend et tente de l'aider.

— A propos d'ami... comment va ce blondinet qui est venu me rendre visite l'autre jour ? Tu devrais lui rappeler la promesse qu'il m'a faite de venir poser pour moi !
— André Utter ? Avec Edmond Heuzé c'est mon meilleur ami. Il est électricien mais il rêve de devenir peintre. Pour l'instant ce n'est qu'un amateur... je crois que tu l'impressionnes !
— Un qui ne l'est pas, amateur, c'est Van Dongen ! Quel talent ! Tu as déjà parlé à son copain, l'Espagnol ? Picasso... quel drôle de nom !

Les esthètes de la place Ravignan tiennent des théories sur l'art qui heurtent Maurice : « En face d'eux j'ai l'impression d'être idiot et ça m'agace ! » Suzanne balance la tête en arrière. Elle regarde la fumée de sa cigarette qui s'élève, suite de spirales en direction du plafond : « Ecoute-les d'abord, agace-toi ensuite... il y a toujours bénéfice à prêter l'oreille aux discours, ne serait-ce que pour reconnaître ceux qui n'ont pas de sens. Tu n'imagines pas ce que j'ai pu apprendre dans les ateliers lorque j'étais modèle, simplement en ouvrant l'oreille ! »

— Ils se moquent de moi... me traitent de bouffeur de plâtre... au fait, je ne sais pas ce que tu en penses, j'ai décidé de peindre d'après des cartes postales. J'en ai vu de belles place Pigalle.

Scandalisée, Suzanne sursaute dans son fauteuil :

— Peindre d'après des cartes postales ? Mais c'est ridicule !
— Max Jacob trouve au contraire que c'est une excellente idée !
— Encore un qui se moque de toi !
— Je lui ai montré mes agrandissements... il m'a dit que j'avais un compas dans l'œil !
— Mais enfin... que fais-tu de la réalité ? Rien ne vaut la nature !

Ce que Maurice n'avoue pas à sa mère, c'est qu'il ne peut plus supporter les vexations des flâneurs qui s'attroupent autour de lui... « T'appelles ça d'la peinture ? On dirait plutôt d'la crème. Avec quoi t'as peint ton mur, Maumau ? avec d'la Chantilly ? »

— Si je travaille à la maison, je n'aurai plus la tentation d'entrer dans le premier bistrot venu.

L'argument est de poids. Va-t-il convaincre la mère ? Suzanne s'empare de la main posée sur le rebord du fauteuil : « Je préfère te savoir alcoolique et bon peintre, que raisonnable et barbouilleur ! » Emu par ce geste inhabituel, Utrillo la lui retire promptement : « Maman... il ne faut pas m'en vouloir si je bois... je sais que je suis un pauvre type ! »

— Est-ce que j'ai l'air de t'en vouloir ?
— Pas ce soir... mais il y a des moments où tu me tourmentes tellement que je voudrais mourir... remarque, je sais que je le mérite.

Au moment de quitter l'atelier pour rejoindre le lit où l'attend son mari, Suzanne se retourne : « Pardonne-moi, mon petit ! » Le profil de Maurice marque la surprise : « Te pardonner ? Mais de quoi ? »

— D'être une mauvaise mère... je fais ce que je peux, mais je sais que c'est insuffisant... n'empêche que tu seras un grand peintre !

Un après-midi de la même semaine, Utrillo, pressé par la soif, est retourné au café où on l'a acclamé dès l'entrée : « Salut, Maumau ! Comment va la barbouille ? Toujours une croûte par jour ? » Sans répondre au salut, Maurice s'est dirigé vers le comptoir. Il a tendu un tableau peint de frais au patron qui a grimacé.

— Qu'est-ce que tu veux que je fasse de ça ?
— Accrochez-le où ça vous chante !
— Toi, mon gaillard... t'as plus un rond !
— Mon beau-père ne veut plus me donner d'argent de poche. Refilez-moi deux ou trois canons et des sous pour que je m'achète du blanc de zinc.

Derrière sa caisse la femme du patron, une matrone forte en gueule, l'a interpellé : « Montre-moi ça ! C'est triste, mais ça me plaît ! » Un client a demandé à voir le chef-d'œuvre. Après le coup d'œil de l'expert il a conclu : « Ça me fait songer aux monologues de Charles Cros, le loufoque qui hantait le Chat Noir ! »

> *Il était un grand mur blanc — nu, nu, nu ;*
> *Contre le mur une échelle — haute, haute, haute,*
> *Et par terre un hareng saur — sec, sec, sec.*

La patronne qui tenait la toile à bout de bras pour mieux l'observer s'est exclamée : « C'est pourtant vrai ! Y manque juste le hareng ! La prochaine fois, Maurice, torche-moi le Sacré-Cœur, et s'il te plaît, n'oublie pas les oies qui se baladent devant ! » Utrillo a protesté : « Je ne sais pas peindre ce qui bouge ! » Penchée sur le tiroir-caisse, la patronne a insisté : « Tu feras un effort pour moi. Et si me convient, ton Sacré-Cœur, je le mettrai à la tête de mon lit !

J'aime encore mieux prier devant une de tes croûtes que devant un crucifix. Les croix me foutent le cafard ! » Des sous ont glissé sur le comptoir. Maurice a aussitôt commandé le verre de la soif, puis celui du plaisir, enfin celui de l'exaltation. Mais lorsqu'il a tendu à nouveau son verre, le patron s'est récrié : « Le compte est bon ! Donne-moi l'argent qui te reste ! » Tant pis pour le blanc de zinc !

— Je volerai celui de ma mère !

Sur ces entrefaites, l'ami Heuzé a fait son apparition en compagnie du bel André Utter. Les deux compères pédalent sur le même tandem. Le goût de la vie de bohème les unit plus que les liens du sang. « Qu'est-ce que je te disais ? », a dit Heuzé en pointant son doigt en direction du comptoir : « Déjà hier je l'ai aperçu avec Modigliani… à eux deux ils occupaient toute la rue ! Son beau-père finira par le mettre à la porte ! » Utter a haussé les épaules du fataliste :

— Un peu plus tôt… un peu plus tard !

Pendant qu'André passait le bras autour du cou de l'ivrogne, Heuzé a commandé une tournée. Le patron s'est inquiété : « Qui va payer ? » Edmond a fixé le front chauve puis la barbe mal soignée du cafetier, enfin il s'est tourné ostensiblement vers la caisse où était toujours posée la toile ; une ruelle aux longs murs blancs et aux pavés disjoints. « Qui va payer ? Mais le tableau qui est en train de tenir compagnie à votre femme ! »

— Je regrette, les gars ! Il est bu depuis longtemps !
— Quelques verres de pinard pour un tableau de cette dimension ? Vous ne trouvez pas que vous y allez un peu fort ?
— Maintenant on va m'engueuler parce que je fais la charité à un soiffard !

Utter s'est penché vers l'oreille de son copain Heuzé :

« Ce salaud profite de l'ivrognerie de Maurice pour l'exploiter honteusement ! » Voyant que le patron affichait une gueule de bouledogue, Utrillo s'est souvenu des soirs de punition. Il s'est tourné vers ses amis, le regard défaillant et la mine piteuse : « Chut ! Taisez-vous ! Sinon, la prochaine fois, il refusera de me servir ! »

— Si ta mère voyait la toile que tu viens d'offrir !

Tout en s'accrochant au comptoir, Maurice a cherché la phrase qui le disculperait. Ne la trouvant pas, il s'est tourné vers son verre vide. Tandis que le camarade Heuzé insistait dans son dos : « C'est la meilleure que tu aies peinte depuis longtemps ! », il a prié le tenancier de servir ses amis. Et parce que l'imbécile ne se décidait toujours pas à saisir la bouteille plantée à sa droite, Utter lui a signalé qu'un tableau comme celui-là, dans quelques années, il vaudrait une fortune, probablement plus que les murs de sa boutique. La nouvelle a ramené la bonne humeur sur le visage du patron qui s'est tordu de rire. Le doigt levé au-dessus de sa tête, il a pris à témoin la bande de poivrots attablés au fond de la salle :

— Vous entendez c'qu'y raconte, Utter ? Y prétend que dans quelques années les croûtes de Maumau vaudront une fortune !

Un concert de gloussements a accueilli sa déclaration, mais bien vite quelqu'un a fait une remarque qui a ramené le silence :

— On ne sait jamais... avec tous ces zozos pleins aux as ! Peuvent monter une affaire avec la Valadon ! C'est qu'elle a oublié d'être sotte, celle-là, et que c'est une vraie garce !

Alors que tout le monde le croyait perdu pour la conversation, Maurice a poussé un hurlement : « Je vous interdis de toucher à ma mère ! »

— Qu'est-ce qui lui prend, à ce taré ?

— Dites ce que vous voulez de moi, mais je vous défends de toucher à ma mère ! C'est une sainte femme ! Et une artiste ! La seule femme peintre de son temps !

Heuzé a pris un air sombre pour montrer qu'il n'était pas de cet avis : « Si ta mère est une sainte femme, pourquoi raconte-t-elle que c'est elle qui t'a appris à peindre, alors qu'on sait tous que c'est Quizet ? Et pourquoi refuse-t-elle de partager son atelier et ses couleurs avec toi ? » Maurice s'est rattrapé au comptoir :

— Ce n'est pas elle qui refuse... c'est moi qui ne veux plus de sa palette ! Parce que vous n'avez rien remarqué ?

Utrillo a regardé triomphalement ses amis avant de s'affaler sur Utter : « Mes murs... bande de cons... mes murs ! »

— Eh bien quoi, « tes murs » ?

— Je les peins avec du plâtre ! Parfaitement ! Parce que je veux qu'ils soient blancs... blancs... blancs !

André a aidé le plâtrier à reprendre contenance et stabilité. « Parfaitement ! Avec du plâtre ! Avec du plâtre que je mélange au blanc de zinc ! » Après les secondes de la stupéfaction, Heuzé s'est exclamé : « Mais ça ne va pas tenir ! » Qu'à cela ne tienne ! Maurice a répliqué qu'il ne peignait pas pour l'éternité mais pour le présent. Derrière sa caisse, la patronne a jeté un regard soupçonneux à la toile posée devant elle.

— Il ne manquait plus que ça ! Maumau, je te préviens ! Si ta peinture se décolle, je te supprime le pinard ! En attendant, Hector, refile-leur un verre sans faire d'histoires. On est généreux ou on ne l'est pas !

Maumau

... Prêtez-leur l'oreille, monsieur le brigadier, prêtez-leur l'oreille, et ils vous diront qui je suis, ni causeur, ni penseur, même pas rigolard, à peine farceur, un être sans secret ni malice, un raté, un sac à vin qui distribuait autrefois l'argent que son beau-père lui glissait dans la poche pour se débarrasser de lui, parce qu'il était encombrant ce gamin... VIENS MA CHÈRE FEMME, VIENS MA SUZANNE, VIENS MA CRUELLE, QUE JE TE DONNE UN BAI-SER, OH QUE C'EST DOUX ! OH QUE C'EST BON ! MAIS QU'EST-CE QU'IL FAIT ENCORE DANS NOS PATTES, CELUI-LA ? FICHE-MOI LE CAMP, MAURICE ! TU NE VOIS PAS QUE TU ES DE TROP ?... Regardez l'ivrogne qui titube devant vous, monsieur le brigadier, ce poivrot, ce toujours soif, ce peintre à la gomme, ce polichinelle, ce fils de n'importe qui, de Puvis de Chavannes, ou d'un misérable assureur, ou d'un Espagnol qui lui a donné son nom comme on balance un os à un chien.

— Utrillo !
— Merde !
— Utrillo ! Qu'est-ce que tu attends pour nous torcher une croûte ? Après tout, tu n'en es plus à une près ! Tes hallucinations d'ivrogne plaisent aux bonnes gens !

... mais qu'est-ce qu'ils savent de la peinture, ces vaches ? qu'est-ce qu'ils connaissent du plaisir de presser sur un tube ? d'étaler de la couleur ? de serrer le pinceau

239

entre ses doigts ? de le faire aller et venir à sa guise ? d'apprivoiser la peur ?

A VOTRE SANTÉ, MONSIEUR LE BRIGADIER !

— Utrillo ! Encore un geste, et je te fous sur la gueule !

... Cessez de me balancer votre mépris en pleine bobine, monsieur le brigadier, et écoutez-moi même si vous ne m'entendez pas... je vous parle de mes tourments, de ma douleur, de mes larmes, je vous parle de mon incapacité de parler... j'aurais voulu être poète... j'aurais voulu jouer avec les mots, ils m'auraient protégé du monde... Dans l'Ancien Testament, Jérémie se lamente : « *La langue du nourrisson s'attache à son palais desséché par la soif ; les enfants demandent du pain et personne ne leur en donne.* » Je suis ce nourrisson-là. D'accord, je suis soûl, mais je suis ce nourrisson-là tout de même. Depuis ma naissance, mon palais est desséché par la soif. L'amour est une soif.

A VOTRE SANTÉ, MONSIEUR LE BRIGADIER !

— Sacré bon sang, vas-tu rester tranquille ?

... D'accord, d'accord, je vais me tenir tranquille... enfin, si je peux ! je vais rester tranquille mais seulement si vous me donnez à boire, parce que j'ai soif. PARCE QUE J'AI TOUJOURS SOIF ! même la nuit quand je dors, même la nuit quand je rêve que je n'ai plus soif ! Au fond des verres, il y a la demande que je n'ai jamais osé faire... AIMEZ-MOI ! AIMEZ-MOI, BANDE DE CONS !... aimez-moi comme je suis ! voilà des mots qui blessent la langue, pas vrai brigadier ?... « Pardonne-moi, mon petit ! — Mais de quoi, maman ? — D'avoir été une mauvaise mère ! » Parfois, lorsque je n'en puis plus de cette haine que je me porte, je m'agenouille au pied de mon lit. A ce moment-là, ce n'est pas la Vierge qui m'apparaît, c'est ma chère mère. Inquiète de ne plus m'entendre, elle vient frapper à la porte : « Tu t'es encore enfermé pour boire ou faire des saloperies... ouvre-moi ! » Remarquez, je ne me plains pas. Je préfère les coups à l'indifférence. FRAPPE, SUZANNE ! FRAPPE ENCORE ! Vous l'ignorez peut-être, monsieur le brigadier, mais je suis l'homme le plus battu de Montmartre et j'entends bien l'être jusqu'à ma mort. Ainsi Dieu... MAIS NON JE NE VAIS PAS DÉGUEULER SUR VOTRE BUREAU !... ainsi Dieu, parce que j'aurai souffert pour expier, me pardonnera mon vice... « *Seigneur, tu as défendu la cause de mon âme. Tu as racheté ma vie. Eternel, tu as vu ce qu'on m'a fait souffrir. Rends-moi justice !* »

... Prêtez-leur l'oreille, monsieur le brigadier, et ils vous diront qui je suis, un sale clochard, un ivrogne répugnant que vos agents ont trouvé cette nuit, boulevard de la Cha-pelle, un abruti couvert de sang que des voyous avaient attaché à un banc avant de le cogner jusqu'à ce qu'il perde connaissance. Qu'est-ce que je fichais au milieu de la nuit boulevard de la Chapelle ? Ça, il faudrait le demander au rhum que j'ai bu chez le père Frédé. « Mais aussi, pour-quoi te mets-tu à boire ce tord-boyaux ? Tu sais bien qu'il te pousse à faire des bêtises ! » Maman Madeleine a tou-jours tenté de m'aider. Pourquoi je bois du rhum ? Pour oublier ! POUR OUBLIER le regard bleu de mon copain Utter. Depuis qu'il est venu poser pour ma mère, elle ne pense plus qu'à lui. Autour d'elle, les autres sont devenus des ombres, même son mari. « Suzanne, je n'aime pas te savoir en compagnie de ce gamin ! Qu'est-ce que tu lui trouves ? »... « Paul ! tu ne vas tout de même pas me reprocher de peindre un jeune homme ? » Non, monsieur le brigadier, ce n'est pas elle qui est coupable ! MA MÈRE EST UNE SAINTE FEMME ! C'est le hasard. Pourquoi la police n'arrête-t-elle pas le hasard ? « Que faites-vous dans le coin ? Je vous croyais à Montmagny ! Avez-vous appris à peindre le ciel ? » LE HASARD a poussé André Utter sous les fenêtres de Suzanne Valadon. « J'ai suivi vos conseils ! Vous aviez raison, le ciel et le sol ne se peignent pas de la même façon ! » Ils se sont mis à rire tous les deux, et parce que la solitude est une sale maladie dont Valadon a fait cadeau à son fils pour ne pas l'attraper elle-même, elle a joué à la coquette : « Moi aussi, j'ai encore beaucoup à apprendre ! », puis elle a demandé au copain de monter : « Pourquoi ne prendrions-nous pas le temps de faire connaissance ? » Eh pardi ! Lorsque je suis rentré à l'improviste certain soir, j'ai surpris Suzanne assise sur les genoux d'André. Elle l'embrassait à pleine bouche. Lorsqu'elle a senti ma présence, elle s'est détachée de lui : « Tiens, voilà Maurice ! Qu'as-tu à nous regarder avec ces yeux ronds ? Il n'y a pas de mal à s'embrasser quand on s'aime ! » Une fois de plus, j'étais de trop. Alors, je me suis éclipsé. Depuis ce jour, je n'ai guère dessoûlé. Il paraît que j'ai exécuté aussi des toiles. Où sont-elles ? Ma foi, j'ai dû payer le vin avec. Ce matin, ma mère a demandé aux gosses d'aller voir s'il n'y en avait pas qui traînaient dans le caniveau.

... Prêtez-moi l'oreille, monsieur le brigadier, et écoutez-moi... tout ce que je veux, C'EST PEINDRE ET PUIS BOIRE ET PUIS PEINDRE ET PUIS BOIRE et ainsi de suite, jusqu'à la colère de Dieu. Vous aussi vous devriez lire la Bible. Vous comprendriez enfin le silence de ceux qui ne peuvent plus parler. *« Maudit soit le jour où je suis né ! Que le jour où ma mère m'a enfanté ne soit pas béni ! »*

— Non, mais regardez-moi cet abruti ! Que faisais-tu boulevard de la Chapelle ?
— Vous perdez votre temps, brigadier... vous voyez bien qu'il est rond comme une miche !

... Prêtez-moi l'oreille, monsieur le brigadier, et écoutez-moi... l'amour est une soif !

A Francis Carco qui lui demandait ce qu'il choisirait s'il ne devait emporter qu'une seule chose en souvenir de Paris, il répondit : « J'emporterais un morceau de plâtre, un de ces bouts de plâtre qu'on ramassait quand j'étais gosse pour s'amuser.

— Et c'est tout ?

— Bien sûr. Ce bout de plâtre qu'on touche et qu'on regarde, ça permet de penser... »

Jean-Paul CRESPELLE, *Utrillo.*

1909-1910.
Rue Cortot.
Impasse Guelma.
Suzanne âgée de quarante-quatre ans devient la maîtresse d'André Utter de vingt et un ans son cadet. Elle quitte Mousis, demande le divorce et se met en ménage avec son jeune amant. L'année 1910 est favorable à sa peinture : Printemps, Petite fille au miroir, Adam et Eve, *etc.,* ainsi qu'à celle de son fils : Le moulin vert, Eglise de Saint-Gervais à Paris, La place Saint-Pierre à Montmartre. *Le marchand Libaude achète plusieurs toiles à Utrillo.*

Au petit matin, les flics sont venus sonner au 12 de la rue Cortot. Mousis est descendu ouvrir. Deux agents encadraient Utrillo qui portait un bandage autour de la tête.

— Il a fallu l'emmener à l'hôpital tellement ils l'ont

tabassé. C'est qu'avec les voyous des barrières, il ne faut pas plaisanter !

Ce n'était pas la première fois que Maurice se faisait raccompagner comme un malfrat. Après les remerciements et les salutations bâclées, Paul a poussé son beau-fils dans l'escalier. L'ivrogne est allé se cogner contre le mur : « Si seulement ils avaient pu t'assommer pour de bon ! » Lorsque son beau-père l'a frappé, Maurice n'a pas protesté :

— Misérable loque ! Tu n'as même pas le courage de te défendre !

Encore étourdie de sommeil et toute décoiffée, Suzanne s'est avancée sur le palier : « Quel vacarme ! Qu'est-ce qui lui est encore arrivé à celui-là pour qu'il ait le crâne bandé comme un opéré ? » Elle n'a pas eu le temps d'en dire plus. Son fils s'est retrouvé enfermé dans sa chambre, un coup de pied dans les fesses. Paul a agité la clef sous le nez de Valadon qui, hautaine et méprisante, a regagné son lit en mettant son mari en garde contre la vulgarité et sa vengeance. Mais le fondé de pouvoir a refusé d'entendre l'avertissement. Il a réveillé les voisins en hurlant :

— Je le fous à la porte ! Tu m'entends ? Cette fois, je le fous à la porte !
— Comme tu voudras. C'est toi qui décides… après tout tu es ici chez toi ! Nous ne sommes que tes invités !

Le maître de maison a tenu parole. Il a exigé de la vieille Madeleine qu'elle prépare la valise de Maurice, puis il est allé réveiller l'ivrogne qui n'a compris son infortune qu'à l'instant où la porte cochère se refermait sur lui. Après avoir erré dans le quartier, le banni a trouvé asile chez Marie Vizier, la patronne de la Belle Gabrielle, puis, deux ou trois semaines plus tard, chez César Gay, un ancien gardien de la paix qui s'est établi logeur et marchand de vin, très précisément rue Paul-Féval, à l'enseigne du Casse-Croûte.

— C'est pas cher pour ce que je t'offre !

Le prix de la pension est de cinq francs qu'il faut trouver tous les jours, car le bonhomme bâti sur la méfiance se refuse à faire crédit. Maurice s'est donc vu dans l'obligation de gagner sa vie. Au dire des badauds, il a rarement couvert autant de toile. Ses pinceaux n'ont même plus le temps de sécher. La rapidité d'exécution (il peint un tableau en une séance) ne nuit en rien à la qualité de ses paysages qui, singulièrement, et alors qu'il se perd dans l'alcoolisme, n'ont jamais été aussi pathétiques. L'émotion que la bouche tait, la main l'avoue avec une frénésie qui frappe le passant arrêté dans sa course par la silhouette gesticulante du peintre. Et gare à celui qui vient jeter un coup d'œil à la toile en cours. Depuis qu'il a conquis son indépendance, Utrillo refuse les regards indiscrets et plus encore les commentaires. Si l'on approche de son chevalet au pied duquel s'alignent les bouteilles, il pousse des cris ou essuie ses pinceaux sur son visage pour affoler les curieux. Et lorsque la colère le prend, il leur lance ses chaussures à la figure. Sa folie a gagné sa technique. Au plâtre, il ajoute les coquilles d'œufs de son déjeuner :

— Je veux, sacré nom de Dieu, que mes façades soient plus vraies que nature !

Plus vrai que nature ? N'est-ce pas là une prétention de dément ? Un fournisseur du peintre, le père Soulié auquel Maurice achète tous les jours un tube de blanc ou de nouveaux pinceaux quand il a cassé les siens dans une crise de rage, le vieux Soulié n'est pas de cet avis : « A ton allant, je vois mon garçon qu'aujourd'hui encore tu vas nous torcher un chef-d'œuvre en moins de trois mouvements ! » Il n'est pas le seul à s'intéresser au travail de l'ivrogne. Sérat et Boucot, deux brocanteurs astucieux, partagent cette opinion : « ... d'ailleurs, on n'a rien à perdre en achetant ses croûtes ! On en aura toujours pour l'argent qu'on lui donne ! » Pourtant, sur la Butte, les avis divergent :

— Utrillo ? Demandez donc à ceux du Bateau-Lavoir ce qu'ils pensent de ses tableaux ? Ils vous riront au nez !
— Libre à eux ! Moi, j'aime mieux avoir un Utrillo dans ma salle à manger qu'un Picasso !

Mais pour en revenir à Mousis dont chacun a souligné la force de caractère et reconnu le bon droit, sa victoire a été de courte durée, car à peine Maurice avait-il quitté une maison où il n'était plus désiré que sa mère, poussée par le même courant d'air, disparaissait à son tour. Emportée par un tempérament qui a repris ses droits, Suzanne vit à deux pas du domicile conjugal — impasse Guelma — un amour scandaleux avec le jeune Utter vaincu par les charmes d'une femme qui a pris soin d'oublier qu'elle a dépassé la quarantaine.

— Vrai... celle-là ne redoute rien !
— Elle portera des cornes avant peu de temps !

Si l'on en croit la rumeur, le feu que vient d'allumer le bel André n'est pas près de s'éteindre. Mariée depuis treize ans à un homme aussi riche que sérieux, Suzanne vient de demander le divorce : « L'ennui, c'est comme la lèpre ! Mieux vaut couper le membre atteint que de laisser la maladie gagner tout le corps ! » Voilà une femme qui sait ce que parler veut dire. Et n'a-t-elle pas répondu à sa mère qui la questionnait sur les raisons de ce soudain désengagement :

— Entre Paul et la peinture, mon choix est fait !

La vieille s'est fâchée. D'après les miettes de conversations qu'elle a pu glaner par-ci par-là, elle a compris que le jeune Utter avait quelques idées sur la barbouille, surtout depuis qu'il fréquentait sa fille au plus près, mais de là à faire de lui une muse au masculin, non !

— A t'entendre parler de la sorte, je me dis que le monde est plein d'hypocrisie et toi avec !

246

Si Madeleine peut douter de la bonne foi de sa fille, Mousis, lui, a des raisons de croire à la révélation ; rue Cortot où il vit toujours, *Adam et Eve*, la dernière œuvre de Valadon qui n'a pas craint de faire poser André en tenue de peau, trône toujours au centre de l'atelier déserté.

Ah, que les cocus sont heureux !
Que je voudrais l'être comme eux !

Certain soir d'ivrognerie, alors qu'il désaltérait son incorrigible soif chez Marie Vizier, la patronne de La Belle Gabrielle, une maîtresse femme dont il est amoureux, Utrillo a appris la nouvelle. C'en était fini de Mousis ! Le fondé de pouvoir, après avoir entonné l'air de la trahison devant le voisinage attendri et scandalisé : « ... faut-il avoir la fringale au ventre pour abandonner un emploi d'épouse aussi avantageux ! », venait de quitter la rue Cortot suivi de ses meubles et de son prestige encorné.

— Pour une nouvelle... c'est une nouvelle du tonnerre de Dieu ! Ma mère divorce ? Bravo ! Je vais aller de ce pas lui présenter mes compliments !

Marie Vizier à qui l'amour du gain a donné présence d'esprit et promptitude du geste, a retenu son client par la manche. De sa voix aguichante, elle a proposé une tournée générale aux frais des témoins :

— Qui offre un verre à Maurice pour le féliciter d'avoir trouvé un beau-père plus jeune que lui ?

Dans le bistrot, toutes les mains se sont levées. Ce n'est pas tous les jours qu'on a l'occasion de célébrer un cocufiage aussi tapageur. Au milieu de la soirée, pendant que derrière lui on fabriquait des quolibets destinés au nouveau couple, Maurice, las de la verticalité, s'est abattu foudroyé. « Je ne sais pas si c'est le bonheur... Maumau a tenu ses dix litres ! », a crié Marie en applaudissant le record. Le lendemain matin, un ami de la patronne a trouvé l'ivrogne couché dans le caniveau. A peine réveillé, il s'est précipité non pas chez sa mère comme il en avait l'intention la veille, mais chez le vieux Soulié où il a acheté l'inévitable tube de blanc et de l'huile de lin. Muni de son matériel et de son chevalet, il a filé boulevard de Rochechouart où il a bientôt semé la panique...

Madame,

Nous avons le regret de vous signaler un incident qui aurait pu avoir de graves conséquences. Hier matin, votre fils, Maurice Utrillo, alors qu'il était en état d'ébriété, s'est jeté au-devant d'un de nos omnibus. Il a délibérément arrêté la circulation en se couchant devant la machine, puis il a demandé qu'on l'écrase. Le conducteur a dû user de la force pour dégager la voie. Nous vous demandons d'intervenir énergiquement pour éviter le renouvellement d'un tel acte qui nous obligerait à porter plainte.

Nous vous prions d'agréer, Madame, l'expression de nos sentiments très distingués.

Pr la Cie des Omnibus
Le directeur général

Tout en repliant la lettre, Suzanne a éclaté de rire, mais Utter qui se plaît à tenir le rôle du beau-père ne l'a pas entendu de cette façon : « Ton fils a dépassé les bornes ! » La discussion s'est bien vite envenimée malgré les gémissements de Madeleine qui ne supporte plus qu'on crie autour d'elle. Tout en vidant un verre de vin blanc, Valadon a hurlé que la Compagnie des Omnibus la faisait chier ! parfaitement, chier ! Le fils de Puvis de Chavannes avait bien le droit de montrer son cul à la rue ! Interloqué, Utter a demandé :

— Puvis de Chavannes ? C'est nouveau ! Je croyais que Maurice était le fils d'Utrillo !

— Crois moins, et pense davantage ! Et puis, je connais assez mon fils pour savoir qu'il ne songeait pas au suicide ! Il aime trop la peinture pour se donner la mort !

Suzanne remontait le sentier des certitudes maternelles, lorsque le père Gay est venu frapper à la porte. Le béret à la main et l'air emprunté, il apportait des nouvelles du rescapé. « Le conducteur l'a frappé comme s'il était une bête féroce ! Maurice a déliré toute la nuit. Ce matin, ma femme a trouvé les murs de sa chambre couverts de peinture, que c'en est bien fâcheux pour le papier qu'il faudra remplacer ! » Au lieu de se désoler, Valadon a battu des mains :

— Bien, mon fils ! C'est ça, être peintre... ne pas pouvoir s'empêcher de dessiner, d'étaler de la couleur... n'importe quand, n'importe où... sur n'importe quoi !

L'ancien gardien de la paix a remis son béret sur sa tête et a quitté les lieux en grommelant : « Maumau sait de qui tenir ! Sa mère est aussi folle que lui ! La peinture devrait être interdite aux femmes ! » Sur le palier deux nouveaux voisins, Braque et Dufy, étaient en train de discuter. Ils ont demandé des nouvelles de Maurice au père Gay. « Tout me dit que les étrangers s'intéressent plus à ce malheureux dingo que sa famille ! » Les trois hommes se sont séparés. Avant d'entrer dans son atelier, Braque a soupiré : « Quels phénomènes, ces Valadon, et Dieu qu'ils sont bruyants ! » Au même instant, et comme pour lui donner raison, la voix criarde de Suzanne a résonné dans le couloir suivie aussitôt par l'aboiement d'un des chiens qu'Utter a fait taire. Dufy a disparu en riant :

— Ne t'inquiète pas, ils ne resteront pas longtemps ici ! La place va leur manquer... ils remuent tellement d'air !

Et de fait, au 5 de l'impasse Guelma, le trio — et lorsqu'il viendra leur rendre visite entre deux échappées, Maurice — ne résidera que quelques saisons, le temps pour Suzanne, rendue à la création par l'amour qu'elle porte à son amant, d'achever une série de portraits ; le sien trônant parmi ses intimes, celui de la vieille vaincue par le sort, celui aussi d'Utrillo qui, malgré les excès, a conservé son air rêveur ; visages d'amis ou de voisins au profil découpé sur un fond de fleurs.

— Je crois que celui-là, je vais le mettre de côté pour l'exposer au Salon d'Automne !

D'un lieu a un autre

Poussés par la nécessité de se loger plus grandement, et malgré leurs maigres ressources — le salaire d'électricien d'André se compte sans reprendre souffle et les dessins de Suzanne, s'ils attirent les éloges de la critique, ne se vendent pas plus de trois francs — les amoureux se sont mis à la recherche d'un lieu pour abriter leurs affrontements quotidiens. Par un heureux hasard, au 12 de la rue Cortot, sous l'ancien atelier de Mousis, le peintre Emile Bernard, un mégalomane qui a placardé sur sa porte cet avertissement : « *Que celui qui ne croit pas en Dieu, en Raphaël et en Titien n'entre pas ici !* », a laissé un atelier libre.

Quelques jours plus tard, et bien qu'ils ne respectent pas les trois préceptes de l'ancien locataire, Suzanne et sa suite se sont installés dans ce nouveau local. Utrillo y trouvera-t-il une place ? Certes ! A droite de l'entrée, une petite chambre donnant sur la rue lui est destinée. C'est là que le pochard enfermé certains jours parce qu'il aura trop bu la veille peindra des vues de Paris d'après les cartes postales qu'il aura achetées place Pigalle.

— André, qu'as-tu fait de mon bleu de cobalt ?
— Demande à ton cinglé de fils ! Tu sais bien que je ne
m'en sers pas !

Devant son chevalet, Suzanne maudit les deux gaillards
qui, lorsqu'ils sont en panne de fournitures, chipent les siennes. « Je t'interdis de te servir de mes pinceaux ! Et n'accuse pas Maurice ! Celui avec lequel tu peins est à moi ! »
Sur le tableau qu'elle s'apprête à terminer, une jeune fille
nue regarde sa cuisse à l'aide d'un miroir. « Pourquoi lui
as-tu fait prendre une pose aussi compliquée ? » Valadon
va répondre qu'elle n'apprécie rien tant que le manié-
risme... et puis, de quoi je me mêle ?... lorsqu'un pas
reconnaissable entre tous se fait entendre dans le couloir.
Maurice glisse son visage fatigué dans l'entrebâillement de
la porte. Il regarde la toile sur laquelle sa mère est en train
de travailler. Utter l'interpelle d'une voix moqueuse :
« D'où viens-tu ? De traiter des affaires ? » Et comme
Utrillo ne se décide pas à entrer, sa mère pose ses pinceaux
à côté de la palette :

— Qu'as-tu encore fait pour avoir une mine pareille ?
— J'ai été salement malade !

Tout en cherchant son paquet de cigarettes, Valadon lui
ordonne de fermer la porte : « J'imagine que tu as encore
pris une bonne cuite ? » Maurice hésite à répondre :
« C'est-à-dire qu'on a célébré mon succès ! » De l'autre côté
de l'atelier, Utter s'esclaffe : « Alors, c'est donc vrai ? On
me l'avait bien dit, mais je ne voulais pas y croire. Le père
Sagot t'a offert cinquante apéritifs ? » Suzanne se retourne,
suffoquée :

— Cinquante apéritifs ? Mais ce salaud cherche à te tuer !
Et de quel succès s'agit-il ?

Maurice serre ses mains l'une contre l'autre. Il ne sait
pas comment raconter la nouvelle à sa mère : « Il paraît...

251

enfin, heu... » Suzanne s'impatiente : « Dois-je aller chercher les mots dans ta bouche ? »

— Il paraît que dans un bric-à-brac du marché de Clignancourt, un connaisseur a trouvé une de mes toiles. Elle est passée à la salle des ventes où... eh bien, elle a bénéficié d'une enchère inattendue.

André s'approche d'Utrillo dont il entoure affectueusement les épaules : « Si je comprends bien, le succès t'effraie ? Aussi serait-il préférable que quelqu'un s'occupe de tes affaires à ta place... moi, par exemple ! » Intriguée par cette allusion, Suzanne invite Utter à s'expliquer.

— Au lieu de laisser Maurice entre les griffes de ces rapaces, je pourrais monnayer sa peinture. Parce que maintenant qu'une toile est passée en salle, les autres peuvent suivre !

Valadon jette sa tête en arrière :

— Toi, mon garçon, tu as trop d'envergure pour rester électricien !

Marie Vizier

Comme je dis à tous ces soiffards qui fréquentent mon établissement et discourent au fil de leur ivrognerie : « Vous vous moquez parce que c'est une femme ! Si elle portait le pantalon et la moustache, vous applaudiriez. D'abord, lequel d'entre vous détourne l'œil devant le cul d'une pouffiasse qui a vingt ans de moins que vous ? » Sur ce, ils ricanent en tirant sur leur brûle-gueule. Quand on n'a rien de mieux à se mettre sous la main, on se cramponne au dépit. « Qu'est-ce que tu connais des hommes, Marie ? Ce n'est pas parce que tu leur sers à boire qu'ils te confient le fond de leur pensée ! » Le fond ? Tu parles ! La surface me suffit !

Comme je dis à tous ces bavards, si Suzanne et sa quarantaine bien sonnée... tiens, en voilà une qui va faire l'économie de ses futurs anniversaires ! déjà qu'elle a demandé à Utter de se laisser pousser la barbe pour faire plus âgé !... mais qu'est-ce que je disais ? ah oui, si la peintresse trouve le bonheur dans les bras d'un gars qui essuie encore sa morve sur ses manches, pourquoi s'en priverait-elle ? Au lit, rien ne vaut un beau corps tout neuf ! Evidemment, cette liaison ne plaît guère aux gourgandines que le blondinet renversait dans les coins. Et dire le succès que celui-là s'est taillé, c'est quasiment impossible, même pour une langue aussi bien pendue que la mienne. N'empêche, il faut l'entendre aujourd'hui, l'électricien de la station Trudaine ! Parce qu'il ne faudrait pas se tromper ! C'est lui, le jeune, qui est le plus amoureux : « Suzanne, voilà une femme ! »

Mais oui, mon petit gars ! « Suzanne, voilà une vraie dame ! » Mais oui, mon petit gars, jusqu'au jour où tu la traiteras de vieille mémé ! En attendant ce revirement, il aligne les adjectifs sur le zinc des bistrots du quartier... SENSUELLE, INTELLIGENTE, FOUGUEUSE, GÉNIALE, GÉNÉREUSE ! et j'en oublie, tant le bouquet présente de profusion ! Les engueulades, les coups et les morsures au creux de l'obscurité, ils se les gardent pour l'intimité. Comme aurait dit Satie, tout ça c'est de la musique pour placard ! D'après leurs anciens voisins de l'impasse Guelma, Braque et Dufy, leur voisinage est tout bonnement insupportable. « Ils ne parlent pas, ils s'interpellent ! » Possible.

Un qu'on a quasiment oublié, c'est le cocu. Décidément, on ne tient pas grande place dans la mémoire des gens. Il faut dire que Mousis avait déserté depuis longtemps les lieux où l'on s'amuse pour se consacrer à la maison Bel et Sainbénat qui prospère du côté de Notre-Dame-de-Lorette. Son foyer, entre parenthèses, il prenait l'eau depuis pas mal de temps, a fait naufrage avec la maladie de Maurice. Enfin, c'est ce qu'on raconte. Moi, je n'en crois rien et comme je réponds à ceux qui colportent cette fausseté : « Quand on veut se débarrasser de son chien, on dit qu'il a la rage ! » La preuve ! A peine Valadon avait-elle demandé le divorce : « Je veux ma liberté, garde ta fortune ! » que Mousis trouvait chaleur et réconfort ailleurs : « Je te rends tes tableaux, tu me laisses le reste ! » Ces deux-là ont oublié d'être sentimentaux. Ils ont mis fin à treize ans de vie conjugale. Si par hasard tu me croises, tu peux toujours me saluer. Tu verras bien si je te réponds !

« Etre à l'abri du besoin et s'acoquiner à son âge avec un jeunot qui a un petit métier ! Faut pas avoir de plomb dans la tête ! » Petit métier ? La bouchère est généreuse. Avant la fin de l'année, si l'on veut m'en croire, Utter ne sera plus électricien. Son occupation lui donne la migraine. Il deviendra comme tous ces fainéants visités par l'art. En parlant d'art, je songe à ce pauvre Utrillo. Je l'ai hébergé, le temps qu'il trouve une pension. On vous dira que c'était par intérêt. C'est vrai qu'il m'a donné des toiles. Je ne les cache pas. Elles sont sur les murs et je préfère encore les tableaux de cet ivrogne à du papier à fleurs. Cela dit, je ne suis pas assez déraisonnable pour croire qu'elles valent une fortune. Heuzé et Depaquit savent combien je suis patiente avec Utrillo même si parfois je le rabroue ou le fiche à la porte. « Maurice est amoureux de toi, Marie ! Tu as bien vu comme il est jaloux lorsque tu plaisantes avec d'autres ! Si tu lui sacrifiais une nuit pour le délester de son puce-lage ? » Et quoi encore ? Je n'ai pas de nuit à offrir à un poivrot ! S'il a tellement envie de s'initier à la chose... mieux vaut tard que jamais !... qu'il couche avec ma bonne ! Un peu d'amour contre un tableau. Donnant, don-nant. Après tout, je paie cette fille assez cher ! Elle peut bien soulever ses jupons pour faire plaisir à un gars en man-que d'affection. Parce que bonnes gens, je ne sais pas si Madeleine l'a bercé du temps où elle avait son raisonne-ment en son entier, mais ce qui est sûr, c'est que sa mère l'a accouché par erreur. Valadon ne flamboie que pour les hommes et la peinture. Au lieu d'élever son enfant, entre deux rendez-vous galants elle a appris à se servir d'un crayon. Il paraît que les plus grands lui ont fait des serments à l'époque où elle était encore assez belle pour avoir qua-tre amants à la fois, ce qui n'est plus le cas maintenant. Géniale ou pas, la quarantaine c'est la quarantaine !

« La peinture, c'est aussi toxique que l'alcool ! Quand on y a touché, on ne peut plus s'en passer ! » Même triple soûl, Maurice ne pense qu'à la barbouille. Pas plus tard que la semaine dernière, j'ai dû me fâcher pour de bon. Figurez-vous que je m'étais absentée. En rentrant, qui est-ce que je trouve installé chez moi ? Utrillo en personne. « Je vois que je n'ai plus à t'inviter ! Par où es-tu passé ? » Assis au fond de la salle, il finissait une bouteille d'absinthe. « Je la porterai sur ton ardoise ! Tu n'as pas à te servir en mon absence ! » Maurice, ce n'est pas des boyaux qu'il a dans le ventre, mais une tuyauterie ! Il avale n'importe quoi sans sourciller. César Gay chez qui il loge la moitié du temps vous racontera qu'il distille aussi bien de la benzine que de l'eau de Cologne. Il n'y a que l'eau qui le rende malade. « Je suis passé par la fenêtre ! », a-t-il fini par me répondre. « Celle de la ruelle était ouverte. Je connais ta maison par cœur. C'est comme si je l'avais construite moi-même ! » Ça, pour repérer les détails, on peut lui faire confiance. Il les mesure avec un fil à plomb. Sur ses toiles, il ne manque que les crottes des chiens. Alors que je débarrassais les tables, il a levé la tête : « Tu devrais faire un tour du côté des waters. Je n'ai pas pu résister au désir de leur donner un petit air de gaieté ! » Mon sang n'a fait qu'un tour. Je me suis précipitée dans les cabinets. Pendant mon absence, ce cochon avait peint sur les murs. « Espèce de dégoûtant ! Tu vas me nettoyer tout ça ? » Il a pris son air de chien battu : « Je croyais que ça te ferait plaisir ! Je vais aller chercher une bouteille d'essence ! »

Quand les copains, Utter compris, ont appris la nouvelle, ils sont venus ces arrogants, me donner une leçon : « Quelle erreur tu as faite ! Ces fresques dans peu de temps auraient valu de l'or ! C'est à qui aurait payé pour visiter tes waters ! » Ce n'est pas parce que Sagot et quelques autres fous achètent des toiles à Maurice que sa peinture va valoir des sous. « Je vais monter l'affaire du siècle ! C'est à celui qui voudra son Utrillo ! Même Picasso en sera jaloux ! Quant à Libaude qui pointe son nez, j'ai l'intention de lui tenir la dragée haute ! » Quel culot, cet Utter ! « Allez, Maumau, torche-leur quelque chose ! On va vendre Montmartre à ces gogos ! » Moi, je veux bien qu'on leur vende tout ce qu'on veut, sauf mon établissement. Et que ces marchands d'esbroufe ne s'avisent pas de venir me demander les toiles qui sont sur mes murs. J'attendrai pour m'en défaire qu'elles valent une fortune ! Ce jour-là, les poules auront des dents !

La nature m'apporte le contrôle de vérité solide pour la construction de mes toiles conçues par moi mais toujours motivées par l'émotion de la vie.

Suzanne VALADON.

1910-1913.
Rue Cortot.
Utter exerce une influence bienfaisante sur Suzanne qui, plus que jamais, s'adonne à la peinture. Elle fait un séjour en Bretagne, à l'île d'Ouessant, en compagnie de son fils et de son amant. Elle en ramènera de très beaux paysages.
Utrillo signe un contrat avec le marchand Libaude. Plusieurs amateurs, dont Octave Mirbeau et Elie Faure, s'intéressent à son œuvre. Maurice partage son temps entre le Casse-Croûte du père Gay, le bistrot La Belle Gabrielle, et la rue Cortot, où vivent Suzanne, Utter et Madeleine. En 1912, il fera un séjour dans une maison de santé à Sannois.

Bien que ses toiles se vendent mal, la renommée de Valadon n'a fait que grandir. Au cours des quatre années qui viennent de s'écouler, on a pu admirer son œuvre à l'occasion d'une exposition personnelle chez Clovis Sagot, au Salon d'Automne et à celui des Indépendants, enfin chez Berthe Weill où elle a exposé quelques tableaux en compagnie de sept autres artistes de grand talent. Sa production n'a jamais été aussi impressionnante. De *L'avenir dévoilé*, grande mise en scène à l'horizontale où l'on voit une femme nue allongée sur un canapé se faire tirer les cartes par la bohémienne agenouillée sur un tapis, à *Marie Cola et sa fille Gilberte* (sa demi-sœur et sa nièce), superbe toile où mère et fille affrontent le spectateur du haut de leur gravité, avec le fameux *Portrait de famille* et quelques belles natures mortes, ce ne sont qu'œuvres fortes et si personnelles que le monde de la peinture s'en étonne.

— Cette femme-là peint comme un homme !
— Dommage qu'elle n'en soit pas un !
— Diable ! Et pourquoi ?
— Parce que les amateurs se refusent à acheter les œuvres des femmes !

De son côté, Utrillo atteint par le mal de vivre récite à longueur de journée le délire éthylique. Ne l'appelle-t-on pas sur la Butte, où ses crises de delirium mettent le bon peuple en émoi, « Litrillo » ? Pour le malheur de son foie, Maurice commence à vendre lui-même ses cartons. L'encadreur Anzoli, puis le père Sagot qui tous deux font commerce avec un peintre dont les exigences ne dépassent jamais la soif du moment, poussent la générosité jusqu'à lui assurer plusieurs cuites par jour. « Sont pas radins... suivant la taille, cinq à dix francs par tableau... ce qui représente douze bouteilles... si avec ça, a pas de quoi se consoler ! »... auxquelles ces bonnes âmes ajoutent parfois une chopine de grand-marnier ou un flacon de chartreuse verte. Ainsi alimentées, l'agitation et la fureur ne quittent plus Maurice. Lorsqu'il n'est pas aux prises avec les gamins qui se moquent de lui ou donnent des coups de pied à son chevalet, il harangue une foule imaginaire, jette des pierres aux réverbères, insulte les femmes enceintes dont il exècre le ventre proéminent, ou tire les cheveux des filles qui ont l'imprudence de passer à sa portée.

La rue Saint-Rustique, par Maurice Utrillo
(cl. Giraudon, © by SPADEM, 1984)

— Au lieu de se rincer le gosier à toute heure, ferait mieux de se laver... et que c'est à se demander, avec cet air qu'il a de sortir d'un égout, si finira pas clochard ?

Depuis qu'il a perdu la protection contraignante mais efficace de Mousis, Maurice erre de bistrot en bistrot et de commissariat en commissariat. Après l'avoir battu pour lui inculquer l'abstinence, les flics soudainement intéressés par l'art le mettent à l'ombre, le temps d'amadouer le récalcitrant : « Juste un petit tableau ! La semaine passée tu en as bien fait deux pour le brigadier ! » Ecroulé contre le guichet, Maurice essuie ses yeux troubles. Dans sa face couleur de mur sale, seules les lèvres bougent :

— Donnez-moi d'abord un verre !
— Deux, si tu veux !

La tête malade et le cœur habité par de tristes sentiments, Maurice se plaint à ses amis : « Je suis toujours en train de turbiner ! Où que j'aille, on exige de moi des tableaux ! » Et de fait, depuis qu'André Utter a signalé à la commune de Montmartre qu'il allait se charger de monnayer l'œuvre d'Utrillo à la place des margoulins qui font fortune sur son dos, c'est à qui obtiendra une gouache, un morceau d'aquarelle ou une huile qu'il n'est évidemment pas question d'accrocher aux murs de la salle à manger où règne certain coucher de soleil d'un esthétisme plus sûr, mais de conserver dans le placard aux bonnes affaires.

A PROPOS DE TABLEAUX

— C'est trop injuste !

Le pas d'Utter martèle le plancher de l'atelier que vient de quitter le marchand de Suzanne. Avant de partir, l'homme s'est plaint : « Je ne comprends pas... de si belles toiles... et si puissantes ! Je crois que j'aurais plus de chance avec Utrillo qu'avec vous. Les gens préfèrent une vue de Montmartre à un nu, aussi émouvant soit-il ! De plus, ils regrettent que vous soyez une femme. »

— Qu'à cela ne tienne ! a répondu Suzanne avec mépris. Vendez les toiles de mon fils ! Ce qui compte pour moi, c'est de peindre. Si les amateurs ne veulent pas de ma peinture, qu'ils la laissent. Je ne porterai pas de pantalon ni ne changerai de manière pour leur plaire !

Utter ne partage pas le calme de sa compagne qui a pris le parti d'ignorer ce que pensent les autres. « Ton œuvre est tellement supérieure à celle de ton fils ! » Bien que flattée par une affirmation qu'elle partage probablement dans le secret, Suzanne ne le laisse pas poursuivre : « Sa peinture est différente de la mienne ! » Utter insiste. Son enthousiasme est assez solide pour ne pas plier immédiatement :

— C'est de la jolie barbouille !
— Maurice a du talent et de la personnalité... je l'ai dit l'autre jour dans l'atelier de Juan Gris où l'on se foutait de lui sous prétexte qu'il peint d'après des cartes postales. Ça me dérangerait si tu suivais l'exemple de ces pédants !

Sur cette déclaration, Valadon se lève. Elle va jusqu'à la porte qu'elle entrebâille : « Maurice ! Viens tout de suite... nous avons à te parler ! » Dans la pièce d'à côté, Utrillo pose ses pinceaux en ronchonnant... ces deux-là vont encore me chercher noise ! Il se traîne jusqu'à l'atelier où Suzanne l'accueille par une question brutale : « Combien de toiles as-tu données à Marie Vizier depuis le début de l'année ? Et ne me raconte pas de craques ! Combien de toiles as-tu données à cette rapace ? » Maurice jette un regard furieux à sa mère :

— C'est pour ça que tu me déranges ?
— Réponds !
— Je n'en sais rien... est-ce que je compte les toiles que je donne !

Utter a repris sa marche. Il croise Valadon au milieu de la pièce, lui adresse un clin d'œil complice, puis se tourne vers Maurice : « Comment veux-tu que nous fassions des affaires ensemble ? C'est à qui te soutirera un tableau ! Quand ce n'est pas Frédé, le patron du Lapin Agile, c'est le père Soulié, ou ce fou de Sagot, ou le vieux Gay, ou n'importe quel malin qui t'offrira un verre au bon moment ! »

— La soif, ça ne se commande pas... et maintenant, est-ce que je peux retourner travailler ?
— As-tu vu dans quel état elle te met, la soif ? En deux ans, tu t'es transformé en clochard. Sais-tu ce que raconte Picasso ? Il dit que rien que de t'approcher, on est déjà soûl !

Utrillo se sait vaincu... qu'est-ce que Picasso connaît de la solitude ? et Utter, que sait-il de la souffrance ? bande de cons blanchis au soleil ! ils ne savent que rafler mes toiles !

— Ta peinture plaît... On vient de nous le dire à l'instant. Je me charge d'en assurer la vente. Avec cet argent nous pourrions vivre à l'abri du besoin et peindre tous les trois... Oui ou non, veux-tu que je m'occupe de tes affaires ?

Maurice bougonne un assentiment. Du moment qu'on le laisse en paix, tout lui est égal. Qu'on fasse au mieux en ses lieu et place, il n'y voit pas d'inconvénient :

— Si vous me serviez un coup de rouge pour fêter l'événement ? J'ai besoin de me raccommoder l'estomac !

Alors qu'elle allait quitter la pièce, Valadon revient sur ses pas. Elle fixe avec dureté Utrillo qui fait mine de l'ignorer en jouant avec une boîte d'allumettes... Et dire que j'ai tant aimé mon fils ! Il aura bientôt la tête branlante d'un gâteux ! Ce n'est pourtant pas faute de lui avoir balancé des claques !

— Tu ne penses donc qu'à te ramoner la gueule avec du vitriol ?

> *... au cours de ces maudites années d'ivresse et de débordement, les humiliations qui lui furent infligées l'ont fait chercher dans la peinture l'unique consolation dont il avait besoin pour réagir contre l'indifférence, la bêtise ou la haine des gens qui l'entouraient...*
>
> Francis CARCO.

En ce printemps 1912, Utrillo traîne sa mélancolie le long des ruisseaux où il lui arrive de dormir, le coude replié sous la tête protégée par son chapeau crasseux. Il erre, sale et hagard, jusque dans les quartiers lointains de la Chapelle où les voyous s'amusent à l'enduire de cambouis, à moins qu'il ne soit à la recherche d'un verre ou d'un morceau de pain qu'il ramassera, s'il le faut, dans la gamelle d'un chien. Oh, ce n'est pas qu'il a grand faim ! L'alcool a porté un dernier coup à son appétit modeste. Sur son corps amaigri par la fatigue et les mauvais traitements, sa graisse d'éthylique a fondu avec le froid. Il raconte à ceux qui lui prêtent oreille que c'est la faute de son estomac, qui ne digère plus que l'absinthe et le gros rouge, s'il se rabougrit comme un cep de vigne : « Je ne me sens d'aplomb sur mes guibolles qu'après avoir bu la première bouteille ! » Rien de tel que le feu de l'alcool pour cautériser les plaies. Mais allez expliquer ça rue Cortot !

— Il paraît que la dernière fois que tu leur as rendu visite, tu as failli tuer Galanis, le voisin d'en dessous, en balançant un fer à repasser par la verrière !
— Je ne m'en souviens pas... vrai, je ne me souviens de rien... ça me prend, la colère... c'est plus fort que moi, et puis après, hop ! envolée !

Les patrons des troquets se méfient de ce client dangereux, car l'ivrogne n'hésite plus à casser les verres pour peu qu'on l'y encourage ou qu'on s'oppose à sa volonté.

— Si tu continues, mon gaillard, tu ne trouveras bientôt plus une porte ouverte !
— Pas de risque... depuis qu'Utter m'a fait signer un contrat avec Libaude, ils s'arrachent mes toiles. Ma période blanche, comme ils disent ! Qu'est-ce qu'ils ne donneraient pas, ces mondains, pour que je leur torche une église !

Pourtant, avec la progression du printemps, l'état du peintre s'est aggravé. Il est devenu courant qu'on vienne réveiller Suzanne en pleine nuit :

— Madame Valadon... venez vite ! Maurice a encore tenté de se briser le crâne contre les murs !

Le malheureux est au poste de police. Un agent l'a trouvé au milieu de la rue. Il ronflait dans une flaque de vomissure. Au brigadier qui a tenté de le ramener à la raison, il a demandé qu'on le tue.

— Je veux que toute cette charognerie crève en moi !

Lorsque Suzanne apparaît dans le commissariat, on s'écarte avec respect devant elle. Etre la mère d'un soiffard pareil n'est pas une sinécure. Drapée dans un châle qu'elle a jeté sur ses épaules, ou cachée sous une longue cape, Valadon se penche, épouvantée par la déchéance, au-dessus de l'ivrogne. Etendu sur le sol, il tremble de tous ses membres.

— Oh misère ! Mais que puis-je faire ?
— Le renvoyer à l'asile !
— A Picpus, on les désintoxique !

Au mois de mars de la même année, Utrillo quitte Montmartre pour Sannois où il va suivre une cure de désintoxication dans une maison de santé que des amis ont conseillée à Suzanne. Porteur d'une valise suspendue à son épaule par une ficelle, de sa boîte à peindre et de son chevalet, il salue au passage les amis Depaquit et Heuzé qui, la larme à l'œil, le regardent disparaître :

— Cette garce de Valadon et son amant n'ont même pas la reconnaissance du ventre... si ce n'est pas un malheur de le voir partir seul !

Sannois, le 30 avril 1912

Ma chère mère,

Je m'empresse de t'écrire car je n'ai que de bonnes nouvelles à te communiquer. En arrivant ici, l'alcoolique que je suis a trouvé la paix dont il avait besoin. Rien à voir avec Sainte-Anne, où je me suis senti si malheureux. Le docteur Revertegat qui dirige l'établissement est un homme bon. Non seulement il ne nous traite pas comme des individus dangereux, mais il nous laisse la liberté de circuler dans la maison et dans le parc qui l'entoure. Sa confiance en mon endroit est si grande que je ne veux pas le décevoir. Aussi ai-je pris la décision de lui prouver que je n'étais pas fou comme certains le prétendent.

Bien que je ne boive plus de vin, j'ai déjà fait plusieurs toiles dont je suis content. Je m'intéresse aux jardins, à la nature, et je suis tes bonnes instructions. J'ai demandé la permission d'aller peindre sur le motif en compagnie d'un infirmier qui me surveille de près au cas où la soif réapparaîtrait soudainement. Il y a toujours un bistrot quelque part et si j'étais repris par mes démons, je n'hésiterais pas à faire des kilomètres.

Chaque soir, le docteur Revertegat vient me rendre visite. Je lui raconte mes fantaisies passées, par exemple comment je me suis mal tenu avec Libaude qui pourtant paie mes frais de séjour ici, ou mes démêlés avec Georges Dorival, l'acteur que j'allais réveiller en pleine nuit. Je lui parle aussi de toi, de ta grande œuvre, de ton génie, car il ne fait aucun doute que si ma place est dans un asile, la tienne est dans un musée. Utter a bien de la chance d'être aimé par une personne de ton envergure. Mais il le mérite. C'est un brave garçon, et si efficace.

Avant de terminer ma lettre je voudrais te charger de remercier pour moi Elie Faure qui t'a indiqué ce bon établissement. Bien entendu, c'est avec plaisir que j'irai avec toi et Utter en Bretagne dès que je serai guéri. Salue les amis de ma part, tout spécialement Edmond Heuzé. Au revoir, chère mère, une poignée de main à ce cher André.

MAURICE UTRILLO V.

Edmond Heuzé

— Alors, Heuzé, si tu nous racontais comment tu t'es tiré de chez ton père en emmenant ta tirelire ?

Heuzé ! Heuzé ! D'abord, ce n'est pas mon vrai nom. En vérité, je m'appelle... tenez-vous bien !... Amédée Le Trouvé. Qui se serait risqué à porter un nom aussi ridicule ? Dès l'âge de treize ans, j'ai compris que j'avais intérêt à faire carrière sous un autre titre : « Tu viens d'avoir ton certificat d'études. Le moment est venu pour toi d'apprendre un métier ! » Papa Le Trouvé, un tailleur de fringues et de morale, m'a traité de voyou lorsque je lui ai répondu que je voulais être peintre. « Pas de vaurien chez moi ! » Bien, papa ! Dans ce cas je te fais cadeau de mon souvenir. Tu pourras lui tailler un complet sur mesure !... Ne riez pas ! C'était une scène si triste que rien que d'y penser j'en chiale encore !... Auparavant, à la communale de la rue Caulaincourt, je suis devenu le meilleur copain d'André Utter ; un beau gars maigre comme une tartine d'ouvrier, avec lequel j'allais peindre sur le motif au sortir de l'école ; un beau gars dont les yeux bleus et la tignasse blonde faisaient se retourner les filles à la descente de l'omnibus jusqu'au jour où ses attributs lui ont attiré les faveurs d'un peintre de renom. Et puisque j'en arrive à cette garce de Valadon j'ajoute qu'à trois mois près j'ai l'âge de son fils Maurice, l'homme le plus pitoyable de Montmartre. Utrillo et moi, nous nous sommes connus au collège Rollin. Mon gros pif et ma tête de clown ont plu à sa tristesse.

267

Aujourd'hui encore, malgré l'océan de rouge qui nous sépare, nous sommes toujours amis.

— Au lieu de dériver côté pinard, si tu nous racontais tous tes métiers ?

Tous mes métiers ? Voilà comment on bâtit une légende. Il est vrai qu'avec les copains du coin j'ai connu la vache enragée. Mais nous, les artistes, la différence avec les miséreux des fortifs, c'est qu'on en rigole. « Vous frappez donc pas pour les fauchés de là-haut... ils mangent des harengs saurs pour se donner soif ! » Ça ne leur viendrait pas à l'esprit, à ces bien lotis de la place Saint-Georges, que c'est tout bonnement pour nous couper la faim ! Les bourgeois aiment venir rendre visite à la bohème. Ils déambulent dans le quartier à l'affût d'une bizarrerie qui leur refilera le sourire pour la semaine. « Ce soir, on va s'offrir une tranche de bonne humeur à Montmartre ! » Il faut dire que sur la Butte on a toujours bonne mine, y compris quand on se suicide. Je me souviendrai toujours de Laxine, le copain des mauvais jours. Il était alors élève de Rodin. Lui et moi vivions ensemble quand j'ai quitté Papa Le Trouvé. Lorsqu'il a sauté du pont des Arts dans la Seine, il ressemblait plus à un ange qu'à un gars de dix-neuf ans qui n'avait pas bouffé depuis soixante heures. Pour un peu les badauds l'auraient applaudi !

— Mais tu vas nous donner le cafard !
— N'est-ce pas, Edmond, qu'avant d'être danseur de claquettes, tu as levé la jambe avec La Goulue et Valentin le Désossé dans le quadrille du Moulin-Rouge ?

Qu'est-ce que je n'aurai pas fait ? Coursier, coupeur à la Samaritaine, livreur, coureur cycliste... « Toi qui voulais être peintre, il n'y a que la peinture qui n'a pas voulu de toi ! » Valadon a la langue aussi pointue que le clocher de la Sainte-Chapelle. « Quand tu étais môme et que tu peignais avec André rue des Saules, tu avais un semblant de

268

talent. Si j'avais été ta mère, je t'aurais encouragé. Quand je pense au mal que je me suis donné pour pousser Maurice au travail ! » Sacrée menteuse, à vous dégoûter à jamais de la sincérité ! Parce que, je suis prêt à le jurer, elle a été jusqu'à battre Maurice pour l'empêcher de peindre ! Au début, quand il a connu le peintre Quizet, Utrillo avait alors quatorze ans, il cachait ses toiles dans un clapier pour que sa mère ne les détruise pas !

— Et vas-y de ta rengaine ! Qu'est-ce qu'il en pense, ton copain Utter, de la façon dont tu traites sa maîtresse ?

Je ne lui ai jamais caché ce que je pensais de Suzanne ! Et puis tout ça, c'est du passé. Aujourd'hui y a plus grave. Comme on dit, un vent d'inquiétude souffle sur la colline. Pourquoi ? Mais parce que le père Soulié est mort ! Il n'étalera plus les toiles des futurs génies devant sa quincaillerie. L'Amer Picon a eu raison de lui. Quant à Sagot-le-fou, il a suivi son exemple. Il ne criera plus dans l'oreille d'Utrillo : « De la couleur, sacré coquin ! De la couleur ! Remise-moi ce blanc dans le placard ! » Je ne sais pas si vous êtes au courant, mais Apollinaire a pondu un couplet en l'honneur du cadavre : « *M. Clovis Sagot était une personnalité originale... les amateurs aimaient venir fureter dans sa boutique. Ils y trouvaient d'excellentes choses qu'il voyait partir avec regret car il savait qu'il ne vendait que des chefs-d'œuvre au-dessous de leur valeur.* » Valeur ou pas, sa veuve vient d'avouer publiquement qu'elle a une dent contre la peinture. Elle tente de vendre les dessins que son mari a amassés avec autant d'avarice que d'amour. Picasso, Van Dongen et la plupart des cubistes sont bradés à des prix si dérisoires que les collectionneurs n'ont plus envie d'acheter.

— Qu'est-ce qu'il est encore en train de raconter, Heuzé ?
— Il soliloque !

Le copain André, quant à lui, a troqué sa salopette d'électricien contre le costume de ville. Monsieur fait commerce avec Libaude, un ancien commissaire-priseur en chevaux qui prétend diriger la production de Maurice : « Nous étions convenus de six toiles par mois, or vous m'en présentez quinze. Il y en a neuf de trop ! » Pas mal, non ? En attendant le jour où les demoiselles de l'école du Louvre viendront lui expliquer sa peinture, Utrillo, à peine revenu d'une cure de désintoxication, est retombé dans son vice. Marie Vizier qui prétend tout connaître de la vie de son protégé raconte qu'une nuit de soûlographie il est monté chez un de ses acheteurs, le comédien Georges Dorival, pour lui soutirer de quoi acheter une bouteille. Il paraît que l'autre, furieux d'être réveillé, a donné l'ordre au concierge de le chasser. Maumau est monté en courant dans les étages. Sur le dernier palier, il a déboutonné sa braguette et a pissé sur son poursuivant par-dessus la rampe d'escalier. Pas mal, non ? C'est à cette époque que le trio est parti oxygéner sa folie. Après l'île d'Ouessant... « Qui voit Ouessant voit son sang ! »... les trois phénomènes sont repartis pour la Corse. J'ai reçu une lettre de Maurice. Voulez-vous que je vous la lise ? « Mon cher Edmond. La Corse est un pays d'une grande beauté. Valadon et Utter en sont épris. Ils courent le motif. Moi, je peins dans ma chambre d'hôtel des vues du Sacré-Cœur. Ma mère est en train de mettre en chantier une toile qu'elle intitulera *Le lancement du filet*. Elle a décidé qu'Utter en serait le héros et les montagnes corses le décor. André a accepté de poser nu pour elle. Je crois que ce sera une grande et belle toile qui passera à la postérité... »

— Dis donc, Heuzé, si tu changeais de refrain ? On en a assez entendu sur Valadon et ses deux hommes !

La guerre allait furieusement secouer le trio
de la rue Cortot et plonger Utrillo dans la
période la plus sombre de sa vie.

J.-P. Crespelle.

1914-1916.
Valadon exécute plusieurs grandes compositions :
Le lancement du filet *qui figurera au Salon*
des Indépendants, La couturière, *des natures*
mortes et des paysages de l'Oise. Elle épousera
Utter avant qu'il ne regagne son régiment à
Belleville-sur-Saône. Exposition particulière chez
Berthe Weill. Mort de maman Madeleine. Utrillo
est mobilisé puis réformé. Il erre dans Montmartre
où il mène une vie misérable avant de faire un
séjour à l'hôpital de Villejuif en 1916.

La guerre à laquelle personne ne croyait a éclaté. Comme
foudroyée par une attaque, la France montre, en ce début
d'août, un visage de paralysé. Après avoir assisté à l'agonie des affaires et à la fermeture des bureaux, les Parisiens
apprennent que dans les campagnes les travaux des champs
ont été ajournés. A tour de rôle, les boutiquiers ont baissé
leur rideau. Inutile de demander de l'aide à un artisan ;
avec les événements, il a perdu sa compétence et ses outils.
Les restaurants et les cafés sont fermés en fin de journée.
Quant à l'armée, elle vient de réquisitionner les autobus ;
ils auront belle allure sur le front. A part le métro et le
Nord-Sud qui fonctionnent au ralenti, les transports en

commun montrent des défaillances. Quelques tramways circulent encore d'heure en heure. Aux arrêts, la bousculade est si grande qu'on assiste chaque jour à des évanouissements. Sur les trottoirs la foule s'active comme au soir du 14 juillet. Par la force des choses les Parisiens ont retrouvé l'usage de leurs jambes.

L'inquiétude pousse les citadins dans les épiceries où l'on se dispute le sucre et le sel. Certains plus prévoyants n'ont pas hésité à transformer leur cuisine en clapier. En prévision d'une éventuelle famine — les vieux n'ont pas oublié le siège de 70 — ils élèvent des lapins. En haut de la rue des Abbesses, les balcons grillagés à la hâte ont pris un air de basse-cour. Les poules caquettent à l'étage et personne n'oserait se plaindre d'être réveillé par le coq des voisins.

> *Les Kamarades sont kapout*
> *Et dans les trèfles leurs chairs grasses*
> *Cuisent sous le grand soleil d'août...*

Les mobilisés, eux, sont partis vers leur destin. Ils portaient haut les couleurs dont s'enorgueillit la patrie de Rouget de Lisle. Durant plusieurs semaines, les Parisiens ont entendu le piétinement des légions qui passaient sous les fenêtres. Gênés par leur capote trop lourde, les soldats ont remporté un succès que seule la mort au champ d'honneur leur fera oublier. Après les applaudissements et les embrassades des femmes, les futurs vainqueurs ont reçu des roses qu'ils ont enfoncées dans le canon de leur fusil. A la gare du Nord comme à la gare de l'Est, les trains couverts d'inscriptions raillaient l'ennemi. Accrochées aux portières, des grappes d'hommes ont disparu dans la fumée des convois. Tous avaient le sourire aux lèvres et le bras dressé en signe d'adieu : « On viendra manger la dinde à Noël ! »

Les vautours viennent de là-bas
Et piquant dans les viandes fades
Ils se disent : n'y touchons pas,
Kamarades.

Chez les libraires, les livres ont disparu pour laisser place aux cartes du front. Elles racontent les victoires et les défaites de l'armée qui n'est pas invincible comme on l'avait cru quelques jours plus tôt, alors que les soldats pénétraient en Alsace. « Encore une contrée qui n'avait pas eu l'honneur de notre visite depuis 70. » Pendant que les troupes gagnaient du terrain à l'est, l'armée s'est vue contrainte de reculer devant Charleroi. La Belgique puis le nord de la France ont refait connaissance avec la botte allemande. Les civils fuient devant l'envahisseur ; affligeant spectacle dans les gares et sur les routes. A Paris, la salle Wagram, le Cirque d'Hiver et d'autres lieux servent d'abris aux réfugiés qui continuent d'affluer. Auprès d'eux se presse une foule de curieux avides d'informations. Des histoires terribles alimentent les conversations : « Là-haut, ils incendient les villages... pillent les maisons... violent les femmes et coupent les mains des enfants ! »

L'affolement a gagné les Parisiens qui assistent à la fermeture des immeubles bien fréquentés. La richesse plie bagage. Dans les quartiers aérés où la domesticité porte le blanc, on entasse les objets précieux dans les malles avant de rouler les tapis.

— Il ne faut pas s'affoler ! Ce n'est pas parce que les bourgeois quittent le navire qu'on va perdre la guerre !

Pendant que dans la capitale on assiste à ce sauve-qui-peut, sur la Marne se livre une bataille qui s'achèvera par une éclatante victoire. Ragaillardis par la voix de Joffre, les citadins qui n'ont pas eu les moyens de quitter la ville se délivrent de leur peur dans un grand éclat de rire : « Ouf ! On va pouvoir revivre ! »

273

Vous les Gueux, nous les Jean Misère
Les risque-tout, les anarchos
Crions toujours : guerre à la guerre...

Peu à peu, Montmartre a repris son rythme. Les cafés et les théâtres ont rouvert leurs portes en même temps que les magasins et les artisans prennent à nouveau commande. Quelques pisse-froid, pessimistes endurcis, prétendent qu'il ne faut pas se fier aux dernières victoires : les Allemands sont installés en France pour longtemps. Bon gré mal gré, les Parisiens ont digéré la désillusion et accepté l'idée de ce voisinage inquiétant, du moins les femmes, les vieillards et les enfants, car la plupart des hommes sont sur le front.

— Non... mais regardez-moi ce planqué !

Les mères, les filles, les épouses et les marraines de guerre surveillent les allées et venues des soi-disant malades ou réformés qui ont échappé au cataclysme. Que fait celui-ci dans la rue ? Il a l'air bien valide ! Et pourtant, il se promène sans musette ni masque à gaz. Pour peu qu'il ait l'air jovial, le scandale éclate d'un trottoir à l'autre :

— Qu'as-tu fait de ton fusil, embusqué ?

UTTER S'EN VA-T-EN GUERRE

A l'appel de Blaise Cendrars, et comme la majorité des artistes emportés par une vague de patriotisme, Utter, bien que réformé temporaire, est allé signer sa feuille d'engagement dès les premiers jours de la guerre. Au lieu de l'expédier en première ligne, on l'a envoyé dans l'Ain où il demeurera jusqu'à la fin des hostilités, la panse pleine et l'esprit libre de méditer sur les avantages d'être né chanceux. L'ami Heuzé, qui a décidé de combattre en sa

274

compagnie, le rejoindra mais pour peu de temps. Après avoir terminé sa carrière de danseur sur un magnifique grand écart qui lui a déchiré un muscle, Edmond est parti en Russie où une tournée et le hasard l'ont poussé jusqu'au poste inattendu de conservateur des émaux du grand-duc Nicolas Mikhaïlovitch. Dès son retour en France, il est allé au centre de recrutement pour se faire engager. Par six fois l'officier l'a refusé : « Votre taille d'athlète ne sert à rien si votre jambe est fichue ! A la guerre, il faut savoir courir comme un lapin ! » Edmond a tellement insisté qu'on a fini par lui donner un uniforme, hélas, pour peu de temps. L'infortuné soldat a dû rendre sa capote et son fusil. Il a rejoint Paris où il se sent esseulé et coupable.

Paris, le...

Mon cher André,

Me voici revenu à mes anciennes misères et à mes vieux vêtements. Je rase les murs et fuis le regard des veuves. Aux dernières nouvelles, je suis teinturier en chapeaux. Ainsi, je ne mourrai pas sous les balles mais grâce à cette saloperie de teinture qui nous oxyde les poumons. Je n'ai pas revu Suzanne depuis ma démobilisation. On m'a dit qu'elle était allée faire les moissons dans la Beauce car elle ne peut plus vendre de tableaux. Quant à Utrillo, la guerre l'a rendu fou. J'ai appris que maman Madeleine était morte. Vu son âge et la situation on ne peut la blâmer d'avoir choisi le trépas. Lis-tu les journaux ? J'ai le sentiment qu'on tente de nous rassurer coûte que coûte. A les croire, la mort ne vise que les boches. On m'a raconté que là-haut c'était une véritable boucherie...

275

Après la mort de maman Madeleine, Suzanne s'est retrouvée seule. Son dénuement est si grand, qu'elle ne sait jamais si le lendemain elle pourra s'acheter du pain, ni avec quoi elle chauffera l'atelier. Tournés contre le mur, les tableaux avouent l'accablement du peintre. Les deux chiens amaigris et vieillissants sont couchés dans un coin de la grande pièce. Ils jettent un regard triste à leur maîtresse qui va et vient sans desserrer les dents. La bonne odeur de térébenthine a disparu de l'atelier qui sent le moisi. Lorsqu'elle n'en peut plus de cette solitude, Suzanne enfile sa veste et va se promener en compagnie de ses chiens jusqu'à la tombée du jour. Sur la pente nord de la Butte, les arbres obéissent toujours à la loi des saisons. La guerre n'a rien changé à cet ordre-là. Assise à l'abri d'un bosquet, Valadon observe le jeu des oiseaux en songeant à André dont elle souffre de l'absence. Dieu, que cet homme lui manque !

— Eh bien, Suzanne... on rêve ?
— L'estomac creux, que peut-on faire d'autre ?

La voisine s'est assise à côté de Suzanne qui soupire d'esseulement et d'insatisfaction : « Pourquoi n'épouseriez-vous pas André ? Vous toucheriez les allocations de femme de combattant. C'est mieux que rien ! » Valadon s'étonne. Tant de sollicitude la touche. « Figurez-vous que nous y avons songé... nous allons nous marier lors de sa prochaine permission. »

— Toujours amoureuse ?
— Amoureuse de l'amour... après la peinture, c'est ma seconde vocation ! Au fait, madame Sylvaine, avez-vous vu mon fils ces temps derniers ?

Certes ! Qui peut ignorer ses esclandres ? Du sommet de la Butte à la rue Notre-Dame-de-Lorette où se promènent les veuves et les orphelins drapés dans le noir d'un deuil héroïque, on se plaint de lui qui ne sait pas s'éclipser. La guerre a plongé Utrillo dans un état proche de la démence.

Après s'être disputé avec sa mère, il est retombé dans les griffes des patrons de bistrot : « Alors, la vedette, ton copain Utter n'est plus là pour assurer ta cote ! Et que dire de tous ces snobs aux poches pleines qui rôdaient autour de ton soi-disant talent ? Ils ont filé avec leur argent ! Maintenant, qui va nous régler le vin et la casse ? »

— Moi... si vous voulez bien de mes tableaux !
— Oui... mais à notre prix !

Poussé hors de son lit par la peur d'affronter une nuit de cauchemars — il n'est pas rare de l'entendre appeler au secours dans son sommeil — Maurice, malgré le couvre-feu que tous respectent, parcourt souvent les rues en insultant la solitude, le ciel et les Allemands. Derrière les volets fermés, les bons citoyens s'interrogent. Est-il prudent de laisser cet individu en liberté et qu'attend donc sa mère pour le faire interner ? « Valadon ne songe qu'à la bagatelle ! Il paraît qu'elle est partie rejoindre Utter dans l'Ain ! Sa voisine raconte qu'elle est sur le point de se marier. »
Indignés par le comportement du poivrot, les gens l'interpellent avec rudesse :

— Dis donc, le cinglé, on n'ose plus peindre dans la rue ?
— Où est ton chevalet ?
— Tu l'as offert aux boches ?

Maurice sort son carnet militaire de sa poche, le tend, tout honteux : « Je ne suis pas un planqué ! Ce sont eux qui ne veulent pas de moi ! »

— Non... mais vous entendez ça ?
— Comme si on ne savait pas que c'est ta mère qui, à l'époque de ton service militaire, a fait des pieds et des mains pour que tu sois réformé !

Tous sont aussi intraitables devant lui que devant l'ennemi :

— Pendant que nos fils se font tuer sur le front, toi tu continues à te soûler ! Un type comme toi ne mérite que des raclées !

Durant cette période de violence et de haine où le monde semble se liguer contre Utrillo, le père Gay, moyennant cinq francs de pension journalière, est le seul à lui témoigner encore un peu de bonté et d'indulgence :

— Tu ne cogneras plus ta chaise contre le plancher pour réveiller le monde qui dort son content !
— C'est promis !
— Tu ne siffleras plus l'eau de Cologne de ma femme quand j'aurai la vertu de te refuser du vin parce que tu es fin rond ?
— C'est promis !
— Tu ne diras plus de sottises aux paroissiens qui passent sous ta fenêtre sous prétexte qu'ils ont une tête d'espion ?
— C'est promis !

L'ancien gardien de la paix a accepté de lui louer la petite chambre du second étage. Elle est meublée d'un lit en fer, d'une table de toilette sur le point de s'écrouler, d'une vieille caisse pour ranger le linge, et d'une chaise mal en point. Sur la table de toilette, une cuvette et un broc rempli d'eau accueillent Maurice lorsqu'il se décide à rentrer. Aussitôt la porte poussée, il s'installe près de la fenêtre et se met à peindre. Tout en dessinant sa toile, il surveille la rue. Et malheur à celui qui ose fredonner le refrain à la mode : « *A nos poilus qui sont su' l' front... qu'est-ce qu'il faut comme distraction ? Une femme !... Une femme !* » L'imprudent chanteur n'a pas le temps d'atteindre le coin de la rue du Mont-Cenis qu'il reçoit l'eau du broc sur le crâne... bougre de sale vicieux ! une femme ? une salope, oui ! Ils ne pensent qu'aux cochonneries, tous, même sur le front, la chose les travaille, si ce n'est pas une honte pour la patrie ! L'homme revient sur ses pas, dresse le poing en direction du peintre : « Descends, face de rat ! » Utrillo montre ses pinceaux : « Plus tard… je dois terminer ma toile. Je suis en train de peindre la cathédrale de Reims en flammes ! Malheur aux boches qui ont osé la bombarder ! » Si l'excuse ne suffit pas à calmer la colère de l'arrosé, il entre dans la boutique du père Gay, frappe sur le comptoir :

— Faites-moi descendre le gars du deuxième que je lui casse la gueule !
— Vous ne voudriez tout de même pas frapper un simple d'esprit ?

Démoralisé par l'atmosphère de mépris et de haine qui l'entoure, Maurice n'ose plus descendre dans la rue. Il vit cloîtré dans sa chambre lorsque survient un événement inattendu. Revenant sur sa réforme définitive, l'armée l'appelle : « Pour engager un phénomène comme Maumau, faut pas être regardant ! Les dernières offensives ont dû coûter cher en hommes ! » L'engagé auquel cet ordre a rendu sa fierté perdue s'empresse de répandre la nouvelle. Qu'on sache enfin qu'il n'a jamais été un embusqué ! Hélas, sur la route d'Argentan, la soif le rattrape à la hauteur d'un bistrot ouvert aux égarés, et lorsqu'il arrive à la caserne, ses jambes ne le portent plus. Au bureau de recrutement, on se rend bien vite à l'évidence ; cet homme grelottant n'est pas un simulateur mais un alcoolique. Qu'il regagne au plus vite son foyer !

— Tu ne peux pas rester ainsi, Maurice ! Ta raison est en train de s'en aller pour de bon !
— Qu'est-ce que je dois faire, père Gay ?
— Retourner à Villejuif !

Villejuif, le...

Cher ami Gay,

J'avais oublié combien on peut être malheureux en asile. On m'a mis avec les agités. Je n'ai pas à me plaindre puisque je suis là par ma faute et de mon plein gré. Mais autour de moi, je ne vois que de la douleur et je n'entends que des cris. Certains sont si poignants qu'ils me font pleurer. J'ai envie de peindre mais je n'y parviens pas. Les journées passent si lentement qu'il m'arrive de songer au suicide. Une idée me retient : je ne suis pas fou comme ces misérables. L'alcool m'a fait tant de mal que j'ai décidé de ne plus boire. La leçon est dure. J'espère qu'elle me servira à m'acheter une bonne conduite. J'attends impatiemment le moment où je pourrai vous serrer la main, ainsi que celle des amis Depaquit et Heuzé. Ma mère est-elle à Paris ? Si vous la voyez, dites-lui que grâce à elle, je sais que seule la peinture compte. C'est pour cela que je veux sortir d'ici le plus vite possible.

VOTRE UTRILLO V.

Belleville-sur-Saône, le...

Cher monsieur Gay,

Je suis inquiète. Que devient mon fils et pourquoi ne répond-il pas à mon courrier ? Serait-il malade ou à nouveau interné ? Utrillo a été pour moi une charge morale si lourde que j'ai de la peine à m'en remettre. Je me demande parfois s'il atteindra jamais la maturité ? Ne faudrait-il pas l'encourager à se marier ? Voilà un sujet qu'il faudra que

280

j'aborde avec lui un jour ou l'autre. Peut-être pourriez-vous lui en glisser un mot ? Le seul bonheur qu'il m'aura apporté, vous me direz qu'il n'est pas mince, c'est d'être devenu un grand peintre, car il ne faut pas s'y tromper, Maurice a autant de génie que de folie. La postérité le prouvera. En attendant je vous quitte en vous demandant d'intervenir auprès de lui pour qu'il m'écrive.

Utter et moi nous vous adressons nos amitiés.

Suzanne VALADON.

Paris, le...

Chère madame Valadon,

J'ai appris par l'ami Heuzé que ce brave Utter avait été blessé. Surtout, qu'il prenne le temps de se soigner. En cette époque de cataclysme, il vaut mieux être invalide que solide sur ses pieds. Ma femme et moi, qui malheureusement avons bonne vue, voyons défiler du voile de deuil en quantité si grande que, franchement, nous nous demandons si les hommes ne vont pas tous mourir au front. Depuis votre départ, les choses n'ont pas changé en bien. La nourriture nous fait autant défaut que la bonne humeur. Quant à la couleur du charbon, nous l'avons oubliée à force de grelotter de froid. Nous ne pouvons même pas nous rabattre sur l'alcool qui nous réchaufferait le cœur. Ils ont interdit l'absinthe. Toutes ces restrictions n'arrangent pas le commerce qui ferme ses portes dans le quartier. Quand les balayeurs n'ont plus de balais pour nettoyer les rues, c'est que le pays court à la catastrophe.

Utrillo est en aussi mauvaise forme que le pays. Il est à nouveau à l'asile. Depuis le début de la guerre, ça fera deux fois qu'il demande à être interné. Je l'ai pourtant surveillé comme vous me l'aviez demandé, mais il trouve le moyen de boire en cachette, et lorsque je suis trop sévère avec lui, il quitte la maison pour aller vivre à l'hôtel. Dans le quartier, tout le monde sait que sa peinture vaut de l'argent. Aussi trouve-t-il toujours quelqu'un pour l'héberger, et lui donner à boire son content...

Canonnade sur le front. Journée de brouillard et de pluie. Combats à la grenade sur les rives de la Meuse. L'artillerie française bouleverse les tranchées ennemies devant Douaumont. Bombardement violent du côté de Verdun. La neige tombe en abondance sur le versant oriental des Vosges. Une batterie avancée a fait sauter un dépôt de munitions allemand dans la Somme.

> *Plein d'adresse*
> *Je la graisse*
> *Je la soigne et la polis*
> *De sa culasse jolie*
> *A sa p't'ite gueu-gueule chérie.*

— Si je connaissais celui qui a écrit cette connerie, je lui foutrais mon pied au cul !

Dans la chambrée, les camarades d'Utter s'interrogent sur les raisons de sa méchante humeur. Son voisin de lit intervient : « Comme si vous ne saviez pas pourquoi il est de mauvais poil ! Monsieur a perdu sa femme. La peintresse est repartie ce matin pour Paris ! »

L'épouse du combattant

Quelle heure est-il ? Peu importe. Il sera toujours assez
tôt pour me lever. La nuit a été si longue, avec le brassage
des souvenirs et la chasse aux idées noires, que j'en ressors
fourbue, comme à la terminaison d'une toile. J'ai faim.
Non, je n'irai pas à la cuisine. D'ailleurs le garde-manger
est vide. La semaine dernière, je n'ai pas pu résister à la
tentation et j'ai échangé une gouache de Maurice contre un
morceau de viande. A l'instant où j'avalais la dernière bouchée la colère m'a saisie ; comment ai-je pu capituler devant
mon estomac ? Les mois se démultiplient comme au fil d'un
rêve interminable. Voilà bientôt un an que je n'ai pas serré
André dans mes bras. Il me manque tant que le soir j'en
mords mon oreiller. Mon amour, où es-tu ? A quoi songes-
tu ? Me trompes-tu ? Il y a toujours une femme pour tenter le soldat !

Quelle heure est-il ? Peu importe. Il sera toujours assez
tôt pour me lever. Chaque matin, j'arrache une page au
calendrier. « Encore un jour de gagné sur cette maudite
guerre, madame Valadon ! Et cette tachycardie, comment
va-t-elle ? » Il va être l'heure pour les pharmaciens d'ouvrir leur officine. Aujourd'hui encore, ils vendront du bro-
mure, de la valériane, du véronal ou de l'éther. Que
n'ingurgiterait-on pas pour calmer ses nerfs ? Et comment
ne pas avoir le sang tourné quand on sait que la boîte du
facteur contient plus d'avis de décès que de bonnes nouvelles ? Jamais on n'a enregistré autant de suicides. Certains

se tuent pour échapper à la douleur que leur cause la perte d'un être cher, d'autres s'estropient pour ne pas retourner sur le front. Moi qui ai toujours été si gaie, voilà que je prends le visage de la mélancolie.

Le temps est immobile. A chaque aube, la crainte me saisit de ne pas voir se terminer la journée. Après avoir déjeuné d'une bouillie qui me donne plus d'aigreurs que de plaisir, je parcours la maison à la recherche d'une occupation, mais rien ne me requiert. Je vais d'une pièce à l'autre, sans raison. Derrière chaque porte me guette l'image d'un absent, celle de mon cher André vociférant devant une nature morte qui lui résiste, ou celle de Maurice rêvant à sa fenêtre, ou celle de maman Madeleine qu'on va glisser dans son cercueil, ou encore le souvenir de mes deux chiens ; je ne me suis jamais faite à leur disparition. Dans l'atelier où je me rends cinquante fois par jour avec l'espoir d'y trouver l'inspiration et l'apaisement, les toiles tournées contre le mur me font honte. Après avoir ordonné ma vie mieux qu'un vice, le besoin de peindre m'abandonnerait-il ? Au lieu de m'installer devant mon chevalet, je fuis les lieux de mon impuissance. Je cours en direction de ma chambre, m'habille à la hâte. Alors qu'autrefois j'hésitais à me promener dans Paris que je trouvais trop éloigné de la rue Cortot, je traverse aujourd'hui sans lassitude plusieurs arrondissements. A peine ai-je atteint la place Clichy ou Pigalle que je me sens déjà mieux. La marche m'étourdit à la manière d'un verre d'alcool. Les boutiques d'alimentation m'attirent. Ai-je faim ? Oui, sans doute. En haut de la rue des Martyrs, le bougnat a fermé boutique à cause de la pénurie de charbon. En passant devant ses volets je songe à tous ces pauvres gens qui sont morts de froid l'hiver dernier. J'espère que le prochain ne sera pas aussi rigoureux car je ne n'ai plus un seul meuble à brûler.

La semaine dernière, on a fêté le 14 juillet. Le long du parcours du défilé l'enthousiasme était indescriptible. Indescriptible, c'est l'adjectif qu'a employé Poincaré. Salués par les ovations, les étendards sont passés les uns après les autres. L'un d'entre eux était littéralement déchiqueté. Son apparition a provoqué une émotion si intense que les mouchoirs sont sortis des poches. « Combien d'hommes sont morts sous lui ? » a demandé quelqu'un. Puis il y a eu le roulement des canons et des obusiers pris à l'ennemi. La foule a vidé ses poumons en criant : « Vivent les poilus ! » Durant quelques minutes, j'ai oublié André. Je me suis mise à trépigner de fureur patriotique. A côté de moi, une femme s'est évanouie. Lorsqu'elle a repris connaissance sur l'épaule de son voisin, elle a réclamé son fils. La gamine qui l'accompagnait l'a rappelée à l'ordre en tirant sur sa ceinture : « Maman, tu sais bien qu'il a été tué sur le front ! » Plus tard, un déserteur bouleversé par la grandeur du spectacle est allé se constituer prisonnier. Autour de l'Arc de Triomphe, la foule est restée agglutinée tard dans la nuit. Le lendemain, je suis allée me promener place de la République. Au milieu des baraques foraines, ils avaient installé un guichet pour recevoir les souscriptions aux bons de la Défense nationale.

Quelle heure est-il ? Voilà une question que je devrais ne plus me poser jusqu'à la victoire. Pourquoi me lever ? Personne ne me réclame... si, mon fils ! La déchéance d'Utrillo m'atteint beaucoup plus qu'on ne le dit. « Elle abandonne son fils qui dérive d'asile en asile ! » J'aimerais qu'on me dise avec quels arguments je peux combattre l'alcoolisme de Maurice ? Les gens les mieux intentionnés y ont renoncé. Seuls Delloue et Zborowski, deux amateurs, tentent encore de l'aider. Mais pour combien de temps ? Dans ses lettres, André se montre plus tolérant que moi. « Pousse-le à peindre ! Tu me dis que sa cathédrale de Reims en flammes est de toute beauté. Lorsque je rentrerai de la guerre, je le reprendrai en main ! » Pas plus tard qu'hier, Heuzé est venu me rendre visite. Il m'a posé cette curieuse question : jusqu'à quand Maurice va-t-il explorer sa maladie ? J'ai répondu : jusqu'à sa mort ! Ma réponse était trop cynique pour plaire à ce faux jeton. Et pourtant... tout me prouve que j'ai raison. Zborowski, justement lui, est allé voir Maurice à l'asile. L'imbécile lui a apporté du vin. « Pour lui faire plaisir ! » A ce stade, à qui fait-on plaisir ? A l'homme ou à son mal ? Maurice était si ému qu'il a laissé tomber la bouteille qui s'est cassée. Avant que l'autre ait pu le retenir, il s'est agenouillé, a écarté les morceaux de verre et a lapé le vin. Mon fils se métamorphose en chien et l'on voudrait que je le traite comme un être responsable.

Quelle heure est-il ? Si André était là, je me blottirais contre son épaule. Mes doigts s'emmêleraient dans les poils de sa poitrine. Nous oublierions la guerre pour ne songer qu'à notre plaisir. Avant que nos lèvres ne se rejoignent, nous confondrions nos regards. Le bleu de l'un s'enfoncerait dans le bleu de l'autre. Ce serait bien. Ce serait bon...

> J'ai eu de grands maîtres, j'ai tiré le meilleur d'eux-mêmes, de leur enseignement, et de leur exemple. Je me suis trouvée, je me suis faite et j'ai dit, je crois, ce que j'avais à dire.
>
> Suzanne VALADON.

1918-1920.
La paix ramène Utter rue Cortot où Suzanne a
repris ses activités picturales. Portrait de
Mme Gebel, Utrillo peignant, La tigresse.
Importante série de nus d'après une mulâtresse.
Le succès d'Utrillo va grandissant. Vente de la
collection Octave Mirbeau. Exposition particulière
à la galerie Lepoutre.

La grosse Bertha a cessé de semer la terreur. Elle ne lâchera plus d'obus sur Paris. L'Allemagne a perdu courageusement la guerre. « Vivent les poilus ! » La capote aux pans retroussés et les bandes molletières n'habilleront plus l'héroïsme ; il est mort en remontant le Chemin des Dames.

Les survivants du massacre sont rentrés dans leur foyer. Ils ont rapporté le souvenir des disparus au fond de leur besace terreuse. L'armistice aussitôt sonné, les femmes ont séché leurs larmes. Elles ont ressorti les pyjamas et les pantoufles des placards où ils s'asphyxiaient depuis quatre longues années. Le ravitaillement s'est amélioré. On ne fait plus la queue devant les boulangeries et le charbon a refait une timide apparition. Dans les bistrots qui affichent

287

complet dès le début de la journée, les bouteilles alignées au-dessus du comptoir invitent le passant à venir fêter la paix :

— Tiens... mais c'est Utter ! Viens donc trinquer avec nous !
— A ta jambe de bois !
— Ne te moque pas d'elle ! Elle durera plus longtemps que toi !

La vie quotidienne a pris une autre physionomie ; joies et soucis ne sont plus là où l'on avait l'habitude de les surprendre autrefois. Des alarmistes prétendent que l'après-guerre inaugure une période de crise. En tout cas, les salaires qui sont en baisse ne risquent pas de rencontrer les prix qui, eux, sont en hausse ! La moralité suit le cours du franc. Elle perd de sa valeur avec la même régularité qu'un phtisique perd son sang. A force de porter la nation à bout de bras, les femmes ont conquis à l'arrière ce que les soldats ont gagné sur le front, le droit de vivre hors des tranchées du devoir et du conformisme. Elles fument et portent des robes ultra-courtes pour danser le fox-trot.

Au coin des rues, le bon peuple se lamente sur la cherté de l'existence, la difficulté de trouver un logement ou la rareté de l'emploi ; mais sur la Butte qui ne saurait porter le deuil bien longtemps, les chansonniers, ces anciens « gardiens de la flamme », chantent de nouveaux refrains :

> *Tu le r'verras, Paname !*
> *Les boul'vards ! les belles Madames !*

Place Pigalle, La Lune Rousse se lève tandis que les honnêtes gens se couchent. Plus bas, du côté de la place Saint-Georges, on n'est pas plus sage. Dans les soirées organisées par des maîtresses de maison aussi dissipées que des gourgandines, on piaille autour des tables... Ah non ! s'il vous plaît, pas de souvenirs de guerre ! Ces discussions

Suzanne Valadon (cl. Roger-Viollet)

d'anciens combattants me donnent la migraine ! Quelqu'un a-t-il vu le dernier spectacle des Folies-Bergère ? et cet orchestre nègre si extraordinaire ?...

— Que pensez-vous de cette nouvelle mode ?
— Laquelle ? On en inaugure tant !
— Faire l'amour dans les taxis !

Après les évocations un tantinet indiscrètes, on échange l'adresse du cours de danse où l'on peut apprendre le fox-trot en dix leçons contre celle du chapelier où l'on va échanger son melon démodé contre un borsalino, ou celle encore de la maison où les dépravés bon chic bon genre vont fumer de l'opium.

Partout on s'arrache les artistes. Point n'est besoin pour eux d'avoir un titre ; la renommée et la bizarrerie de leur comportement suffisent. Picasso promène ses yeux d'hidalgo chez Anna de Noailles qui accueille aussi bien la littérature que la peinture d'avant-garde. Satie, ce personnage pourtant austère, a accepté de quitter sa misère pour venir s'asseoir à la table de la princesse Murat chez qui l'on écoute après le dîner ses *Trois morceaux en forme de poire*, une œuvre pour la soif. Après les instants consacrés à l'émotion, certains se souviennent qu'ils sont nés affairistes ; ils spéculent allégrement :

— Sur qui me conseillez-vous de miser ?
— Utrillo ! Voilà une valeur qui monte !
— Mais c'est un ivrogne !
— Qu'importe ! J'ai rencontré Mirbeau juste avant sa mort. Il le considérait comme un génie et venait d'acheter trois de ses toiles !
— Il paraît que lorsqu'il est soûl, Utrillo trempe ses pinceaux dans du vin ?
— Je ne suis pas contre. Seul le résultat compte. Je viens d'acheter un tableau, *Le Sacré-Cœur pavoisé*, qu'il a peint au

moment de l'armistice. C'est une pure merveille de fraîcheur !

— Max Jacob prétend qu'on n'a jamais vu œuvre aussi émouvante que celle de ce simple d'esprit.

— Celui-là ferait bien d'être plus discret. On m'a raconté, je ne sais plus qui, mon Dieu, cette mémoire, je n'ai pourtant pas été gazé ! enfin, bref ! que Max avait tenté de soûler Utrillo à l'éther pour abuser de lui !

— Quelles mœurs !

— Ne serait-ce pas une de ces histoires que sa mère invente pour mettre tout le monde dans l'embarras ?

Puisqu'on parle de Valadon, quelqu'un a-t-il vu sa dernière exposition chez Berthe Weill ? Berthe Weill, voilà une marchande dont on ne peut discuter le flair même si elle a refusé Modigliani ! ... Oui, on en est sorti déçu. Les tableaux de la mère d'Utrillo ne manquent pas de puissance, mais la mise en page est trop inspirée de Puvis de Chavannes et le naturalisme outrancier déplaît. Et puis pourquoi continue-t-elle à emprunter ses cernes noirs à Gauguin ? Tout ça est d'une dureté ! Dans le salon, un amateur, qui ne craint pas d'admirer l'œuvre d'une femme, s'insurge ; Utrillo est un peintre de moindre envergure que Valadon qui est une artiste de première grandeur.

— Vous plaisantez ?

— Pas du tout ! J'ai vu dans son atelier *Le lancement du filet,* une grande composition tout à fait remarquable qu'elle a peinte juste avant la guerre en l'honneur de son amant, Utter, un peintre lui aussi, mais à mon avis de moindre importance. D'ailleurs, le reproche que vous lui faites ne tient pas. A présent, ses tableaux s'inspirent plus de Cézanne que de Gauguin !

Le maître de maison retire son cigare de la bouche :

— Gauguin... Cézanne... pourquoi faire appel à de si grands noms ? Une femme peintre ne sera jamais qu'une femme ! Valadon cherche à nous le faire oublier en cachant ses faiblesses sous la brutalité des formes. Pour ma part, je lui préfère Marie Laurencin !

Une femme éclate de rire derrière ses mains ; décidément, les hommes sont indécrottables ! La guerre ne les a pas changés !

A Picpus

Pendant que les collectionneurs discutent les mérites artistiques de sa mère, à l'asile où, une fois de plus, il est venu chercher refuge, dans la cellule aux murs capitonnés et aux meubles vissés au sol, Maurice n'a qu'un infirmier pour interlocuteur :

— D'accord... j'ai les nerfs qui se tordent et l'envie de me casser la tête contre les murs, mais je ne suis pas fou ! Si je l'étais, est-ce que je torcherais des tableaux comme celui-là ?

En face du malade qui désigne sa dernière toile, une église solitaire plantée au bord d'une route, l'infirmier cherche la phrase juste : « Fou... peut-être pas, quoique l'autre jour tu n'en étais pas loin ! Ce qui m'étonne, c'est que ta main puisse encore tenir un pinceau ! Toutes ces cuites auraient dû te donner la tremblote ! Combien de litres buvais-tu avant d'entrer ici ? »

— Entre quinze et vingt... parfois un peu moins. A la fin, je ne tenais plus le coup !

L'admiration arrache un sifflement à l'infirmier : « Ta mère a bien dit au médecin que tu étais un phénomène ! N'empêche qu'à ce rythme tu n'en as plus pour longtemps ! » Utrillo s'agite. L'idée de la mort le rend anxieux. Il jette un coup d'œil aux barreaux qui fragmentent le ciel au-dessus de sa tête :

292

— Je veux changer de chambre... les cris de mes voisins sont insupportables !

L'occasion est trop bonne pour ne pas être exploitée. L'infirmier lorgne les toiles alignées le long du mur : « Je veux bien intervenir auprès du médecin-chef... mais à une condition ! » Utrillo retourne s'asseoir sur son lit. Il prend sa tête dans les mains. Mais qu'est-ce qu'ils ont tous à vouloir un tableau ? Ma mère a raison, ce sont des rapaces ! « C'est à toi de décider... veux-tu changer de cellule ? »

— Prenez celle qui vous plaît !

Un mois s'écoule. Maurice est toujours dans la même chambre. Il demande à un autre infirmier ce qu'a fait le premier. « Rien ! »

— Ne me laissez pas dans ce trou !
— Je parlerai au médecin-chef... mais à une condition !

Devant tant de cynisme, Maurice se met à hurler :

— Tous les mêmes ! Si je vous écoutais, je turbinerais nuit et jour ! Bistroquets, flics, infirmiers... vous ne songez qu'à m'extorquer des tableaux ! Pendant la guerre, savez-vous combien j'en ai peint ? Mille, si ce n'est pas plus !

RUE CORTOT

Les mains enfoncées dans les poches de son pantalon et la pipe coincée entre les dents, André Utter remonte la rue Lepic d'un pas alourdi par une mauvaise nouvelle. Maurice a été arrêté par la police. Après s'être évadé de l'asile de Picpus, l'ivrogne a rencontré sur le chemin du retour Modigliani, un ami aussi sobre que lui. Les deux énergumènes ont fêté leurs retrouvailles à la Closerie des Lilas, un bar qui offre ses tabourets à l'intelligentsia parisienne. Comme on refusait d'abreuver plus longtemps leur ivresse... « Puisque je vous dis qu'Utrillo est le plus grand peintre vivant ! Vous n'allez tout de même pas laisser ce génie sur sa soif ? », ils ont cassé verres et bouteilles. Les garçons sont allés chercher la police. Modigliani a pris la fuite en abandonnant Maurice, trop ivre pour courir aussi vite que lui. Après une bagarre au cours de laquelle il a blessé un agent qui essayait de le ceinturer, l'alcoolique a été entraîné jusqu'au commissariat où on l'a bien évidemment passé à tabac. Le médecin appelé pour soigner ses blessures a demandé son internement d'urgence : « C'est un fou dangereux ! »

Lorsqu'André est venu l'avertir, Valadon était en train de montrer ses derniers tableaux à un couple d'amis, Georges Kars, un peintre tchèque, et sa femme Nora. Avant même qu'Utter ait terminé de raconter l'incident, la mère d'Utrillo s'est écriée :

— Ce salaud de Modigliani a laissé Maurice en otage aux flics !

Nora Kars qui éprouve autant de sympathie pour Suzanne que de dégoût pour son fils a fait remarquer qu'après tout Utrillo n'avait que ce qu'il méritait. Son mari a tempéré ses propos : « C'est un faible, mais un bon bougre... il serait regrettable qu'il perde son talent au contact des fous ! » Utter a profité de ce commentaire pour donner son avis :

— Je suis convaincu que ce sont les infirmiers qui l'ont poussé à s'enfuir. Ils guignent ses tableaux ! Depuis la vente Mirbeau, personne n'ignore plus qu'ils valent beaucoup d'argent... Suzanne, tu devrais intervenir pendant qu'il en est encore temps. Après tout, tu connais beaucoup de monde ! S'ils l'enferment avec les agités, nous ne pourrons plus le faire sortir !

Agacée à la perspective des démarches à accomplir pour obtenir la libération de ce fils dont elle souhaiterait pouvoir oublier l'existence et les frasques, Valadon a finalement promis son appui tout en y mettant une condition :

— La liberté est un poison pour Maurice. Dès sa sortie d'asile, il reprendra ses habitudes ici... et sous ma surveillance !

Utter a approuvé cette décision. Les années ont tempéré sa passion et il est prêt à partager avec son épouse vieillissante la présence d'un homme dont les toiles commencent à valoir une petite fortune.

— De mon côté, je m'engage à protéger Maurice contre tous ces spéculateurs sans vergogne... quand je songe à ces toiles qui nous échappent !

Au lieu de se réjouir de la bonne résolution que venait de prendre son mari, Suzanne, tout en rangeant sa dernière œuvre, une négresse vêtue de son seul bronzage, a interpellé Utter avec violence : « Mon fils n'est pas une machine à fabriquer des tableaux ! Je n'aimerais pas le voir peindre n'importe quoi sous prétexte que ça se vend bien ! » Puis elle a désigné une toile aux contours cubistes que son mari tardait à terminer : « Que ne ferais-tu pas pour ne pas affronter la peinture ? Toi aussi tu as du talent ! » André a grogné que oui, sans doute, il avait assez de talent pour faire la nique à de moins doués que lui, mais que malheureusement il n'aurait jamais l'occasion de le prouver car on le dérangeait constamment.

— Georges ! Nora ! Vous l'entendez ? Maintenant, c'est moi qui l'empêche de travailler ? Comme si je ne savais pas qu'il préfère cavaler avec une de ces morveuses que rien n'embarrasse !

Sans s'inquiéter des Kars qui ne savaient que dire pour apaiser les deux esprits surchauffés, Utter a pris son air des grands jours ; certes, les filles continuaient à l'intéresser, mais ça ne regardait pas sa femme à laquelle il ne s'était jamais refusé : « Ah çà... mais quelle mouche te pique ? Je viens te prévenir que ton fils est en taule et tu m'engueules ! » Du regard, Suzanne a cherché l'objet qui allait payer sa colère. Elle a choisi le cendrier qu'elle a jeté sur le parquet :

— Si tu ne peins pas, ce n'est pas parce qu'on t'en empêche... c'est parce que tu es trop fainéant pour te mettre une bonne fois à l'œuvre ! Tu seras toujours un raté !

L'amie Kars

Et quelle santé !

Je ne connais personne d'aussi bien intentionnée à l'égard de l'existence que Suzanne ! La mauvaise salive des commérages glisse sur elle comme sur du vernis. Hormis Utter et ses infidélités, rien ne l'affecte. Si, Maurice ! cet ivrogne rongé par le vice qu'on nous impose en bout de table, cette longue figure à l'expression maussade, son fils qu'elle n'a pas pu ramener à la raison et encore moins à la santé ; un poids sur son cœur de mère. Dieu merci, cet échec ne l'a pas poussée sur la voie de la résignation. Au contraire ! Elle ne cesse de combattre et d'espérer...

Et quel talent !

Je ne sais pas si pendant la guerre elle a boudé ses pinceaux et abandonné sa palette, mais je peux témoigner aujourd'hui qu'aucune femme ne se collette à la peinture avec une aisance aussi déconcertante. Je suis d'accord, son œil n'est pas commode ; il aurait plutôt tendance à dénoncer qu'à flatter. Mais du moment qu'elle le fait avec brio, on ne peut pas le lui reprocher ! Non, décidément, rien n'est plus émouvant que les un mètre cinquante-quatre de cette créature lorsqu'elle se poste devant une de ses grandes compositions. « Il faut se méfier des petits châssis, Nora... ils passent inaperçus jusqu'au jour où ils prennent la place des grands ! » Valadon est une sacrée créature ! Non pas qu'elle soit restée belle. Avec ses rides et son visage chiffonné, elle ressemblerait plutôt à une sorcière, surtout

297

lorsqu'elle hurle et se démène à l'étage. André s'en plaint
assez : « As-tu bientôt fini ? Si tu ne te calmes pas, je file
chez Adèle où les copains m'attendent. Comment veux-tu
que je peigne dans une telle atmosphère ? » En voilà un à
qui on n'a pas besoin de souffler des excuses pour ne point
le voir travailler. « C'est ça ! Va te faire applaudir par les
estropiés du coin ! »...

Et quelle belle âme !
AME, un mot qu'elle a banni de son vocabulaire. Depuis
qu'elle a fréquenté une école dirigée par les sœurs, comme
dit Georges : « Elle bouffe du curé ! » Ainsi, à Lourdes, où
nous sommes allés ensemble... quelle équipée !... elle s'est
moquée des pèlerins et a refusé de pénétrer dans la grotte :
« Laissez-moi rigoler de cette mascarade ! Tout ça c'est de
la frime ! » N'empêche qu'on pourrait la donner en exemple aux bigotes qui hantent le Sacré-Cœur. Un don si total
à la création et à l'amour se rencontre rarement autour d'un
bénitier...

Et quelle générosité !
Depuis qu'André gère les affaires d'Utrillo, l'argent
coule à flots. C'est bien simple... Suzanne ne sait plus
comment le dépenser. Jamais salle à manger n'a connu
aussi belle vaisselle ni vu défiler autant d'appétits. Rue
Cortot, les loqueteux et les pique-assiette coudoient les
grands esprits... Et en plus de toutes ces qualités, quelle
fantaisie ! Au point de mettre le monde dans l'embarras ;
car enfin, comment se comporter avec une cliente qui achète
trois chapeaux du même modèle, un pour elle, un pour
l'amie qui l'accompagne, un troisième pour la vendeuse
ébahie... « Mais, madame, je ne puis l'accepter !... Et
pourquoi donc, petite sotte ? ... Que va dire la patronne ?
Ça ne se fait pas ! ... Si vous vous arrêtez à ce qui se fait,
vous risquez de ne pas aller bien loin ! » Jusqu'au chien de
la maison qu'elle invite à dormir sur le manteau de four-

rure qu'elle vient de s'offrir, et cela parce qu'elle le trouve trop lourd à porter. « Tu ne vois rien de mieux à lui proposer comme litière, à ton chien ? » Utter condamne ces excès. Celui-là, quel cavaleur ! Mais bien sympathique et si bon vivant. Suzanne n'a pas le dos tourné que les filles en profitent : « Puisque ta tigresse n'est pas là, viens donc t'asseoir à côté de nous ! » Dommage qu'il soit aussi fainéant. A le voir peindre on dirait qu'il craint de s'abîmer les doigts. Comme dit Georges : « Je ne me soucie pas pour lui... André a tellement d'idées en tête qu'il y en aura toujours une qui le sauvera ! » Baptisée avec faste, sa paresse est devenue la nonchalance d'un pontife. Montmartre avait besoin d'un pape. Pourquoi pas Utter ? Moi qui n'y croyais pas, je suis obligée de me rendre à l'évidence. L'excentrique a fait des adeptes et sa modestie est morte sous les encouragements. On l'écoute. On le respecte. On vient même lui demander des conseils. Carco, qui fréquente le couple, lui prête attention. Dans les bistrots du quartier, on n'entend plus que la voix tonitruante du nouveau pontife. Picasso sort éclaboussé des discussions. « Je laisse les guitares aux amateurs de l'Espagnol. Quant au cubisme, c'est moi qui l'ai inventé. Heuzé m'en est témoin ! » En voilà un qui ne doute vraiment de rien. Et homme d'affaires avec ça ! Il faut voir comment il a mené la carrière d'Utrillo ! L'époque où le poivrot payait ses verres avec un tableau, cette époque-là est bien terminée. Aujourd'hui, on se presse rue Cortot pour mendier, moyennant finance, une malheureuse croûte, car Suzanne n'est pas sotte ; elle conserve les meilleures toiles ! Pour Maurice, hélas, les choses n'ont pas changé. Il ne songe qu'à boire et ne rate pas une occasion de le clamer. Quand il n'insulte pas les amis de sa mère, il hurle des prières dans son lit. Suzanne s'est vue dans l'obligation de faire grillager la fenêtre de sa chambre car la liberté fermente dans les veines de l'ivrogne. Il ne songe qu'à s'échapper. La dernière fois qu'il s'est enfui, il est allé montrer ses fesses devant une pissotière place de la Bourse.

Quel scandale ! De Villejuif à Aulnay-sous-Bois, en passant par Sainte-Anne, Picpus et les prisons de Paris, Maurice aura tout connu. Certains prétendent que cet alcoolique est devenu une figure nationale. Moi, je dis que si Suzanne et Utter n'étaient pas là pour le protéger de lui-même, Maurice ne serait plus coté en salle des ventes, mais chez les fous !

Il y a des jours où malgré son génie, je suis tentée de le jeter dehors avec toute sa barbouille. Et qu'il se vautre dans son ivrognerie ! Qu'il en crève !

Suzanne VALADON.

1920-1923.
Rue Cortot.
Années fécondes dans la production de Suzanne.
Entre autres toiles, La famille Utter, La poupée délaissée. *En 1921, Berthe Weill organise une exposition de groupe : Valadon, Utter, Utrillo. Quatre œuvres importantes figureront également au Salon d'Automne.*
Exposition particulière chez John Lévy. Le public et la critique s'intéressent de plus en plus à son œuvre.
Après un bref séjour à la prison de la Santé suivi d'un internement à Sainte-Anne, Maurice va subir une cure de désintoxication dans une maison de santé à Ivry. Exposition personnelle chez Berthe Weill puis chez Paul Guillaume.

1920...21...22...23... Les saisons se sont rejointes dans les archives de la mémoire et la Grande Guerre n'est plus qu'un souvenir pénible dont témoignent les photos jaunissantes des disparus. Entre la place du Tertre et celle des Abbesses, de nouveaux venus remontent et descendent les

301

rues tandis que les anciens du quartier se confient à la nostalgie :

— Il faudrait retrouver le vocabulaire d'avant-guerre pour raconter ce qu'était Montmartre !

Au 12 de la rue Cortot, la vie va et vient au rythme des engueulades et des réconciliations. On se dispute la gloire de figurer dans la galerie de portraits de la grande artiste qu'est devenue Suzanne Valadon. A tour de rôle, les amis viennent poser pour la postérité. La cigarette à la bouche et le geste toujours aussi vif, celle qui fut la protégée de Degas avance dans le temps sans faillir à elle-même. Quant à Utter, son compagnon, il se pavane dans le quartier armé d'une suffisance qui n'a d'égale que son autorité. Rival de Vlaminck à qui il emprunte l'élégance et le monocle coincé dans l'orbite, il ne se déplace plus qu'escorté d'une bande de désœuvrés qu'il abreuve de son éloquence. Au cours d'un repas auquel ont assisté les têtes pensantes de la Butte, l'ancien électricien s'est sacré pape... et penseur ! N'a-t-il pas annoncé à la petite cour qu'il régale régulièrement son intention d'écrire un livre sur la philosophie de l'art ? La parole, il est vrai, ne lui coûte pas plus que la générosité.

— A-t-on jamais vu pareil gigolo ? La mère plus le fils pour lui assurer ses aises !

Depuis que les toiles d'Utrillo atteignent des sommes exorbitantes en salle des ventes, Suzanne et son jeune mari n'ont plus à compter. Amis, pique-assiette et simples curieux profitent de l'aubaine : « Suzanne... vous devriez être plus raisonnable et André aussi ! Cette époque de vaches grasses pourrait ne pas durer ! » Valadon n'a que faire des rabat-joie. A quoi sert l'argent sinon à le dépenser ? Encouragé par sa femme qui dispense cadeaux et bienfaits comme l'urne du Verseau répand l'eau d'une vie nouvelle, Utter, le pape de Montmartre, invite qui sera convaincu de l'ampleur de sa pensée. Une oreille attentive

Nu à la couverture rayée, par Suzanne Valadon, 1922
(cl. Giraudon, © by SPADEM, 1984)

a droit à un dîner, deux à une soirée au Lapin Agile ou dans quelque autre cabaret où la fumée pique les yeux à l'emphase. Ses propos ont le mordant que sa peinture n'a jamais eu. Hormis l'œuvre de Valadon pour laquelle il professe une admiration qui ne se démentira jamais, il n'épargne personne.

— Que penses-tu de la peinture d'Utrillo ?
— Ce que Maurice peint n'a plus d'importance... les collectionneurs achètent et attendent que les toiles aient doublé de prix pour les revendre... Ces gens-là ne s'occupent que des titres. Ils veulent du Moulin de la Galette ou du Sacré-Cœur.
— Tu n'y vas pas un peu fort ?
— Absolument pas. Il y en a même qui achètent des tableaux par téléphone. Ils ne se déplacent pas pour les voir. Comme je le disais à Heuzé... j'aurai monté la plus belle affaire du siècle !

Dans le bistrot où l'on distille les paroles qui assassineront les absents, on salue Utter : « Vous avez vu qui vient de me dire bonsoir ? » Le pape laisse tomber un nom qui en impose.

— Francis Carco, pour ne parler que de lui, a son couvert mis à la maison. Il achève la biographie d'Utrillo.
— Tu ne vas pas nous dire que c'est Maurice qui lui raconte sa vie ? Il est aussi peu causant qu'une porte de cuisine !
— Evidemment non. C'est Suzanne. Remarquez, elle ne se prive pas de lui raconter des craques. Il n'y a pas plus menteuse qu'elle !

Lorsqu'elle ne reçoit pas rue Cortot, Valadon honore de sa présence Le Lapin Agile. Son rire n'est pas le plus discret et sa langue la moins bavarde. Assise entre ses chiens qui ont droit aux caresses des habitués, elle apostrophe Mac Orlan ou Dorgelès, raconte des histoires qui provoquent le fou rire, à moins que, le bras passé autour des épaules d'André dont elle boit le profil, elle n'attende qu'il ait terminé son discours pour chanter un couplet...

Mais l'paveur s'est mis en grève
Veut la r'traite à vingt-cinq ans.
Il dit : Ce métier me crève
Il devient trop éreintant.
Je lui dis : Bon fonctionnaire
Bouchez le trou qu'vous venez d'faire.
Il me répond : Et ta sœur
Est-ce qu'elle soign'ra mes douleurs ?

La pipe à la bouche, le pape se lève. Il lance une œillade à une jolie fille attablée en vitrine, va de groupe en groupe, jusqu'au comptoir où Frédé, le patron, s'enquiert de l'absent : « Que devient Maurice ? On ne le voit plus ! »

— Il travaille et ne quitte plus sa chambre.
— Ne serait-ce pas plutôt toi qui le tiendrais enfermé ? Il paraît que vous avez grillagé sa fenêtre ?

Suzanne à qui rien n'échappe, élève la voix : « Etes-vous inquiet pour votre tiroir-caisse ou pour le bien-être de mon fils ? »

— Je m'enquiers par sympathie ! Parce que, sauf le respect que je dois à une personne comme vous qui attirez les éloges et qui venez de signer un contrat avec Bernheim où je ne sais qui, si j'avais voulu remplir mon tiroir-caisse, j'aurais fait comme les autres du quartier qui s'en fichaient pas mal de voir Utrillo ivre mort du moment qu'ils pouvaient lui soutirer des toiles !... Allez donc rendre visite au père Gay ! La boutique qu'il a ouverte boulevard Rochechouart, elle ressemble plus à une galerie de tableaux qu'à un magasin de volailles !... Quant à Marie Vizier qui s'est fait appeler La Bonne Hôtesse pour mieux camoufler son avarice, elle doit se mordre les doigts d'avoir vendu les toiles que Maurice lui avait offertes du temps où il était amoureux d'elle !

— Eh bien... justement ! Cette période-là est terminée ! Maurice est malade et l'hôpital me l'a confié à condition que je le surveille !

Soudain, Suzanne bascule en arrière. Le dos appuyé contre le dossier en molesquine, elle s'abandonne au rire devant l'assemblée ahurie : « Pauvres ignares... vous vous êtes bien fait avoir ! Il n'y a pas encore longtemps, si on ne vous avait pas dit que la peinture de mon fils valait de l'argent, vous l'auriez jetée à la poubelle ! Il vous a bien possédés, le pauvre Maumau, tout alcoolique qu'il est ! Et je me demande à quoi pense Marie Vizier quand elle entre dans ses cabinets ? aux fresques d'Utrillo qu'elle lui a demandé d'effacer de suite ou à sa connerie ? » Sur ce, Valadon se lève. Au moment de passer la porte, elle se retourne, toise les clients silencieux : « En attendant, je souhaite bonne nuit à la galerie ! »

— Celle-là, ce n'est pas encore demain qu'elle baissera le nez !

A L'ABRI D'UN GRILLAGE

Tandis qu'au Lapin Agile on s'inquiète de son sort, Maurice passe la soirée en compagnie de l'infirmier que sa mère a engagé pour le surveiller. « Ce n'était pas pire à l'asile ! Là-bas, je pouvais peindre ce qui me plaisait alors qu'ici on m'oblige à faire des tableaux sur commande ! » Pierre, le nouveau garde-chiourme, tente de convaincre Maurice des avantages qu'offre la vie de reclus : « Pour ce que l'existence nous propose, autant la vivre dans une chambre ! Au moins, on en voit tout de suite les limites ! »

— Et pourquoi m'ont-ils supprimé le train électrique que Zborowski m'avait offert ?

— Parce que tu buvais l'alcool à brûler de la locomotive !

— Ma mère n'a qu'à me donner du vin au lieu de m'empoisonner avec de l'eau rougie !

Pierre partage avec Maurice la vocation de l'alcoolisme. Il fait un clin d'œil au prisonnier et chuchote : « Demain... ni vu ni connu ! » Il marche sur la pointe des pieds jusqu'à la porte, va s'assurer que Suzanne n'est pas rentrée :

— ... pendant la promenade, nous irons boire un petit canon. Mais attention, Maurice ! De la tenue en rentrant à la maison !

Le lendemain, les deux compères se retrouvent attablés non pas devant un canon mais une rangée de bouteilles vides. A l'écart, les clients se moquent. Au lieu d'ameuter le quartier avec leurs scènes et leurs cris de bambocheurs, la peintresse et son gigolo feraient mieux de surveiller les arrière-salles des cafés. Toute fine mouche qu'elle est, et avec cette sacrée hâbleuse on ne sait jamais où se joue le mensonge et où se dit la vérité, elle se laisse duper par l'infirmier. Alors qu'elle le paie au tarif de la confiance, Pierre, un faux jeton aux pâleurs de sacristain, non seulement lève le coude avec le malade dont il est censé protéger la sobriété, mais il l'entraîne dans la bigoterie. Que de fois a-t-on vu le peintre et son surveillant tituber à l'intérieur du Sacré-Cœur ? Le curé s'est plaint du tapage des deux ivrognes qui en guise de prières offrent leurs hallucinations à Dieu.

— Qui sont ces deux-là ?

— Utrillo, monsieur le curé, et son infirmier, un soiffard qui a un estomac en zinc et une âme de paroissien.

Sur les bas-côtés de l'autel où il aime venir s'agenouiller en compagnie de Pierre, Maurice a rencontré Dieu auquel il a confié sa détresse. Un après-midi, en rentrant à la maison, il a demandé à sa mère à être baptisé. « Mon pauvre garçon... il ne manquait que cet épi à ta couronne de martyr ! » Après s'être gaussée, Suzanne a refusé :

— Pas de cul béni chez moi !
— Je suis ici parce qu'on m'y retient de force ! Rends-moi ma liberté !
— Ce n'est pas à la liberté que je vais te rendre... c'est à l'asile !

Après des esclandres si violents qu'ils ont obligé Galanis, le sculpteur du rez-de-chaussée, à chercher refuge dans la rue pour échapper au tapage, Valadon a fini par céder. En vain, car le prêtre a éconduit le peintre qu'il juge dépourvu de bon sens malgré ses quarante ans.

— Bande de cons ! Personne ne veut de moi sous prétexte que j'ai fait des séjours en cabanon ! Je ne suis pas fou, je suis alcoolique !

Depuis ce jour, l'illuminé cherche la délivrance dans le livre de catéchisme de la fille de la concierge. Pendant que Pierre égrène son chapelet, Maurice lit des prières à haute voix. Le verbe des apôtres descend en lui comme un miel qui cicatrise ses blessures. Lorsque sa mère est lasse de l'entendre réciter les louanges du Seigneur, elle vient frapper brutalement à sa porte : « En as-tu bientôt fini de tes bondieuseries ? Ta voix me dérange. » Le récitant échange un regard furibond avec l'infirmier. Il lance le livre à terre en hurlant :

— Sacré nom de Dieu de bordel ! Ne pourrais-tu pas me laisser tranquille une fois dans ma vie ?

Mais parce qu'un soir Pierre est rentré plus ivre que Maurice qui a dû le soutenir pour remonter la Butte, Suzanne l'a renvoyé avec perte et fracas :

— Dorénavant, c'est à moi seule que tu devras des comptes. Les virées en douce, c'est fini ! Chaque fois que tu auras bien travaillé, tu auras droit à un verre !

En ce doux printemps de l'année 1923, Valadon veille donc sur Maurice et plus encore sur ses démons. Elle a renoué avec les habitudes d'antan. En compagnie d'André et du couple Kars dont elle apprécie la fidélité et le dévouement, elle a pris l'habitude, en fin de semaine, d'emmener Maurice à la campagne. Après avoir rôdé dans les guinguettes, la joyeuse compagnie va jouir de la fraîcheur sous les futaies. Pendant que le pape tire sur sa bouffarde et sur ses idées de grandeur, et que les autres jouent aux cartes, Utrillo s'éloigne. Tout en se promenant au bras de la solitude, sa fidèle compagne, il se remémore les arbres de Montmagny dont il a tenté maintes fois de traduire la beauté à l'angle d'un champ que jusqu'à la fin des temps on labourera dans sa mémoire. Puis vient le moment de songer au retour.

A peine la tribu est-elle installée dans l'atelier, que Maurice s'enferme dans sa chambre. Il se précipite sur une toile. Pendant qu'il dessine avec application le paysage qui l'a ému durant la journée, la voix criarde de sa mère lui parvient. Utter l'a blessée d'un mot maladroit. En présence des amis Kars que plus rien n'offusque ni ne dérange, le couple s'en donne à cœur joie. Les injures s'entrecroisent jusqu'au moment où la sonnette de l'entrée se fait entendre. Un habitué de la maison monte l'escalier. Suzanne s'élance au devant du nouveau venu qu'elle prie aussitôt de rester à dîner. L'intendante, miss Walton, une Anglaise dont elle s'est attaché les services, « Et ça s'offre une dame de compagnie comme dans les romans anglo-saxons ! », va chercher les bonnes bouteilles. L'atmosphère est à la détente — et tant pis si Utter fait grise mine, il a trop de discours en tête pour tenir longtemps sa bouderie — lorsque la porte s'ouvre. Utrillo traverse l'atelier sans dire un mot. « Veux-tu te joindre à nous ? » Un grognement répond à l'offre de Suzanne à qui il ne déplaît pas de lâcher son fils en société.

— J'ai soif !
— Si tu allais poser ce pinceau avant de venir boire un verre avec nous ?

De sa main tachée de peinture, Maurice écarte l'invitation qui voltige comme une mouche devant son visage. La tête bien droite au-dessus de son chemisier à col claudine, miss Walton se précipite. Elle lui sert du vin discrètement coupé d'eau. Lorsqu'il s'en rend compte, Maurice crache le mélange : « Oh, le dégoûtant ! Il a sali ma jupe ! » La grossièreté de son beau-fils écarte Utter de la maussaderie. Le poing dressé en direction de l'ivrogne qu'il est prêt à boxer, il exige des excuses que l'autre n'est pas décidé à présenter.

— Puisque tu ne sais pas te tenir, retourne dans ta chambre !
— Si je veux ! Je ramène assez d'argent pour être ici chez moi !

Miss Walton en profite pour se confier à son voisin : « Il y a des jours où je n'en puis plus tant ils sont insupportables ! C'est bien simple, ici le spectacle est permanent ! » Sous son chapeau à large bord, Suzanne ressemble à une vieille petite fille coléreuse :

— André... laisse-le tranquille !
— Tu veux donc qu'il nous gâche la soirée ?
— Maurice a besoin de s'amuser... miss Walton, servez-lui du vin ! Après tout, le talent a droit à des fantaisies !

Pendant que sa mère mesure les droits du génie, Maurice avale son verre d'un trait. Qu'attend donc Suzanne pour lui offrir une propreté à trois francs dix sous ? Une chemise et un pantalon neufs lui donneraient meilleure contenance ! Georges Kars évoque l'après-midi où Utrillo s'est rendu chez Barbazanges pour voir son exposition. Carco prend le relais. Il compte de mémoire les tableaux : « Quarante au moins... et parmi les plus beaux de la période blanche ! » Maurice se frotte machinalement les mains, jette un coup d'œil inquiet autour de lui. Pourquoi lui donne-t-on la vedette ?

— Quand je suis entré dans la boutique... ma foi, j'ai reçu un fameux coup de poing dans l'estomac... toutes ces toiles, c'est moi qui les avais peintes !

L'émotion s'empare du groupe qui se tait. Suzanne fixe son fils à travers la fumée de sa cigarette : « Quarante toiles... et toutes plus belles les unes que les autres... après les avoir regardées avec attention, tu es parti comme un voleur, sans dire un mot ! On ne peut pas le nier, mon fils, tu es un grand artiste ! Mais qu'est-ce qui te prend ? Pourquoi te sauves-tu ? » Lorsque Maurice se retrouve dans sa chambre, il essuie les larmes qui coulent sur son visage : « Vacherie ! » De l'autre côté de la cloison, sa mère rassure les amis :

— Sous son apparence glacée, c'est un grand émotif ! Allez, je le connais bien, mon Utrillo !

Ma chère mère,

Comme tu le disais hier au soir à tes amis, je suis un grand émotif. La preuve, c'est que je t'écris des lettres que je déchire ensuite. La solitude m'a rendu timide et inquiet. Le croiras-tu ? La vie me terrorise. Tant de choses sont mortes en moi. Sauf la peur ! Sauf l'amour que je te porte ! Lorsque mon cerveau se brise, si bien que je ne peux plus rien faire d'autre que de prendre ma tête dans mes mains, la peur et l'amour sont toujours là, et le désir de mourir ou celui plus fort encore de boire. Pour échapper à cette douleur qui me poursuivra toute ma vie, car je sais maintenant qu'il y a des états auxquels on ne peut pas échapper, je m'amuse à jeter mes crayons et mes pinceaux dans la rue. A travers le grillage, je les vois tomber. Le bruit de leur chute se perd dans ma tête. Il me vient des idées bizarres qui m'effraient et m'excitent à la fois. Je regrette l'époque où je pouvais traîner dans Montmartre comme n'importe quel ivrogne, car je sais que je suis un ivrogne. Il faut avoir peu de sentiment pour imposer la diète à un alcoolique. C'est comme si on forçait un blessé à contempler sa plaie. Même s'il me battait souvent, Pierre était un bon compagnon. Il m'a présenté à Dieu. Jamais je n'aurai assez de reconnaissance pour lui. Oui, ma chère mère, ne t'en déplaise, j'aime prier. L'affection que je porte au Seigneur et aux saints ne retire rien à l'intensité de mes sentiments pour toi. Tu n'as jamais voulu de mon amour. Je ne te reproche rien. C'est ainsi. Il n'y a que ma peinture qui t'intéresse. Moi, en tant qu'individu, je n'existe pas pour toi. En réalité, je n'existe pour personne. Marie Vizier à laquelle je songe encore parfois me l'a bien fait sentir. Mais encore une fois, je ne te reproche rien...

— Qu'écris-tu encore, Maurice ?
— Rien... des bêtises... des paroles d'alcoolique...
— Laisse tomber cette plume et viens te joindre à nous !
— Non, la peinture m'attend... elle est pressée...

> *Trop tard. Hélas ! Il est toujours trop tard pour Utrillo et quelque fièvre qu'il ait eue par la suite de peupler ses compositions d'humbles gens, ce sont moins des vivants que d'obscurs automates qui ne lui répondraient pas.*

Francis CARCO, *Montmartre vécu par Utrillo.*

Pierre, l'infirmier

Mon petit Pierre, même le génie a ses nerfs ! Pourquoi n'aurais-je pas les miens ? Et puis votre bigoterie m'agace ! Si j'avais su qu'elle était contagieuse, je vous aurais renvoyé depuis longtemps ! Quand je pense que je vous ai confié mon fils, cet artiste, avec son sens de la couleur, et la morosité de ses rues... *Ecoutez-moi cette garce !* ... et la beauté de ses ciels, et l'humilité de ses églises... *Elle se croit avec un de ces zozos qui achètent les toiles d'Utrillo à prix d'or !* ... Bref ! Quand je pense que j'ai confié à un bigot une « machine à fabriquer des billets de banque » !... Vous sursautez ? Pourtant c'est ainsi qu'on appelle Maurice, place du Tertre. Qui n'a pas son Moulin de la Galette ? ... *Elle est soûle !...* Marie Vizier qui a vendu son stock à Paul Guillaume pour une somme dérisoire ! Le père Gay qui n'a conservé que des croûtes ! Et tous les autres ! Qui n'a pas sa rue des Saules ? Les sots et les ignorants ! ... *Elle est fin soûle !* ... Même les Américains veulent des Utrillo ! Votre Dieu a souhaité ce miracle. D'un alcoolique irrécupérable, il a fait un peintre dont les banquiers et les millionnaires s'arrachent les toiles ! Le misérabilisme rapporte enfin des sous ! ah ! ah ! *Dis toujours, vieille garce, je sais où tu veux en venir !* ... Si seulement la tuberculose pouvait en faire autant ! Elle aurait épargné la pauvreté à Modigliani qui aurait eu la satisfaction de mourir riche à trente-cinq ans ! « Cara, cara Italia ! » a-t-il dit en mourant. Voilà ce que j'appelle une prière ! Mais qu'est-ce que je disais ? Ah oui ! Sans mon fils, Montmartre serait tout juste un quartier pittoresque et le Sacré-Cœur une illusion d'optique... *Seigneur Dieu, pardonnez-lui ses outrances, car elle ne mesure pas l'ampleur de sa servitude !...* Qu'est-ce que vous marmonnez encore ? Une prière ? Et qu'est-ce qui gonfle votre poche ? Une chopine ou un chapelet ? Je sais ! Je sais ! Vous pensez comme eux ! Que connaissez-vous de mes soucis, de mes étouffements nocturnes ? Etre la mère d'Utrillo n'est pas un rôle facile ! Pas plus tard que l'année dernière, quelles démarches humiliantes n'ai-je pas dû faire pour arracher Maurice à la prison ? Et pourquoi cet imbécile a-t-il choisi la vespasienne de la Bourse pour exhiber son anatomie ? Est-ce parce qu'il est coté comme la Française des Pétroles ? ... *Je ne l'ai jamais vue aussi soûle, ah ça, elle peut donner des leçons aux autres, je ne l'ai jamais vue aussi ronde ! ...* Certes, le cul d'un artiste de son envergure mérite des égards ! Le tribunal des flagrants délits aurait dû s'en souvenir ! Au lieu de cela, ils l'ont emmené à la Santé et on l'a mis dans une cellule avec des voleurs avant de l'envoyer à l'asile de Sainte-Anne chez les fous. Heureusement que j'ai alerté les journalistes et les écrivains ! Sans Bertrand de Jouvenel, il y serait encore ! On m'a autorisée à le placer dans une clinique privée à Ivry. C'est encore là que Maurice peint le mieux. On vous dira qu'Utter et moi nous nous préoccupons davantage de sa production que de sa santé mentale... *Seigneur Dieu, écartez-la de la tentation et délivrez-la du mal, ainsi soit-il ! ...* Pierre, vous me prenez pour qui ? Pour la Vierge Marie ? Vous n'allez pas vous signer devant moi ! J'ai trop souffert de ces simagrées durant mon enfance pour accepter d'en voir la représentation chez moi ? ... *Vieille chipie ! Que le diable s'empare de toi ! ...* Que voulez-vous, mon petit Pierre, le génie a ses faiblesses ! Si le cœur vous en dit, vous pouvez compter les miennes. Elles sont en passe de devenir immortelles. Parce que je finirai à côté des plus grands ! Où ? Mais au Louvre ! Près de Véronèse et de Titien ! Ah ! Ah ! Je ris ! Je plaisante ! Je joue à la folle ! ... *Pour sûr qu'elle joue à la folle ! ...* mais je n'en pense pas moins ! Miss Walton, miss Walton ! Avez-vous donné à manger au chat ? Raminou, où es-tu, Raminou ? Est-ce que cet animal me bouderait ? Depuis ce matin je n'ai pas eu droit à sa visite ! Voulez-vous fermer cette fenêtre ? Mais il est complètement zinzin, cet homme-là ! Approchez-vous... plus près... encore... *Vieille charogne !...* Ouvrez la bouche ! Vous avez encore bu ?... *Dégagez-moi Seigneur des choses visibles et terrestres afin que je ne voie plus ce visage qui m'afflige ! ...* C'est bien simple, vous êtes ivre ! Puisque c'est ainsi, puisque rien ne peut vous arracher à votre vice, puisque vous entraînez Maurice sur une pente qu'il ne descend que trop vite, puisque...

J'ai compris, madame Suzanne, j'ai compris ! Je vais prendre mes cliques et mes claques ! parce que votre chanson, je la connais par cœur... deux ivrognes dans une maison c'est beaucoup trop pour une femme de votre sorte, qui a un contrat à remplir, et patati ! et des amateurs à recevoir, et patata ! et la carrière de son fils à assumer... *Pierre ? Mais vous êtes fou à lier ? ...* J'ai compris, madame Suzanne, j'ai compris ! Je vais déguerpir ! Et ne comptez pas sur moi pour aller faire de la figuration à votre rétrospective au Salon des Indépendants ! Je laisse ce rôle de lèche-cul à votre élève, cette Germaine Eissenmann que vous avez pêchée dans la baie du Mont-Saint-Michel ! J'ai bu ! Et alors ? Ce n'est pas vous qui allez me sermonner ? La sobriété, comme dit Maurice : « Ils la noient à ma place ! » ... *Salopard ! Vaurien ! Prenez la porte ! ...* Je la prendrai, madame Suzanne, je la prendrai la porte, mais à mon temps, quand je vous aurai dit ce que j'ai sur le cœur ! Et d'abord ceci : autant vous dépensez d'argent pour votre plaisir et celui de votre maquereau Utter, autant vous économisez sur le dos de votre fils qui mène une vie de prisonnier, parfaitement, de prisonnier ! Et Utrillo a bien fait de faucher une de ses toiles dans l'armoire où vous cachez ses chefs-d'œuvre, et je le félicite d'avoir mis le quartier sens

315

dessus dessous avec les pétards et les feux de Bengale qu'il a achetés avec ce pognon qui lui revient de droit... *Miss Walton ? Où êtes-vous, nom de Dieu ?...* L'ennui, ce n'est pas le fait que la police l'ait ramené en taxi, au contraire, ça prouve que maintenant les flics prennent des gants pour saluer la gloire d'un pauvre type, l'ennui c'est qu'ils l'ont tabassé si rudement que je me demande s'il va se remettre d'un pareil traitement ! Avec sa tête bandée, il a l'air d'une momie... *Miss Walton, enfin vous voilà ? On pourrait m'égorger sans que vous vous dérangiez ! Allez vite chercher André pour qu'il fiche ce délirant à la porte !* ... Et puisqu'on en arrive aux coups et blessures, ne profitez pas de mon renvoi pour raconter à tout Paris que j'ai molesté « votre cher malade, votre Utrillo, ce maître du paysage, ce metteur en scène de la décrépitude et du pourrissement, et le plus frappant dans ses œuvres, ne sont-ce pas ses ciels ? et avez-vous vu celui-là ? Il est si tragique et pourtant si limpide ! j'en suis jalouse ! », parce que si vous croyez que le monde est dupe de vos fadaises, vous vous trompez ! Et n'allez pas raconter à vos amis Kars, ces avaleurs de bobards, que j'ai flanqué des trempes à Maurice, alors que vous-même vous vous battez comme une chiffonnière avec votre gigolo qui refuse de tenir un pinceau parce que sa main le trouve trop lourd ! ce faux pape, cet usurpateur qui, lorsqu'il est en colère, lacère vos toiles à coups de couteau ou vous poche les yeux à l'indigo, si bien que toute grande dame de la peinture que vous êtes, avec les critiques, Carco, Tabarant et compagnie au train, vous vous promenez l'œil au beurre noir comme une pocharde... *Allez-vous vous taire ? Escroc ! Bandit ! Allez-vous vous taire ?...* Pour sûr, madame Suzanne, pour sûr que je vais me taire, et vous rendre ma blouse de larbin, et sans regret encore !

Brummer dit un chiffre qui me parut énorme.

— C'est votre dernier mot ? demanda Utter.

Signe de tête affirmatif de Brummer.

— C'est ça que vous me proposez pour des toiles qui ne font que monter ! Qui atteindront, après sa mort, des prix astronomiques ? Mais vous vous moquez du monde ! J'ai quatre maîtresses, moi, monsieur, et pour chacune d'elles il me faut des fourrures et des « cailloux »... Et Suzanne alors ! Elle qui jette l'argent par la fenêtre ; elle qui donne cinq fois le compteur aux chauffeurs de taxi... Et le château de Saint-Bernard où nous tenons Maurice ! Garçon ! L'addition...

Maximilian ILYIN.

1923-1927.
Valadon est sollicitée de toutes parts pour exposer
ses toiles. Elle mène une vie fastueuse entre son
fils et Utter. Le trio possède une voiture et du
personnel. Achat du château de Saint-Bernard
dans l'Ain où Utrillo passera tous ses étés
jusqu'en 1934. Importante exposition Valadon-
Utrillo chez Bernheim Jeune. En 1926, les
Bernheim achètent, au nom d'Utrillo, une maison
avenue Junot où le trio s'installera. La même
année, un tableau d'Utrillo est vendu cinquante
mille francs à l'hôtel Drouot (vente Decourcelle).

Pour Maurice, c'en est fini des villégiatures dans les asiles de la région parisienne et des visites rendues aux prisons.

317

Suzanne estime que neuf internements suffisent pour tremper un caractère. En présence de Nora Kars, sa confidente et conseillère, elle a décidé de veiller elle-même sur son fils que chacun se plaît à trouver étonnamment robuste. Depuis le départ de Pierre, ce paroissien au délire inquiétant, « quand je pense que je me suis laissé berner par un bigot doublé d'un hypocrite ! », Suzanne affiche une détermination qui en impose à son entourage.

— Maurice va finir par mourir d'ennui ! Je le voyais ce matin derrière le grillage de sa fenêtre... il avait l'air bien triste !
— Ne vous inquiétez donc pas pour lui ! Il a la prière et Jeanne d'Arc pour meubler ses insomnies, surtout depuis que je lui ai offert l'œuvre de Michelet !
— Vous voulez dire qu'il lit même la nuit ?
— Non, mais il connaît le livre par cœur ! Quand je suis couchée, je l'entends de mon lit réciter la passion de Jeanne, la Pucelle...

> *... Délaissée ainsi de l'Eglise, elle se remit en toute confiance à Dieu. Elle demanda la croix. Un Anglais lui passa une croix de bois qu'il fit avec un bâton...*

... parfois même, il pleure !
— Le pauvre ! Et vous n'allez pas le consoler ?
— Mon fils n'est pas un homme qu'on console ! Il est né avec une âme de martyr. Plus il a d'épines dans le cœur, plus il est content !

Depuis son dernier passage à tabac — et les flics après l'avoir battu leur content ont eu l'hypocrisie de le ramener en taxi comme un notable auquel on doit des égards —, Utrillo n'est plus le même. Certes, sa blessure à la tête s'est cicatrisée et ses cheveux ont repoussé là où on les lui avait arrachés, mais tout se passe comme si quelque chose de lui était resté dans ce commissariat où l'ordre s'est acharné

Suzanne Valadon avec Maurice Utrillo et André Utter
(cl. Roger-Viollet)

contre sa personne. Tantôt il chante des cantiques sortis de son imagination enfantine, tantôt il gémit, tantôt il hurle des obscénités. Son humeur est imprévisible et sa raison vacille comme la flamme d'une bougie dans un courant d'air.

— Remets-toi à peindre ! Tu ne vas pas soliloquer derrière cette fenêtre toute la matinée ! Quand je pense que le monde entier s'intéresse à toi !

Lorsque le prisonnier daigne répondre à sa mère, c'est pour se plaindre de la longueur des journées ou du comportement de son beau-père pour lequel il n'a plus qu'animosité : « Sacredié ! Qu'est-ce que tu pinailles, Maurice ? On me demande une place du Tertre depuis un mois ! » Utter, il est vrai, ne cache plus sa nervosité, et encore moins ses envies. Sa femme qu'il a surnommée « Radio-Valadon », tant elle est bavarde, lui donne des irritations qu'il soigne en lui lançant des méchancetés, et parfois, lorsque la colère le saisit, en la molestant comme une gourgandine en mal de mauvais traitements.

— Parce qu'il te frappe maintenant ?
— Tu sais... moi aussi j'ai mon caractère !
— J'ai tout entendu... il te cogne ! Le salaud ! Un peu plus et tu étais borgne !
— C'est moi qui l'ai cherché... après tout, nous ne nous entendons pas si mal !
— Et en plus, il esquinte tes toiles ! L'autre jour, je l'ai vu ! Il a planté son canif dans ton dernier tableau ! Ah, le salaud ! Si je n'étais pas là, il serait sur la paille !

Bien qu'elle ne montre plus le même enthousiasme pour la carrière de son mari, Suzanne interdit à Maurice de dénigrer une œuvre dont on continue à vanter les qualités dans certains cercles parisiens : « Pourquoi dis-tu des vacheries ? Son talent ne retire rien au tien ! Ce n'est pas parce que ses toiles ne se vendent pas qu'elles sont mauvaises ! Ecoute donc ce que Salmon écrit sur lui... »

... Son graphisme robuste, soutien d'une couleur, vaut surtout par les accords de tons choisis avec une éclatante économie...

— Tu m'écoutes ?
— Non !

... entre la sensualité profonde et la sereine contemplation apprise des réalistes...

Tout en poursuivant sa lecture, Suzanne enfonce son coude dans la poitrine de son fils qui proteste avec violence :

— Tout ça... c'est du charabia !

Vexée, Suzanne replie le précieux document : « N'empêche qu'en 1914, juste avant qu'il ne parte en guerre, André était le poulain d'un critique aussi important que Gustave Coquiot ! A cette époque-là, il avait des audaces... c'est la guerre qui est la cause de son désintérêt.

— La guerre ! Sacré tonnerre, encore la guerre ! Ce n'est pas une raison pour te pocher les yeux dix ans après !
— Calme-toi, Maurice !
— Frapper ma mère... cette sainte femme... ah, la vache !
— Calme-toi ! Tu sais bien ce qui se passe lorsque tu t'énerves ? Ecoute-moi plutôt... j'ai une bonne nouvelle à t'apprendre.

Une lueur interrogative apparaît sous la paupière tombante de Maurice qui a repris son visage de vieil enfant triste et doux. « Est-ce que tu envisagerais de me redonner à boire ? » L'incorrigible ! Suzanne saisit son paquet de cigarettes, en prend une qu'elle plante brutalement dans sa bouche : « Si autrefois le vin t'aidait à calmer tes tourments et à peindre, aujourd'hui il te rend malade ! » Maurice laisse retomber sa main sur sa cuisse : « Quand je songe que je pouvais m'envoyer mes vingt litres par jour et torcher une toile en deux heures ! Maintenant, un malheureux verre me donne des crampes ! » La flamme de l'allumette éclaire le sourire bienveillant de Valadon. Cet aveu lui va droit au cœur : « C'est déjà beaucoup si tu t'en rends compte. Rappelle-toi ce qui est arrivé à Modigliani. Vite fait, bien fait ! L'alcool l'a tué ! » Utrillo proteste car la mémoire ne l'a pas encore abandonné : « Modi ! Ce n'est pas l'alcool qui l'a rétamé, c'est la tuberculose ! Ah, la salope ! » Suzanne va s'éloigner lorsqu'elle se souvient du but de sa visite :

— Et cette bonne nouvelle... tu ne tiens donc pas à la connaître ?

Le regard que Maurice jette à sa mère est aussi peu curieux que celui qu'une carpe adresserait au roseau qui tremble au-dessus de sa tête.

— André a acheté un château dans le Beaujolais... Qu'est-ce que tu dis de cela ? Nous voilà châtelains, et toi le premier qui vas aller vivre là-bas ! Je sens déjà combien tu y seras heureux !

SAINT-BERNARD

Utter, qui n'a jamais oublié l'âcreté des jours de disette où l'on comptait et recomptait ses sous dans l'espoir de s'être trompé, a songé au moyen d'assurer l'avenir à l'aide de placements judicieux. L'achat d'un château qui offrait à l'amateur ses ruines du XIIIe siècle n'en était-il pas un ? A vrai dire, André ne s'est pas posé la question. A la vue de la grande bâtisse, sorte de ferme fortifiée postée à l'entrée du village de Saint-Bernard, dans l'Ain, où il est allé faire un pèlerinage et quelques tableaux (depuis sa démobilisation il désirait retourner dans une région où, de loin, il avait assisté à la guerre), son sang prolétarien n'a fait qu'un tour :

— Pour une bouchée de pain, je me suis offert une distinction qui en fera baver plus d'un !

Suzanne était en saut-de-lit lorsqu'elle a appris la nouvelle. La frange embrouillée au-dessus de ses lunettes et le menton en surplomb de la tasse à café, elle a exigé une description détaillée de son nouveau domaine : « J'espère qu'il y a une tour comme dans les contes de fées ? » Evidemment ! Avec un escalier en colimaçon et des murs de trois mètres d'épaisseur ! Utter a dessiné dans l'espace les contours du château : « Imagine un bâtiment rustique et imposant, une tour carrée, avec un rien de magistral, un parc abandonné aux orties et aux ronces, des églantiers à profusion et des arbres, ah ça, des arbres à faire pâlir d'envie ceux de la vallée de Chevreuse ! » Tout en l'écoutant avec attention, Valadon a constaté que le costume de tweed et les chaussures en box donnaient à son mari une allure de gentilhomme.

— Il ne te manque qu'une discrète touche de couperose anglo-saxonne !
— Je fais confiance au beaujolais !

Le décor planté, il ne restait plus qu'à l'animer. Pourquoi Maurice n'installerait-il pas sa mélancolie et son chevalet dans ce cadre romantique ? « Que va-t-il devenir au milieu de ces péquenots ? Il va s'ennuyer ! » Et alors, ne s'ennuyait-il pas rue Cortot ? Le temps était venu de mettre un terme aux commérages fielleux, car depuis le départ de Pierre qui n'avait pas manqué de jaser, le Tout-Paris s'inquiétait de son peintre favori : « Vont-ils le tenir encore longtemps derrière un grillage ? » Les jambes croisées, Utter a joué avec sa pipe. D'une voix claire et décidée, il

323

a évoqué la vie future de son beau-fils. A l'en croire, elle serait idyllique :

— Saint-Bernard est un lieu idéal pour peindre en paix ! Là-bas, les tentations ne courent pas les rues ! Et pourquoi ne pas engager des gardiens qui lui tiendraient compagnie ? J'ai rencontré l'ancien concierge qui m'a proposé ses services et ceux de sa femme. Lui a l'avantage de savoir conduire. Nous pourrions acheter une voiture... Pourquoi pas une Panhard ?

A peine évoquée, Suzanne a vu la voiture, un bolide aux formes élégantes, se profiler sur les murs de la chambre : « Quelle merveilleuse idée ! Je me charge de trouver une livrée au concierge ! Ah, la belle vie que nous allons mener ! »

A Saint-Bernard où la sagesse a cédé le pas à la loufoquerie qui se joue aux portes du château... « C'te bâtisse qu'prend l'eau du grenier à la cave, sauf deux pièces où l'ont installé, ces maboules, des matelas à même le plancher ! », les paysans s'étonnent. De quelle planète descend cette trinité aux mœurs si étranges ? Dans la belle voiture qui traverse le village en soulevant autant de poussière qu'un convoi militaire, voiture conduite par un chauffeur en livrée... « Ces gens-là se mouchent dans l'mouchoir d'l'arrogance ! », un énergumène installé à l'arrière, comme un prince en visite, salue les vignes par la portière. Pendant ce temps-là, dans la cour du château dont on ne se donne pas la peine de pousser le portail, et il n'y a pas besoin d'être bachelier pour deviner que ces messieurs-dames n'ont de la discrétion qu'une très vague idée, un dandy à la tignasse couleur de blé tient des discours mal ficelés à une avortonne coiffée d'un feutre à la mode qui lui tombe jusque sur ses lunettes.

— C'est encore le chien qu'a les meilleures manières ! Parce que pour c'qui est de la vieille, depuis qu'elle est ici, elle n'a conté que des extravagances aux gens du pays !

L'automne venu, la femme au chapeau a disparu. Elle a plié bagage. Le hâbleur aux yeux clairs, dont on chuchote dans les étables qu'il est son mari, a suivi son exemple.

— Châtelain à temps complet... avec des gardiens comme chez les gens riches, des gardiens pour te mijoter des petits plats et te tenir compagnie... qu'est-ce que tu dis de ça, mon petit Maurice ?
— Dis donc, André, tu me prends pour un idiot ? Comme si je ne savais pas qu'ils restent ici pour me surveiller !
— En voilà des idées... Si tu peins régulièrement, mais pas n'importe quoi ; je veux du paysage, et de qualité ! tu auras droit à une ration de beaujolais ! Rien de tel qu'un petit canon pour vous donner du cœur à l'ouvrage !

Seuls sont restés au château celui que l'on appelle « le cinglé » et un couple qui semble veiller sur sa santé et ses agissements.

Comme jadis à Montmagny, Utrillo n'en finit pas de déambuler en compagnie de la solitude à laquelle il conte ses soucis et sa peine. Les anciens concierges de la rue Cortot ont remplacé maman Madeleine dont le souvenir vient parfois rendre visite à Maurice : « Cette nuit, j'ai rêvé que ma grand-mère me faisait goûter de la confiture de pommes. Ensuite, elle me grondait parce que je refusais de saluer Miguel, mon père ! » De l'autre côté de la table, le gardien trempe son pain dans le bol de café au lait : « Tiens donc ! Je croyais que c'était le père Noël, ton père ! » Maurice se rengorge : « Eh pardi ! Naître un 26 décembre, ce n'est pas donné à tout le monde ! Si vous me donniez un verre de rouge pour effacer toute cette neige qui est dans ma tête ? »

— Tu connais la consigne ? Pas plus de trois canons par jour !

> — *Combien ? dit Utter tout de go.*
> — *Qu'entendez-vous par là ? questionna*
> *Brummer.*
> — *Money, répondit Utter, en accentuant fort comiquement la dernière syllabe de ce mot...*
>
> Maximilian ILYIN.

Alors qu'à Paris Utter et son épouse paradent au milieu d'une bande d'admirateurs aux noms glorieux, alors que l'un et l'autre, et parfois les deux ensemble, dépensent avec allégresse l'argent que leur donnent les Bernheim, alors que l'homme d'affaires Utter souffle son insolence à la figure d'un grand marchand de tableaux américain, Utrillo fait le tour du domaine où le retiennent prisonnier deux êtres qui ne voient plus en lui que le faiseur de tableaux. Et parce que les journées sont décidément pénibles à parcourir, et parce que le vent souffle trop fort le long des murailles, et que la chute de la lumière en hiver attriste le caractère, Maurice s'aigrit.

Aussitôt terminée la toile qui lui donne droit à une récompense, toile qu'il a peinte d'après une carte postale achetée chez l'épicier du coin — car il n'est plus question pour lui qui redoute le regard d'autrui, et peut-être plus encore les quolibets, d'aller peindre sur le motif —, il monte dans le grenier pour réveiller les chouettes, erre dans le parc en jouant de la flûte, court chez l'aubergiste qui lui sert du beaujolais en cachette, ou rejoint le délire mystique qui l'attend dans la petite église de Saint-Bernard.

Le châtelain, dont on raconte dans les journaux lyonnais qu'il est un peintre connu dans le monde entier, « monsieur Maurice », un fou à lier, court dans la nef en invoquant Dieu qui se dérobe à son étreinte. Agenouillées dans la travée, les prieuses le voient aller et venir en gesticulant comme un diable au seuil de l'enfer. Il tourne autour des piliers, se précipite sur les statues des saints dont il baise les pieds. Aux signes de croix succèdent les génuflexions. Sa gesticulation est si grande et sa confession si impudique que les femmes fuient le lieu profané. Utrillo les accompagne jusqu'à la porte. Il leur lance des insultes : « Vipères lubriques ! Suppôts de Satan ! » Survient son gardien ; sans ménagement aucun, il empoigne le forcené par le bras : « Tu as encore fait moyen d'échapper à ma vue ! Allez, ouste ! Assez prié pour aujourd'hui ! » Utrillo proteste en se débattant :

— C'est donc ça, la vie de châtelain ?
— Si tu n'avais pas passé ton temps à agacer la maréchaussée, tu n'en serais pas là ! Toute cette fortune qu'on dépense à ta place, tu la croquerais à ta façon. Et lorsque tu passerais dans la rue, les gens te salueraient avec envie. Au lieu de cela, ils se moquent de toi. Même ici, personne ne te respecte !
— C'est faux ! Bibet, l'aubergiste, est mon ami !
— Jusqu'au jour où il fera comme les autres et te fichera à la porte !

Utrillo sait que son garde-chiourme a raison. Qui n'a pas ressenti, un jour ou l'autre, l'irrépressible envie de botter le postérieur de cet alcoolique invétéré ? Je suis l'objet de l'hostilité générale, plus le désastre de ma vie perdue, plus la crainte de devenir fou ! Tais-toi, Maurice, tu dis des bêtises ! Qui n'a pas connu le fourmillement de la jambe qui s'apprête à la détente ? Et vlan ! Dans le postérieur de l'ivrogne qui trébuche, bras écartés, jusqu'au lieu de son écroulement ! Oui, Maurice, sois tout cela, et même si la parole est morte étouffée dans ta bouche injurieuse, ta main, elle, parle encore. Elle raconte la résignation et l'existence vouée à la peinture sur commande, à l'alcool et à l'enfermement. Les soirs d'hiver, alors que la mélancolie s'égrène dans la tour carrée de Saint-Bernard, et que le désir de peindre l'abandonne, Maurice s'enferme dans sa chambre. Il rêve ou écrit à Suzanne.

> *Ma chère mère,*
>
> *Je te souhaite tout d'abord une bonne santé pour toi et les êtres qui te sont chers. Grâce à Dieu tous ces biens te seront accordés...*

Tout en recopiant l'adresse de Valadon sur l'enveloppe, il imagine la longue lettre qu'il aimerait envoyer à sa mère si la pudeur et la timidité ne le lui interdisaient pas. Elle commencerait par un reproche... non ! par un aveu ! Ma chère mère, Comme ton élève Germaine Eissenmann a raison de t'admirer et comme je l'envie de travailler avec toi ! Ce matin, je me suis réveillé en songeant au magnifique portrait que tu as fait de Lily Walton avec ce bon gros Raminou sur ses genoux. Ce tableau m'en a rappelé d'autres qui ne sont pas moins réussis. J'ai revu en pensée la femme aux bas blancs, cette putain aguicheuse, ah, la salope ! qui montre sa culotte en dentelles, et tous ces nus superbes, et toutes ces natures mortes vigoureuses, avec des couleurs si éclatantes. Quel culot tu as ! Et alors, je me suis révolté contre l'injustice qui te frappe. Pourquoi ne s'arrache-t-on pas ces merveilles qui feront partie plus tard du patrimoine des musées ? Je sais ! Des gens estimables t'adressent leurs compliments. Je les ai entendus te comparer aux plus grands. Moi-même, quand j'étais enfant, j'ai vu le vieux Degas demeurer sans voix devant tes dessins. N'empêche que tes toiles pourrissent dans les réserves des marchands alors que les miennes disparaissent comme des friandises. Je sais ! Tu te moques du succès et seul le mien te préoccupe. Je sais ! Tu as décidé d'oublier Valadon au profit de la mère d'Utrillo ! Pourquoi ce sacrifice ? Si tu acceptes cette situation, comment pourrais-je la refuser, moi qui suis lâche et ruiné par l'alcool ? Et puis, je suis si loin de tout ! Ah, ma chère mère, comme tu me manques, et Montmartre avec toi, et la liberté ! Vacherie de vacherie ! Les saisons sont si longues et les jours si semblables que je me demande s'il ne serait pas mieux pour moi de mourir ? Aussi, dans la perspective où cet événement surviendrait, au cas où Dieu entendrait mon souhait, je pense que tu devrais mettre de côté quelques-uns de mes meilleurs tableaux. Après ma disparition, ils vaudront le double de leur prix. Si tu savais comme j'en ai marre de peindre pour des cons !

Ma chère mère,

Je t'écris pour te rassurer sur mon état de santé et celui des gens et des animaux. Ici tout va bien, et j'espère qu'à Paris il en est de même...

Lorsque Suzanne reçoit un de ces sages billets, devine-t-elle tout ce que son fils lui cache ? Probablement. Pourtant, à peine a-t-elle lu le message rassurant... « Ici tout va bien », que des larmes lui viennent aux yeux. Elle allume une cigarette, va jeter un coup d'œil par la fenêtre. Mais qu'est-ce que j'ai ? A Lily Walton et à son élève, Germaine, elle confie son émotion :

— Mon Utrillo ! Et moi qui n'avais pas songé à lui tous ces temps-ci, tant la vie avec André est devenue difficile. Quelle mauvaise mère je fais ! Préparez-moi ma valise. Je vais essayer de trouver un taxi pour aller à Saint-Bernard !
— Un taxi... pour saint-Bernard ? Mais ça va vous coûter une fortune !
— Qu'est-ce que ça peut bien faire ? Ce sera autant de moins dans la poche d'Utter !

André Utter

« Un taxi pour Saint-Bernard ? Décidément, tu ne doutes de rien ! »… Radio-Valadon n'a pas daigné me répondre. Elle a ajusté sa cloche de feutre sur sa tête : « Mon petit André… » « Je ne suis pas ton petit André ! » « Mon petit André, si tu ne stationnais pas devant mon miroir comme une plante verte en attente d'être arrosée, je pourrais finir de m'habiller ! Le taxi m'attend déjà depuis une heure ! » Son air gouailleur m'a déplu. J'ai senti la rancune m'envahir. Voilà ce que c'est que de laisser la corde longue à une femme qui ne sait pas se tenir dans le privé… « Un taxi pour Saint-Bernard ? As-tu seulement songé à ce que ça allait te coûter ? Et où crois-tu que je trouve l'argent ? Ton fils ne peint plus qu'une malheureuse toile par semaine. Elle est bien finie, l'époque où il nous torchait un chef-d'œuvre par jour ! Encore heureux que les amateurs soient aveugles. Ils ne voient même pas que ses derniers tableaux ne valent pas tripette ! » Elle m'a lancé un regard meurtrier tout en glissant ses doigts dans des gants de cuir beurre frais, une de ses dernières toquades. « J'ai choisi les plus chers ! Je ne vais pas mégoter pour quelques sous ! Tes pouffiasses t'en croquent assez comme ça ! » Au fond de ma poche, ma main a tremblé. Je me suis demandé : vais-je lui dire ses quatre vérités devant ces deux gourdes de Walton et d'Eissenmann, oui lui ficher mon pied au cul pour qu'elle disparaisse au plus vite du paysage ? Nous n'en sommes plus à une querelle près. Il m'arrive même de lui donner une paire de calottes soignées quand elle m'a provoqué au-delà de toute patience... Pauvre nullard ! Pape à la gomme ! Ta pensée donne sur un abîme !... Suzanne ne manque pas d'imagination, et son insulte est toujours colorée. J'ai fini par comprendre qu'il ne lui déplaisait pas d'être maltraitée. Au contraire, elle cherche l'empoignade et la prise de bec, car elle entend bien être remboursée de ses sarcasmes. Qu'à cela ne tienne. Ce genre d'exercice est à ma portée. De mon père, le plombier, j'ai hérité du geste leste. « Je me demande ce qui m'attache encore à un raté ? La rosserie, peut-être le besoin de souffrir ?... L'enfer amoureux, qui a parlé de lui ? Ce cher Octave Mirbeau ? » Tout se passe comme si les coups que je lui porte la rassuraient sur mes sentiments. Alors que le moteur du taxi continuait à tourner au bas de la maison, la dinguerie l'a saisie. Au lieu de prendre son sac et sa valise, elle a crié qu'étant donné la chaleur de fournaise qui régnait dans l'atelier, et puisqu'elle ne pouvait compter sur personne, elle se devait d'arroser les jardinières avant de partir. Lily Walton a promis qu'elle s'occuperait des plantes avec le même soin que si c'était les siennes. Cette promesse n'a pas convaincu Suzanne. Elle a traversé la pièce en exigeant qu'on lui apporte séance tenante un arrosoir. Pendant que l'Anglaise atteinte d'un commencement d'impatience quittait la pièce, je m'en suis pris à ses gants : « Et tes beurre frais de mondaine, tu comptes les garder propres longtemps ? » Suzanne s'est écriée : « Sûrement pas ! Quand on a de la classe, on porte ses vêtements fatigués ! C'est Lautrec qui m'a appris ça ! L'apprêté, c'est bon pour les pauvres et les petits bourgeois ! » Sur ces paroles sentencieuses, elle a allumé une cigarette en attendant qu'on veuille bien lui apporter l'arrosoir. « Le neuf sorti d'une boîte, ça me rappelle la Légion d'Honneur que Carco a obtenue d'Edouard Herriot pour mon fils... évidemment, je ne dis pas que cette décoration l'ait laissé insensible, loin de là, mais Utrillo a assez de personnalité pour s'être inquiété de la couleur du ruban... il l'a trouvé trop rouge, trop net. Cet excès de propreté l'a troublé. Durant tout le repas, il a dû résister, lui qui n'avait pas le droit de boire, au désir de l'arroser avec le vin de son voisin. Sur ce point nous nous ressemblons, mon fils et moi. L'insolence nous sauvera toujours ! » Pendant qu'elle pérorait à côté de sa valise, j'ai compris que je n'avais qu'un désir : la voir s'évaporer au plus vite, avec ses mains gantées et sa cigarette... crâneuse !... et sa jambe tendue sous la soie de la jupe, et ses seins de jeune fille cachés par la veste en tussor... C'est qu'elle est encore bien foutue, la Valadon ! L'envie de lui rabattre son caquet m'a poussé à prendre la parole presque malgré moi : « Si Maurice a été médaillé, c'est bien grâce à moi ! » « Non, c'est grâce à Carco ! » « Non ! C'est grâce à moi ! » « Et Edouard Herriot, qu'en fais-tu ? » Elle a écrasé son mégot sur une esquisse qui ne s'attendait pas à un tel mépris de la part de son auteur. « N'as-tu donc de respect pour personne ? » « Si, pour les gens qui savent écouter les autres ! » Elle a éclaté de rire : « C'est parce que je t'ai pris la parole cinq minutes que tu me fais cette tête de phraseur mécontent ? » Tout en prenant son air de grande dame, elle est allée se planter devant la négresse nue, un tableau qui après m'avoir enchanté me tanne les nerfs. « En attendant le moment où ton fils baptisera publiquement son ruban avec du beaujolais, je me permets de te rappeler que tu as croqué cent mille francs en quatre jours. Peut-être comptes-tu battre ce record durant ton voyage ? Les Bernheim s'affolent. Ils prétendent que nous engloutissons le capital d'Utrillo. Aussi ont-ils pris la décision, pour assurer son avenir, d'acheter une villa à son nom. Il y en a une à vendre avenue Junot que je t'invite à aller visiter dès ton retour. Il me semble qu'elle pourrait nous convenir. Nous disposerions d'un grand atelier et Maurice pourrait rentrer à Paris, ce qui me paraît souhaitable, vu la pauvreté de sa production ! » Les jambes coupées, Suzanne est allée s'asseoir : « De quoi ces gens-là se mêlent-ils ? Et c'est au moment de mon départ que tu m'annonces cette nouvelle ?

332

Et pourquoi acheter une villa à son nom ? Maurice est capable de la vendre pour la boire ! » Satisfait de l'effet produit, je me suis penché à la fenêtre, ai salué le chauffeur du taxi. Appuyé contre la portière, il avait sombré dans l'avachissement d'une trop longue attente. Le dos rond et le ventre en avant, l'homme guettait la porte d'entrée. « Depuis que le moteur tourne, nous pourrions être à Fontainebleau ! Remarquez, je n'ai rien à dire du moment qu'on me paie ! » Lorsque miss Walton a tendu l'arrosoir, elle s'est fait rabrouer : « Qu'est-ce que vous voulez que je fasse de cet ustensile ? Et puis les plantes peuvent bien crever ! J'ai le cœur malade à la perspective de quitter cette maison ! Oh, mais c'est que tu m'as brisé la joie du voyage, André ! »

Les façades lépreuses, les murs rongés, les
toits chancelants, tout le déchet des faubourgs
d'une grande ville, les exostoses des plâtres
mous, les dolentes silhouettes des arbres grê-
les, les pourritures des vieilles petites maisons... il a peint non pas Montmartre qui
s'égaye, mais Montmartre qui se putréfie.

Gustave COQUIOT.

1928-1932.
Avenue Junot.
L'œuvre de Suzanne Valadon rencontre un succès
international. Très belles séries de nus, de natures
mortes et de paysages (Saint-Bernard, où le trio se
rend régulièrement). Une rétrospective de ses
œuvres a lieu à la galerie Bernier. Puis en 1932,
Georges Petit organise une importante exposition à
l'occasion de laquelle est publié un catalogue
préfacé par Edouard Herriot. La presse accueille
avec enthousiasme son travail, mais les ventes sont
à peu près nulles. Toujours en 1932, publication
par Daragnès d'un album de grand luxe avec une
préface de Claude Roger-Marx.
Harcelé par la gloire, Utrillo cherche refuge dans
un mysticisme naïf. Il vit à Paris sous la
surveillance de sa mère et de son beau-père.

Le temps n'est plus où les fédérés montaient à Montmartre pour échapper aux convulsions de la capitale. Avec les
années de l'après-guerre, la Butte a perdu sa grâce villa-

geoise et ses airs de pâturage. Seules quelques rues ont conservé le charme désuet d'autrefois. Le maquis a disparu, et avec lui ses pavillons misérables, ses jardinets de rentiers, mais aussi sa population folklorique, chiffonniers, brocanteurs verbeux, artisans et rapins dont on n'oubliera pas de sitôt les extravagances et les incongruités. On ne chante plus les refrains canailles derrière les barricades qui séparaient les lopins de terre, et les haricots ont cessé de fleurir au bout des perches. A la place des lilas qui illustrèrent tant de poèmes et de chansons, là où s'élevaient autrefois des bosquets romantiques, se dresse aujourd'hui la très bourgeoise avenue Junot.

— Le maquis ne coûtait pourtant pas cher à la commune !
— Pour du pognon, ils assassineraient les gens. C'est qu'ils y tenaient, ces farfelus, à leur bout de rêve !

Malgré son refus d'obtempérer, malgré un carnaval de manifestations protestataires face aux sommations des huissiers qui ont plusieurs fois battu en retraite, la bohème a dû fuir devant l'ennemi, en l'occurrence une armée de marchands de biens et de spéculateurs avides d'acheter quelques mètres carrés de terrain. Sous les quelques arbres qui ont été épargnés par le hasard et la scie des élagueurs, les architectes convoqués ont décidé des surfaces et des volumes. Ils ont tracé des rues, entassé des immeubles, dessiné de nouveaux escaliers. Toutefois, au sommet de la Butte, dans les ruelles étroites qui serrent de près le Sacré-Cœur, l'espace n'a pas changé. Les murs continuent à entretenir la lèpre qu'un peintre montmartrois a rendue célèbre dans le monde entier.

Que de fois ne suis-je pas resté durant de longues minutes, dans certaines rues, en présence d'un Utrillo de « l'époque blanche », sans souci de la pluie qui tombait ou des piétons qui, me bousculant au passage, risquaient de m'éborgner avec leurs parapluies. J'éprouvais des délices qui, plus tard, à la vue de ce

même tableau chez un banquier ou chez un riche indus-
triel, étaient bien sûr toujours très vives mais n'of-
fraient rien de comparable avec l'espèce de fascination
dont je conserve le souvenir.

Francis CARCO.

Place du Tertre où la poésie chassée durant la journée par les touristes réapparaît avec le vent du petit matin, Utrillo, que sa famille retient prisonnier dans une luxueuse villa de l'avenue Junot, fait école. C'est à celui qui, abandonnant son propre destin et sa manière, l'imitera jusque dans le vomissement de ses tourments. Certains qui se sentent l'âme faussaire n'hésitent pas à apposer au bas de leurs tableaux une signature qui vaut cher. Dans les rues où les façades servent de cimaises, on offre au curieux et à l'amateur désireux de réaliser une bonne affaire le pittoresque navré des rues pauvres, avec l'inévitable bec de gaz, personnage officiel du paysage montmartrois, le morceau de mur sale ou l'arbre infortuné planté au pignon d'une bâtisse percée par des fenêtres étroites, en bref, une de ces vues désolées qui font brillante carrière en salle des ventes sous le nom d'Utrillo.

— Celui-là est si bien imité que Maurice lui-même s'y tromperait !

Les gargotiers jettent un regard amer sur ces pastiches, imitations plus ou moins réussies. Que n'ont-ils rempli leur cave avec la souffrance de ce cinglé ? Aujourd'hui, ils seraient millionnaires !

— Qui n'a pas son Utrillo ?
— J'en ai un à vous proposer pour pas cher ! ... une occasion !

Pendant que les affairistes et les promeneurs espèrent découvrir un nouvel Utrillo parmi les rapins du coin, dans l'atelier de Valadon, entre quatre et cinq heures d'un après-midi ensoleillé, Mlle Berthe Weill est venue rendre visite à son amie. Après avoir parlé des dernières manifestations artistiques, de la difficulté pour les femmes peintres, aussi grandes et reconnues soient-elles, de convaincre les amateurs qui refusent de leur accorder leur confiance, elle a fait part à Suzanne de son émotion. N'a-t-elle pas vu Maurice sur une coupure de journal espagnol ? Et quelle n'a pas été sa surprise d'apprendre en lisant le compte rendu qui figurait sous la photo qu'il s'agissait d'une notice nécrologique consacrée à Miguel Utrillo y Molins ?

— Il ressemble à Maurice à n'y pas croire ! Les mêmes yeux, la même maigreur du visage, et je ne parle pas de l'expression... oui ou non, Miguel est-il le père de ton fils ?

Valadon a tendu la main. Elle a posé la coupure de presse sur ses genoux, l'a parcourue... Ne ressentait-elle donc aucune peine ? Plus que tous les autres, cet homme lui avait prouvé son affection, et voilà qu'elle apprenait sa mort sans même sursauter ! Au bout d'un moment qui a paru interminable à la visiteuse, Suzanne s'est levée. Elle a disparu de l'atelier, puis est revenue chargée d'une liasse de documents, lettres et papiers. Juste à cet instant, la silhouette de Georges Kars s'est dessinée dans l'entrebâillement de la porte que Suzanne ne ferme pas car elle veut entendre les bruits qui viennent de la pièce où Maurice est enfermé. Dans un geste qui racontait ses habitudes et la familiarité de son commerce, Georges a jeté son béret sur la commode :

— Eh bien, Suzanne... je ne savais pas que tu étais du genre à posséder des archives !

Au lieu de se défendre comme à son habitude, Valadon est allée prendre place près de la cheminée où brûlait un feu de bois. Le visage grave, absorbée par de secrètes pensées, elle a défait le ruban qui liait les lettres, en a choisi une au hasard. Berthe Weill s'est levée. Sa robe beige a troublé la flaque de lumière qui descendait de la verrière, longue oblique moirée, jusqu'au tapis à frange. Elle s'est penchée sur l'épaule du peintre qui était en train de déplier la lettre, un grand papier jaunâtre couvert d'une écriture fine et rapide. Mais à l'instant d'en commencer la lecture, Suzanne, soudain distraite, a dressé la tête :

— Ecoutez-le ! Il vient chanter chaque jour dans le jardin d'à côté ! Quelle grâce ! Quelle fraîcheur ! Cet oiseau m'enchante !

Comme elle ne se décidait toujours pas à lire la lettre, Berthe Weill a détourné la tête. Elle a contemplé le ciel qui se découpait dans l'immense châssis vitré, d'un bleu presque parfait, puis le sommet d'un arbre ornemental, probablement un hêtre rouge, qui tremblait au bas de la verrière. Séduite par la mise en page de ce tableau vivant et le rapport violent des couleurs, l'amie n'a pu résister au désir de complimenter l'artiste :

— Je comprends pourquoi tes dernières toiles ont gagné en chaleur et en intensité ! On dirait que ce lieu a été conçu pour toi et ton art !

Suzanne a jeté un regard désabusé à l'atelier ; elle a livré son amertume aux deux visiteurs. Certes, cette villa était superbe et chacun y avait ses aises, mais elle regretterait toujours la rue Cortot où elle avait connu les plaisances d'une vie maritale consacrée à la peinture, puis l'amour fou, enfin les belles amitiés, bref, le bonheur... parce que le bonheur, elle commençait à s'en rendre compte, suivait le cours inverse de l'argent et du confort, et mieux valait subir des désirs trop gros pour être contentés que d'avoir les moyens de les satisfaire. Il suffisait de voir Utter pour en être convaincu. André s'était laissé séduire par l'opulence qui débordait de ses poches. Lui qui pourtant n'était pas dépourvu de talent, il n'avait pas touché à un pinceau depuis bien longtemps de crainte de peindre sa nullité. Le

Pape de Montmartre pouvait pérorer auprès des minables et ronronner autour de sa pipe, il pouvait raconter que sa production atteignait les six cents toiles... du bidon ! et encore du bidon !... « J'aime trop la liberté pour accepter le contrat que les Bernheim voudraient me faire signer... je préfère me laisser tirer l'oreille comme un Picasso ! » Utter était un homme définitivement perdu pour la peinture, mais hélas pas pour les filles autour desquelles il caracolait sans jamais rater une bonne fortune.

— J'espère qu'il prend le temps de retirer ses godasses en croco !
— Voyons, voyons, Suzanne... tu exagères !

Valadon a répondu par un glapissement. Si Utter était absent tous les après-midi, c'était parce qu'après avoir été satisfaire ses ardeurs, il empruntait le chemin du bistrot qu'avait suivi avant lui Utrillo.

— Je me suis trop essoufflée à vouloir le garder contre lui-même... qu'il rentre gris tous les soirs si ça lui chante !

Les deux visiteurs allaient se retirer sur la pointe des pieds, lorsque la maîtresse de maison a fixé la lettre avec laquelle elle s'était éventée le visage durant sa diatribe. Au lieu de la lire à ses amis impatients et curieux, elle l'a jetée dans les flammes, puis elle est allée cacher le paquet de documents. Lorsqu'elle est revenue dans l'atelier, elle s'est mise à réciter des vers obscurs en gesticulant.

> *Il est fou... dira l'un, lors son sabre est pur vert,*
> *Et renforcé de bleu, or, donc il est gris clair,*
> *Avec paillettes d'or, lors Germinal s'avance.*
> *Or donc, moi qui suis « snob » adule jaune, orange...*

— De qui est-ce ? Mais de Maurice, pardi ! Il a écrit ces strophes et bien d'autres à la maison de santé d'Ivry. Mon fils avait une âme de poète !

Les invités allaient donner leur approbation, lorsque le Pape est rentré inopinément. Il a salué l'assemblée d'un geste bizarre qui donnait raison aux accusations formulées quelques instants plus tôt par son épouse. Les visiteurs ont dit bonsoir au nouveau venu en détournant la tête. Sans nul doute, Utter était ivre. Sous les paupières gonflées par l'alcool, son regard avait perdu l'éclat blagueur, et sur sa peau autrefois lisse et rose de carnation, des taches rougeâtres dénonçaient les malaises d'un foie encombré.

— Te voilà enfin… es-tu certain de ne pas t'être trompé d'adresse ? Ici, il n'y a pas de femme à culbuter ni de litres à vider !

L'accusé s'est affalé sur une chaise, les bras mous, comme épuisé par une rude journée de travail. Dans une langue plutôt claire pour un homme aviné, il a prié Suzanne de rengainer ses sarcasmes et tout le saint-frusquin de sa jalousie de vieille femme. Scandalisée par sa grossièreté, Berthe Weill a voulu se retirer, mais Suzanne lui a ordonné de n'en rien faire : « Je suis ici chez moi ! » Alors que l'atmosphère virait au vinaigre, le chauffeur est venu prendre les ordres. Avait-on encore besoin de lui ?

— Vous pouvez disparaître et votre livrée avec vous. Demain matin, allez donc chercher du charbon avec la bagnole !

L'homme s'est récrié : « Du charbon dans la Panhard ? Mais dans quel état va-t-elle être ? » Le haussement d'épaules de la patronne a balayé l'objection : « Qu'elle serve au moins à quelque chose d'utile ! Promener un faux pape, ce n'est pas une fonction ! » Au lieu de monter à l'échelle de la colère, Utter s'est souvenu qu'il avait de l'humour :

— Tant qu'à saloper les coussins, salopons-les pour de bon ! Mes costumes sortent de trop grandes maisons pour y trouver à redire !

— Mon petit André…

— Je ne suis pas ton petit André !

— … n'oublie pas que c'est en tenue d'Adam que tu es entré dans la peinture, et non pas en costume de ville !

La dame de compagnie, que le quartier dénigre volontiers, « Pour plaire à ces fous, qu'est-ce que miss Walton ne ferait pas ? », a demandé des instructions pour le repas. Suzanne a laissé aux deux visiteurs le temps de la politesse. Ils ont refusé l'invitation à dîner. Mais parce qu'elle ne souhaitait pas se retrouver en tête à tête avec André qui n'aurait pas manqué de se venger de son insolence, elle a tellement insisté que les deux autres ont cédé.

A huit heures, hôtes et invités ont gagné la salle à manger. Après le potage au vermicelle, Suzanne s'est mis en tête de servir elle-même le lapin en gibelotte. Elle a taquiné Berthe qui discutait de la grosseur excessive d'un morceau : « La courtoisie veut qu'on ait de l'appétit quand on est invité ! » Tout en mangeant avec voracité, André a raconté des histoires scabreuses qui ont fait rire les convives. L'Anglaise a demandé de sa voix de jeune fille attardée ce que signifiait « un regard en coulisse ». Berthe Weill, quant à elle, a ressenti une soudaine indulgence pour l'enjôleur dans les bras duquel était tombée Suzanne. Il ne lui déplaisait pas de constater qu'un ancien électricien, qui avait pris des manières d'homme d'affaires au bistrot du coin, parvenait à imposer sa loi aux marchands de tableaux.

Les mâchoires étaient en branle et les fourchettes en action, lorsqu'un bruit venu d'ailleurs a attiré l'attention. Suzanne a poussé un cri en portant sa main à la bouche : « Nom d'une pipe ! J'ai oublié Maurice ! Lui aussi doit avoir faim ! Lily, à quoi pensez-vous ? » Les cinq coupables se sont levés. A l'exception d'André qui après réflexion a repris place à table, ils se sont précipités jusqu'à la chambre d'Utrillo.

341

— Le voilà encore en train de jouer avec son chemin de fer !

Suzanne a montré fièrement l'objet, une merveille de précision installée sur le sol : « Savez-vous qu'il a coûté 10 000 francs ? On ne pourra pas dire que nous lui refusons quoi que ce soit ? N'est-ce pas Maurice ? » Utrillo a répondu d'une voix geignarde : « Si... à boire ! » De sa main aux doigts osseux, il a poussé le train jusqu'à une gare miniature, puis a jeté un regard désespéré à sa mère : « Tu vois, je suis rendu... c'est là que je descends... parce qu'il faut bien descendre un jour ou l'autre d'un train. J'en ai assez de la peinture... sacré bordel ! j'en ai assez de peindre toujours les mêmes tableaux ! Pourquoi ne me laisses-tu pas me promener ? Dans la rue, il y a des gens, la preuve, ils s'arrêtent sous ma fenêtre. Pourquoi dois-je rester toujours enfermé ? »

— Parce que dès que tu as le nez dehors, tu fais des bêtises !
— Je te promets que je n'en ferai plus... je te le promets sur la tête de Jeanne d'Arc !
— Mon pauvre garçon, chaque fois que j'ai eu la faiblesse de te croire, tu me l'as fait chèrement payer. Maintenant que tu es décoré, tu ne peux plus te permettre tes frasques habituelles.
— Ce n'est pas la Légion d'Honneur que je voulais, ce sont les Palmes académiques !
— Et pourquoi ?
— A cause du ruban violet... tu sais bien que je n'aime pas le rouge !

Lorsque Georges Kars s'est retrouvé dans la rue en compagnie de Berthe Weill, il n'a pu résister au désir de lui confier son sentiment : « Utrillo me fait pitié ! » L'amie de Valadon l'a regardé avec sévérité : « Ce n'est pas de lui dont il faut avoir pitié... sait-il seulement ce qu'il dit ?...

342

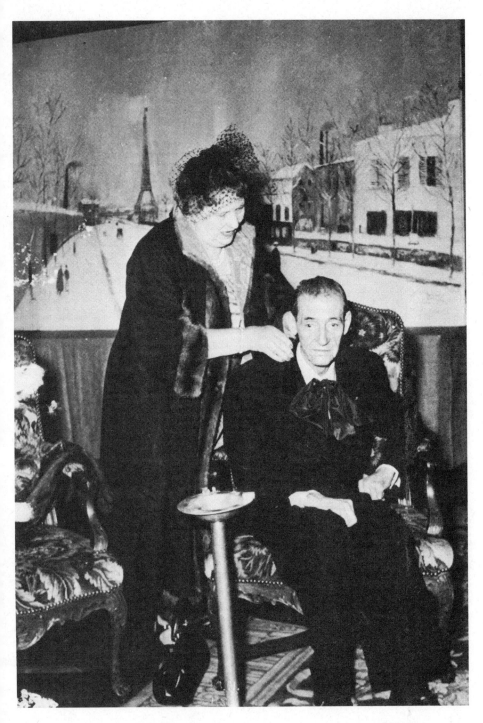

Maurice Utrillo et sa femme Lucie Valore vers 1950
(cl. Roger-Viollet)

c'est de Suzanne ! Je crains fort qu'Utter ne la quitte. Ce garçon a trop de tempérament pour se ranger auprès d'une femme de son âge. Que fera-t-elle lorsqu'elle se retrouvera seule avec Maurice ? » Parvenu en haut de l'avenue Junot, Georges Kars lui a tendu la main :

— Je crois que Suzanne cherche à le marier. Que diable, elle trouvera bien une femme pour prendre soin d'un génie même malade !

« *La toute ravissante Lucie Valore* »

... Vous ne voulez pas m'appeler Lucie ? Oh, mais c'est qu'il est désarmant, ce grand maître ! Lucie, n'est-ce pas charmant ? Si vous êtes sage, je vous confierai mes prénoms. J'en possède autant qu'une princesse de légende. Alors, oui, vraiment ? Vous désirez les connaître ? Oh, le curieux ! mais c'est qu'il est terriblement sincère ! Lucie, Jeanne, Marie, Françoise, Alexandrin, oui ! oui ! Alexandrin ! issue de la famille Le Viau-Pillorget, des commerçants d'Angoulême, de nobles âmes, vertueuses et respectables comme la France en recèle peu ! Au lieu de rester debout, venez donc vous asseoir près de la bonne Lucie ! Vous n'allez tout de même pas me dire que je vous fais peur ? Mais non, gros bêta, votre mère n'y trouvera pas à redire ! Au contraire ! C'est elle qui m'a demandé de vous rendre visite afin que nous fassions mieux connaissance. Oh, comme tout cela est délicieux ! inattendu ! enivrant ! Cette rencontre, ce face à face avec vous, Maurice, l'immense Utrillo que je croise depuis des années... Là, vous êtes bien ? Tout à fait confortable ? Tant mieux ! Tant mieux ! Je vous plais, n'est-ce pas ? Notez bien, ça fait longtemps que j'ai remarqué que ma beauté vous éblouissait. Seulement voilà, j'étais mariée ! Et mes goûts, souhaitez-vous connaître mes goûts ? Oui ? Oh, le vilain, mais c'est qu'il est terriblement curieux ! J'aime... le voilà qui rougit, ce magnifique peintre, cet artiste de génie... j'aime, tu aimes, nous aimons, quel beau verbe n'est-ce pas ? j'aime les robes de broderies anglaises, les capes

345

romantiques, les capelines fleuries, avez-vous remarqué mon teint de jeune fille ? les palaces, les casinos où l'on joue sa fortune tard dans la nuit, les villes d'eaux et les plages élégantes, et n'allez surtout pas me croire vaine et superficielle ! Mes véritables affections s'adressent à l'art. D'ailleurs, j'ai à peine l'audace de vous l'avouer à vous, créateur parmi les plus grands, il m'arrive de peindre... des pochades... mais oui ! Certains, le croirez-vous ? me trouvent un brin de talent ! Il faut vous dire que je n'ai jamais ressemblé aux autres. C'est probablement la raison pour laquelle j'ai toujours suscité la jalousie. Ma sensibilité peut-être ? Une qualité d'émotion peu commune ? Ça m'a pris dès l'enfance. A peine sortie du berceau, j'ai éprouvé l'irrésistible besoin de monter sur les planches. Jouer la comédie, ah, quel bonheur ! Recevoir les ovations, ah, quelle jouissance ! Le théâtre a été ma première passion. Est-ce que je vais vous choquer si je vous confie que j'ai remporté un réel succès à Paris puis à Bruxelles ? Non ? Tant mieux ! Je préfère que vous l'appreniez par moi plutôt que par des langues calomnieuses qui vous diront des mensonges, par exemple que je n'ai tenu que des rôles secondaires de soubrettes dans des théâtres miteux. Si je n'avais pas rencontré le banquier Robert Pauwels... vous vous souvenez de mon mari ? Quel magnifique personnage, n'est-ce pas ?... j'aurais fait une carrière flamboyante, car, sans me vanter, j'avais l'étoffe d'une grande comédienne. Seulement voilà, pour Lucie Valore, les sentiments passent avant tout. Robert, mon défunt mari, était malgré sa richesse un être cultivé, ce que j'appelle un amoureux de l'art. Lorsque je songe à la collection de tableaux que le cher homme m'a léguée, j'en tremble d'orgueil... Où nous vivions ? Mais à Bruxelles, dans un luxe qu'on ne nous a pas pardonné... Si j'ai toujours des pékinois ? Evidemment ! Je ne pourrais pas vivre sans mes chers bébés !... Où nous vivions ? Mais Maurice, je viens de vous le dire ! A Bruxelles, puis à Paris où nous avons fini par acheter un pied-à-terre, et je peux

346

me vanter d'avoir reçu chez moi les plus beaux esprits, Dufy, Carco, Savin, les Kars que vous connaissez bien, votre illustre mère, et puis ce cher Utter. A chaque fois je leur demandais de vos nouvelles. « Maurice vit comme un ascète. Il refuse de sortir et ne prend plaisir qu'à peindre et à prier ! », me répondaient-ils. Savez-vous que je possède plusieurs de vos tableaux ? Non ? Mais alors, on ne vous tient au courant de rien ? Savez-vous au moins que c'est mon mari qui a payé les frais de notaire lorsque les Bernheim vous ont offert cette maison ? car il faut bien l'avouer, il ne savait rien refuser à Utter ! Non ? Mais alors, on vous cache tout ? Ma parole, ça frise la malhonnêteté ! ... Chut ! Ne parlez pas si fort, votre mère pourrait vous entendre ! non pas que je pense qu'elle nous espionne, mais par inadvertance, sans même le souhaiter. Prêtez-moi l'oreille une seconde, car ce détail a son importance ; cette maison a été achetée à votre nom ! ... Qu'est-ce que ça veut dire ? Oh, l'innocent ! Mais qu'elle vous appartient, pardi ! Que vous pouvez en faire ce que bon vous semble ! ... Vous vous en fichez ? Vous avez grandement tort de prendre ça à la légère, mon petit Maurice, vous permettez que je vous appelle mon petit Maurice ? Après tout, même si je fais vingt ans de moins que mon âge, je suis votre aînée de douze ans ! Mais pour en revenir à vos intérêts et à la charge qui vous incombe, vous devriez protéger votre patrimoine contre la légèreté d'autrui... Chut ! Pas si fort ! Bien sûr que non, je n'accuse personne, et votre mère encore moins que quiconque. Quant à André, tout le monde sait combien il est fraternel à votre endroit, simplement je tente d'attirer votre intérêt sur un point qui me paraît préoccupant pour l'avenir. Vous ignorez ce que la vie vous réserve. Hors la foi, ce bien divin dont Dieu, dans sa clémence infinie, vous a fait cadeau au milieu de vos tourments, et je sais combien ceux-là sont grands... oui, c'est cela, baisez votre médaille !... hors la religion, ce roc contre lequel nous nous appuyons avant de

347

reprendre notre route, tout est précaire ici-bas et sujet aux plus redoutables fluctuations. Nous marchons sur du sable, aveugles que nous sommes, et nous ne le voyons pas ! C'est pourquoi il est bon parfois que d'autres nous rappellent à l'ordre. Je vous parle en connaissance de cause. A la mort de mon mari que le krach de Wall Street avait tellement bouleversé, pensez, le pauvre chéri se croyait ruiné ! quoi de pire pour un banquier ? et je vous épargne les atermoiements par lesquels nous sommes passés jusqu'au jour terrible à jamais de son décès, la souffrance m'a submergée, littéralement, positivement submergée, si bien que pendant les semaines qui ont suivi ses obsèques, j'ai laissé mes affaires aller à vau-l'eau. Eh bien, au lieu de partager mon désarroi et de chercher à m'aider, ceux que je croyais mes amis, pour m'abattre davantage, ont raconté que mon mari s'était suicidé. Devant tant de cruauté et de perfidie, dans un élan de tout mon être que vous comprendrez mieux que n'importe qui, j'ai voulu rejoindre Dieu. Mais les carmélites de Neuilly, à l'écoute de ma longue confession, m'ont donné ordre de retourner dans le monde où l'on m'attendait. Puis est venu le moment de me pencher sur les comptes. Le désastre n'était pas aussi grand que je le redoutais, et mon train de vie n'a pas eu à trop souffrir de l'absence de Robert...

... Oh, mais c'est que voilà notre grande artiste ! Entrez, Suzanne, entrez donc ! Bien sûr que non, vous ne nous dérangez pas, au contraire ! De quoi parlions-nous ? Ma foi, comme il se doit, de peinture ! N'est-ce pas, Maurice ? Et vous-même, ma bonne amie, comment vous portez-vous cet après-midi ? Je vous sens toute frêle et désarmée, et pourquoi n'iriez-vous pas chez le coiffeur prendre un coup de gaieté ? Ce chignon vous... Ah non, ne dites pas ça ! Pas vous ! Pas une artiste de votre envergure ! L'art, vous l'avez toujours soutenu, passe avant tout ! Ah non ! Ne dites pas ça ! S'il le faut, je viendrai vous tenir compagnie tous les jours. J'ai trop souffert moi-même pour abandonner une amie aussi chère à la déréliction. Et puis, je connais bien notre André. C'est un coquin, certes, mais il reviendra. Je ne lui donne pas un mois avant d'être las de cette niaise !

Je suis athée, puisque je ne vais jamais à l'église. Disons le mot, qu'est-ce que ça fait ? Pourtant, nul ne frappe inutilement à ma porte.

Suzanne VALADON.

1933-1937.
Avenue Junot.
L'activité de Suzanne se ralentit. Elle connaît une longue période de découragement. Utter l'abandonne. Il s'installe dans le grenier de la rue Cortot. Suzanne fait la connaissance d'un peintre nommé Gazy, dont elle devient l'amie. En 1935, elle est hospitalisée à l'Hôpital américain de Neuilly à la suite d'une violente crise d'urémie. C'est à cette époque qu'elle nouera des relations étroites avec Lucie Valore, la veuve du banquier Robert Pauwels.
Le 8 juin 1933, Maurice Utrillo reçoit enfin le baptême. Il épousera Lucie en 1935, à Angoulême. Il fera de nombreuses expositions chez Paul Pétridès qui s'est assuré par contrat de sa production ainsi que de celle de sa mère.
Le couple s'installera définitivement au Vésinet en 1937.

Si l'on en croit le chauffeur en livrée et le gardien du malade, au 11 de l'avenue Junot, les patrons brûlent la vie par les deux bouts. Le beau-père de celui que l'on a surnommé « la poule aux œufs d'or » (et il faut entendre Utrillo invectiver les curieux qui viennent guetter le génie emprisonné derrière des barreaux), André Utter, gagné par la maladie de l'indépendance, ne cesse de maltraiter son épouse qu'il trouve épuisante. Après lui avoir tenu tête, madame Suzanne, épuisée par les ressentiments de l'âge et les secousses d'une passion qui se refuse à mourir, le laisse hurler à sa guise :

— Tu peux t'en donner à cœur joie... du moment que tu rentres, je n'en demande pas davantage !

Qui aurait pu croire qu'une femme de cette carrure... pensez, elle figure déjà dans les catalogues des musées !... accepterait de sacrifier ainsi sa dignité ? Depuis que le chauffeur va prendre livraison du charbon avec sa Panhard, il ne s'étonne plus de rien. Pour avoir la paix, il a pris exemple sur miss Walton qui répond blanc ou noir selon l'humeur de ses patrons : « Heureusement que la paye tombe en fin de semaine... et puis madame Suzanne ne manque jamais d'y ajouter les billets de la générosité ! Cette femme-là, c'est la bonté même ! »

Le gardien d'Utrillo, lui, ne cesse de se poser des questions sur l'utilité de son rôle de garde-chiourme à plein temps. A quoi sert-il ? A tenir compagnie à Maurice qui visiblement n'a nul besoin de lui, car plutôt que de se promener à l'écart des bistrots où l'attendent ses démons, le malade préfère garder la chambre. Avachi dans un coin de la pièce où règne la désolation, le peintre boude son chevalet et ses pinceaux. C'est à peine s'il parvient à peindre une toile par semaine. Au long des journées sans fin, il rumine de sinistres pensées ou prie avec ferveur le curé d'Ars, sainte Philomène, Jeanne d'Arc et tous les saints du calendrier dont il connaît les noms par cœur. Lorsque la foi l'abandonne, le prisonnier va chercher refuge près de sa fenêtre. Durant des heures, il regarde avec tristesse le spectacle de la rue, et puis tout à coup, sans qu'on sache ce qui a soulevé en lui tant d'animosité, il hurle des inepties pour effrayer les passants, jette son matériel de peintre au travers des barreaux. Le gardien qui se nourrit des rares aveux du malade a raconté au fruitier que Maurice avait une haine farouche pour les femmes :

— Tapez sur la bête ! Assommez la charogne !

conseille-t-il aux hommes galamment accompagnés. A part sa mère qu'il admire et aime d'un amour exalté, ne l'insultant que pour mieux l'adorer l'heure suivante (ne prie-t-il pas devant sa photo comme devant la statue de la Vierge ?), les femmes l'effraient ou l'offensent du seul fait de leur présence. Pourtant, depuis peu, un miracle semble se préparer à l'abri des murs du 11 de l'avenue Junot. Une créature grasse de bien-être, veuve de banquier de surcroît, qui porte des toilettes aussi extravagantes que coûteuses, après avoir convaincu Valadon de son indéfectible affection, a réussi par ses minauderies de vieille chatte à gagner les grâces de l'ascète. Depuis que « la bonne Lucie » a su se faufiler jusqu'au cœur du malade qu'elle inonde de discours fumeux, Utrillo semble reprendre goût à la vie. Il écrit des poèmes à la dame de ses rêves.

Combien de gratitude, ô je vous dois, madame
Pour vos dignes présents, réconfortant mon âme...

— Flûte ! Je ne me souviens plus de la suite !

Hélas, le gardien n'a pas l'étonnante mémoire d'Utrillo qui se souvient de tout, y compris du numéro d'immatriculation porté sur son livret militaire.

— Et sa mère, que pense-t-elle de ce revirement ?
— Avec elle, on ne sait jamais à quoi s'en tenir ! Ce qu'il y a de certain, c'est que depuis son séjour à l'Hôpital américain, elle favorise les rencontres des deux tourtereaux !

A la suite d'une crise d'urémie qui l'a laissée dans un état de grande faiblesse, Suzanne a ouvert sa porte à Lucie Valore laquelle a découvert les lois de la charité et le besoin de secourir son prochain. Alors qu'autrefois on la recevait dans l'atelier en compagnie de son mari, un amateur de peinture, aujourd'hui la veuve du banquier belge Pauwels prend ses aises dans des pièces plus intimes. De la chambre de Suzanne où elle tient compagnie à la convalescente qui s'inquiète du futur de son fils : « Lorsque je ne serai plus là, qui s'occupera de lui ? », à celle d'Utrillo, il n'y a que quelques pas à franchir.

— Qui ? Mais moi, ma chère, moi ! Certes, Maurice n'est pas facile à vivre, mais s'il le faut, et pour vous rassurer, je suis prête à l'épouser !

Si l'idée a tout d'abord amusé Suzanne qui a mesuré la bouffonnerie d'une telle association, dans un second temps elle l'a amenée à réfléchir. Durant les nuits qui ont suivi la proposition de son amie, alors qu'Utter, délaissant la malade et son fils, réapprenait le plaisir entre les bras d'une dulcinée de quatre sous, Suzanne a songé à cette nouvelle perspective. Si Maurice épousait Lucie Valore, c'en serait terminé de la belle vie et du confort. Les commerçants n'auraient plus droit à la visite de ses domestiques mais à la sienne. Finis la Panhard, les tables d'amis, les folles largesses ! Quant au maître de maison, ce caïd qui ne passait plus avenue Junot que pour chercher l'argent de ses multiples besoins, et cela avec la désinvolture d'un millionnaire qui rendrait visite à son banquier, après s'être habillé chez les plus grands tailleurs, il lui faudrait se contenter de la confection bon marché. Quelle magnifique vengeance !

Un matin, après bien des tergiversations, Valadon a annoncé les fiançailles à Utter qui a littéralement explosé de colère :

— Quelle folie ! Il n'en est pas question !

353

— Maurice ne pense plus qu'à cette femme.
— Il l'oubliera !
— Rien n'est moins sûr !
— De ce pas, je vais la mettre en garde !

Rue de la Faisanderie, dans l'appartement de Lucie Valore, Utter, la mine anxieuse et la bouche embarrassée, a essayé de dissuader l'amoureuse : « Ma chère amie... je viens d'apprendre une nouvelle qui me bouleverse et m'étonne. Souhaitez-vous donc briser votre vie ? » Lucie a dodeliné de la tête au-dessus de sa robe d'intérieur saumonée :

— Maurice et moi nous nous aimons !
— Vous plaisantez ?
— Pas le moins du monde !
— Vous n'êtes plus une jeune fille pour vous laisser emporter par une émotion dangereuse !
— L'âge ne fait rien à l'affaire. Avez-vous lu le magnifique poème qu'il m'a dédié ? Non ? Le voici. Lisez-le ! Si Si ! J'insiste ! Lisez-le et vous comprendrez dans quel état est le cher homme !
— Cet état ne durera pas !

Lucie a relevé une boucle blonde qui dansait sur son front, puis elle a eu ce rire de gorge qui précède ses grandes tirades :

— Ne soyez pas aussi pessimiste, mon cher André ! Puisque je vous dis que je le sauverai ! Ce n'est pas à vous qui lui avez sacrifié le meilleur de vous-même que je vais l'apprendre... l'amour peut tout, y compris l'impossible !
— Utrillo est un être invivable ! Si vous connaissiez sa violence, vous en auriez peur ! Il n'y a que sa mère pour le faire filer droit !

Ces propos abrupts et sans nuance n'ont pas eu le pouvoir de convaincre Lucie. Tout en caressant le pékinois qui était venu prendre place sur ses genoux, elle a remercié l'ami qui avait pris la peine de se déplacer pour la mettre en garde contre un excès d'enthousiasme. « Je n'en suis pas à l'abri... » Seulement voilà, l'altruisme lui tenait un discours contraire à ses intérêts et à sa tranquillité. Certes, elle ne l'ignorait pas, Utrillo était un personnage difficile, un alcoolique constamment menacé par lui-même ; mais il était aussi cet être empêtré dans la solitude, claquemuré dans une chambre depuis des années ; il était ce misérable qui l'avait appelée derrière une porte fermée à clef : « Lucie, je vous aime ! Je vous épouserai même s'ils s'y opposent ! », car Suzanne, rendue soudainement furieuse par l'annonce de la publication des bans, n'avait rien trouvé de mieux que d'enfermer Maurice dans sa chambre.

— Ça, mon cher Utter... je ne comprends vraiment pas cette femme ! Après avoir insisté pour que j'épouse son fils, voilà qu'elle hurle au crime et à l'enlèvement maintenant que j'y suis décidée ! Non... décidément, je ne céderai pas devant de telles manigances ! Sachez l'un et l'autre que maintenant que je me suis engagée, il n'est plus question pour moi de reculer... j'épouserai ce malheureux !

Au lendemain d'une scène mémorable où, une fois de plus, le quartier a été convoqué par le tapage, Suzanne épuisée par les cris et les protestations de son fils — lequel entendait bien partir avec cette créature qui lui promettait la liberté — est allée téléphoner à Lucie :

— Venez vite le chercher pendant qu'Utter n'est pas là !

Lorsqu'André, alerté par un mauvais pressentiment, est passé dans la soirée, il a trouvé Suzanne terrassée par l'événement. Assise dans un fauteuil qu'elle n'avait probablement pas quitté depuis le matin, la nuque cassée et le chignon triste, Valadon avouait enfin son âge et sa lassitude.

Elle a fixé le visiteur sans mot dire. Sur le pas de la porte, Utter se refusait à l'évidence. D'un geste de vaincue, sa femme lui a montré la porte de la chambre restée ouverte. André s'est précipité en criant : « Maurice ! » Il s'est engouffré dans la pièce abandonnée par son locataire, en est ressorti aussitôt : « Ce n'est pas vrai ? Tu ne l'as pas laissé partir avec cette garce ? »

— Si.... Parti, Utrillo ! Envolé ! Et en pantoufles encore ! La grosse avait si peur que je revienne sur ma décision qu'elle l'a embarqué dans un taxi !

La nouvelle du départ de Maurice, celle de son mariage à Angoulême dont la presse a rendu compte, se sont bien vite répandues. A tour de rôle, les amis ont défilé avenue Junot, les mains tendues en signe de condoléances. Aux questions qu'on n'a pas manqué de lui poser, Suzanne a répondu que son fils avait depuis longtemps atteint l'âge de raison.

— Lucie l'habitait... qu'il vive donc sa vie ! Il ne sera pas dit que je l'aurai empêché d'être heureux ! Quant à Utter qui m'accuse d'être la cause de cet enlèvement, il ne me déplaît pas de lui avoir joué un tour de vache !

Les soussignés, admirateurs, familiers ou amis de Suzanne Valadon et de Maurice Utrillo protestent de la manière la plus énergique et en pleine consience de leur responsabilité devant le tissu de mensonges, de calomnies et d'informations erronées ou tendancieuses publiés actuellement sous le titre : Le roman d'amour d'Utrillo, *susceptibles de donner aux yeux du grand public une image volontairement fausse de Suzanne Valadon et de Maurice Utrillo.*

A peine le mariage était-il consommé, que Lucie Valore qui venait d'échanger son nom contre celui de la célébrité, et sa relative discrétion contre le tapage, s'est offert en cadeau de noces la première page des journaux. Les baisers de cette Juliette attardée, les caresses de ce Roméo grimaçant, sont devenus le sujet de récits dérisoires et grotesques. Les mots doux de l'épouse, ses confidences, ne s'adressent plus seulement à l'oreille du peintre qu'elle a choisi pour époux, mais à celle des journalistes. Un feuilletoniste dénommé Boulan a publié au cours des dernières semaines *Le roman d'amour d'Utrillo*, une romance au goût douteux assaisonnée de règlements de compte familiaux. Des peintres amis qui estiment l'œuvre de la mère mais aussi celle du fils viennent d'adresser au journal *Beaux-Arts* une lettre de protestation signée par une quarantaine d'artistes : Picasso, Vlaminck, Derain font partie de la liste.

> *— Vois plutôt et tu comprendras, me confia-t-il en me montrant sur les murs plusieurs toiles de Valadon. Une femme comme elle commande l'admiration.*
>
> Utrillo à Francis Carco.

Tandis qu'on se dispute la gloire de la défendre, Suzanne flaire sa propre déchéance. Dans l'atelier, le chevalet est devenu inutile. Quelques toiles remisées dans un coin, bouquets et natures mortes, attendent d'être terminées. Les clous sont toujours enfoncés dans les murs, mais ils ne servent plus à accrocher les tableaux en cours d'exécution. Et si dans la journée Valadon trouve encore à s'occuper — elle soigne toujours ses bêtes avec autant d'amour —, le soir elle ne tient plus en place. La solitude la démange comme une méchante gale. A peine la nuit est-elle tombée qu'elle disparaît, enveloppée dans une grande cape :

— Où court-elle ainsi ?
— Si ce n'est pas malheureux de voir une femme de cet acabit s'abandonner au désarroi !

Dans le quartier où l'on s'interroge sur les allées et

venues de la mère d'Utrillo, certains colportent des malveillances qui pèsent lourd sur le plateau de sa réputation. Après l'avoir vue s'enivrer à la manière de son fils... « Et qu'avait, la malheureuse, un fichu râle en fin de soirée, parce qu'à force de boire pour oublier ses malheureuses amours, sa langue fourchait sur les phrases, et fallait voir ses yeux, d'un perçant ! l'hostilité derrière ses lunettes, mais faut surtout pas s'y fier, car y a pas meilleur cœur dans tout l'arrondissement... et comme disent ses amis, si mène encore longtemps ce commerce, la Suzanne, elle quittera bientôt l'avenue Junot les pieds en avant ! » ... après l'avoir entendue rire place du Tertre, les mêmes l'ont vue sur le parvis du Sacré-Cœur chercher des clochards en mal de lit. Les sens ou la solitude, ou les deux ensemble ? Allez savoir !

Alerté par la rumeur publique qui dégoise des horreurs, Utter s'est soudainement inquiété de la moralité de sa compagne. Un beau matin, il a quitté le grenier de la rue Cortot pour venir vérifier des exploits qui le font trembler de honte. Quand il a débarqué à l'improviste avenue Junot, Suzanne, en l'entendant, a sauté brusquement du lit. Elle a rejeté la couverture sur une tête hirsute qui dormait paisiblement à côté d'elle. Après lui avoir lancé une paire de gifles, André a secoué l'invité de la nuit qui a dû s'habiller en toute hâte. Suzanne, était-ce le dépit d'avoir été surprise en compagnie d'une triste figure ? s'est mise à pleurer. Elle a regardé son mari : « Aussi, pourquoi m'as-tu quittée ? Personne ne m'a jamais traitée de cette façon ! » Utter a inspecté les lieux :

— Et le dessin de Degas ? Où est-il ?
— Je n'en sais rien et je m'en moque !
— Et cette gouache de Maurice... une vue de Corse ?
— Fiche-moi la paix !
— Te rends-tu compte de ce que tu fais ? Tu amènes ici des clochards ! Non seulement ils profitent de la bonne aubaine, mais ils nous volent !

— Ils « me » volent !

— Ce qui est ici m'appartient autant qu'à toi !

Après que son mari a disparu, l'injure à la bouche, Suzanne, épuisée par la scène, s'est glissée à nouveau sous la couverture. Tournée contre le mur, elle a tenté de raisonner sa sacrée tête, et parce que celle-là ne voulait rien entendre, elle s'est assise sur son lit et s'est mise à sangloter à son aise. Dans son malheur, elle venait d'acquérir un droit, celui de pouvoir se manifester librement, sans témoin. A part sa mère à laquelle elle s'était confiée en toute franchise, elle avait toujours refusé de partager sa douleur avec qui que ce soit. Ce n'était pas à la fin de sa vie qu'elle allait blesser son orgueil !

Les jours qui suivirent cette descente de police à caractère familial, les soirées furent moins maussades. Décidé à mettre fin à une solitude qui menaçait de devenir redoutable pour la santé de Valadon et pour son patrimoine, Utter dépêcha un ami afin de tenir compagnie à l'esseulée. Naly qui avait toujours voué au couple une amitié sincère et admirative, accepta de venir dormir chaque nuit avenue Junot. Alors qu'on la croyait perdue pour les spéculations philosophiques et les digressions sur l'art, Suzanne, rassurée par cette présence chaleureuse, retrouva son enthousiasme et sa verve. Elle se prit d'affection pour son hôte dont elle décida d'entreprendre l'éducation picturale. Naly se laissa si bien accaparer qu'il devint l'ami de l'insomnie. Entre minuit et quatre heures du matin : « Je n'ai jamais su dormir ! Si je calculais les heures durant lesquelles j'ai vécu pleinement j'aurais près de cent quarante ans ! », Suzanne lui parla peinture avec une pénétration que l'âge n'avait point affectée. Elle lui enseigna la technique de Titien et celle du Tintoret.

Les deux amis en étaient là de leur bonne entente, lorsque Suzanne fit la rencontre dans un bistrot, où il jouait de la guitare pour gagner sa vie, de l'être étonnant qui allait lui tenir compagnie jusqu'à la fin de son existence. Un après-midi, alors qu'Utter faisait son tour de ronde, il trouva le nouveau venu timidement installé dans la maison. Le jeune Gazi, peintre de son métier, un petit homme au type oriental et aux yeux bridés qui se prétendait mongol et se faisait appeler « le Tartare », fut jeté sans protocole à la rue. Suzanne qui n'avait pas protesté pour les autres prit les armes pour celui-là :

— Comment peux-tu soupçonner un être aussi pur que ce garçon ? Ton honnêteté de maquereau est bien pâle à côté de la sienne !

Tandis que l'importun attendait qu'on veuille bien lui jeter ses effets personnels par la fenêtre, Naly descendit le chercher :

— Ne crains rien... ils vont se calmer ! Suzanne souhaite te garder auprès d'elle... elle est incapable de vivre seule, alors, pourquoi pas toi ?

Gazi se précipita sur l'aimable intermédiaire dont il s'empara des mains :

— Je veux la sauver !
— De quoi ?
— De l'enfer ! Je la ramènerai à Dieu ! Suzanne a une belle âme et un vrai cœur ! Oh, si vous saviez comme je l'aime !

> *Mémère — nous a dit le peintre Gazi — m'aimait pour des raisons existant avant ma naissance. Je l'avais connue quand j'avais huit ans mais ma tante avait tout fait pour m'empêcher de la voir. Mémère m'a dit que j'étais le fils qu'elle avait attendu toute sa vie. Etant très secrète, ses amis n'ont connu d'elle que l'extérieur et je suis le seul à avoir connu son âme...*
>
> R. BEACHBOARD, *La trinité maudite.*

« *Mémère* »

Hier, Gazi et moi, nous sommes allés nous promener côte à côte, sans nous prendre le bras. J'avais envie de marcher seule, comme autrefois, lorsque je sillonnais la Butte avec mes chiens. N'empêche, c'était bon de le sentir présent, tout proche de moi. Tout à coup, je l'ai entendu marmonner. Il récitait une prière. Dommage qu'il ne sache pas oublier Dieu plus souvent ! Son crâne est plein de divagations. Sur ce plan, Maurice et lui font la paire. J'ai échangé Jeanne d'Arc contre Notre-Dame-de-Montmartre. La tête basse, il regardait la chaussée défoncée par les derniers orages. Tout en l'observant, je me suis dit : n'est-il pas beau, mon prince tartare ? Quel dommage que je n'aie plus le goût de dessiner sur le vif ; je le croquerais en trois traits ! Où est-il le temps où je faisais poser ma mère ou Maurice ou ma nièce ou n'importe qui ? J'aurais imposé cette corvée à un brigadier de police ! « A quoi songes-tu ? », lui ai-je demandé. « A l'amour ! Je t'aime pour l'éternité ! », m'a-t-il répondu avec sérieux. Pourvu qu'elle soit longue, l'éternité ! Jamais avant lui on ne m'avait fait une telle promesse. L'idée de l'amour m'a bien ramenée à André, ce pape de pacotille, ce raté de la peinture. Personne ne saura combien cet homme-là m'a fait souffrir ! Personne ne saura avec quel doigté, avec quelle science il s'est employé à me torturer ces dernières années, jusqu'à me briser, jusqu'à me séparer de ma passion, la peinture. Ah, l'amour... quelle vacherie ! et pourtant, comment s'en passer ?

Hier, Gazi et moi, nous sommes allés goûter à la lumière. A l'extérieur, l'air était doux comme en été. En haut de l'avenue Junot, des gens ont jasé sur notre passage. « Qui est ce jeunot à la mine de barbare qu'elle traîne encore avec elle ? » Jusqu'à ma mort je rechercherai la jeunesse ! Nous avons filé à gauche, puis nous nous sommes engagés dans un terrain vague, un des rares que les bâtisseurs n'ont pas encore mis en chantier. Il y avait là une bande d'herbe, d'un vert comme je les apprécie, et au fond, contre la longue palissade grisâtre, un platane déployé à merveille, large, vigoureux, avec des branches à n'en plus finir, et un tronc centenaire, un arbre qui invite l'homme à vivre généreusement. Nous sommes allés nous asseoir à l'abri de son ombre. Le chat qui nous avait suivis est venu s'étendre à portée de ma main. Il a miaulé jusqu'à ce que je le caresse. En face de nous s'étageaient des rangées de maisons blanches et jaunes, avec des touffes de verdure éparpillées comme des bouquets plantés par le hasard. Gazi a renversé la tête : « Ah, mémère, avant de te rencontrer, je ne savais pas qu'on pouvait être aussi heureux ! », a-t-il dit en soupirant d'aise. J'ai levé la tête à mon tour et j'ai regardé le ciel. Ça peut paraître idiot de dire ça : « J'ai regardé le ciel ! » Pour moi, ça ne l'est pas. Bien que traversé par un vol de nuages transparents qui filaient vers l'est, il était d'une grande pureté. La clarté a fini par m'éblouir. J'ai dû fermer les paupières et rengainer ma fierté. Suzanne, tu n'as plus l'âge d'affronter le soleil ! Puis j'ai retiré mes lunettes pour m'essuyer les yeux. Gazi a tourné vers moi sa tête pleine d'innocence. Inquiet, il m'a interrogée : « Tu pleures, Mémère ? » Je n'ai pas su lui répondre. Mes mauvais yeux étaient-ils irrités par la violence de la lumière, ou étais-je en train de pleurer devant toute cette beauté qu'il va me falloir quitter un de ces jours ? Le regard noyé d'attendrissement, il a pris ma main. Nous sommes restés ainsi, silencieux et immobiles, à contempler les cheminées, les toits, ce zinc à perte de vue, bref ! un morceau de Paris que j'emporterai avec moi, parce que les morts, quoi qu'on en dise, ne partent jamais les mains vides. Et tout à coup, allez savoir pourquoi ? j'ai songé aux cartes postales que mon fils achetait autrefois place Pigalle. Quelque chose s'est noué en moi. Mon Utrillo ! Comme si c'était le moment de songer à cet imbécile qui se donne en spectacle au bras d'une jument. Utter pourra m'insulter ou même me frapper, il n'en est plus à un coup près, lui qui vient mendier l'argent que me donne mon marchand, jamais je n'accepterai les chèques de Lucie Valore ! Qu'elle s'enrichisse sur le dos de mon malheureux garçon si le cœur lui en dit ! Je préférerais crever de faim plutôt que de fricoter avec cette garce ! Après m'avoir promis qu'elle veillerait sur lui, qu'a-t-elle fait de Maurice ? Un mannequin... un mannequin en smoking, un automate qui se promène en souriant tristement au-dessus d'une lavallière grotesque ! Les larmes ont jailli de mes yeux avec une telle force que j'ai vu trouble derrière mes lunettes. Heureusement, Gazi avait l'esprit ailleurs. Il continuait à me caresser la main tout en rêvant. Un grand frisson m'a secouée de la tête aux pieds. La mémoire venait de me rattraper, et le remords avec elle. Pourquoi avais-je cédé aux caprices d'Utrillo ? Pourquoi avais-je laissé partir mon fils avec cette rapace qui va le détruire, lui et son art ? Pour me venger de mon mari. Pour lui couper les vivres. Afin d'écarter les mauvaises pensées, j'ai tenté d'orienter mes pensées vers une voie plus gaie. Durant quelques secondes, j'ai cru y parvenir, mais voilà que l'image de ma mère est apparue, maman Madeleine assise sur sa chaise près de la fenêtre de la rue de Tourlaque, avec Maurice, nu, en face d'elle : « Maman, tu as bientôt fini... je suis gelé ! », ces deux êtres que j'ai tant aimés et si mal, parce qu'à cette époque je craignais de gâcher ma vie en m'attardant auprès des miens. Puis j'ai revu Lautrec, son pantalon écossais et son foulard entortillé sur une chemise tachée de peinture, Lautrec, le nabot, à qui j'ai joué cette atroce comédie que je ne me suis jamais pardonnée, car la méchanceté n'est pas mon alliée ; et après lui, André, l'électricien en salopette, allant et venant dans mon atelier de la rue Cortot, son visage d'ange, sa blondeur, sa jeunesse, son enthousiasme, ses ah, comme vous y allez, madame Suzanne ! ah, comme c'est beau ce que vous peignez ! mais où allez-vous chercher cette force ? sa bouche lorsqu'elle s'est aventurée en direction de la mienne, ses lèvres entrouvertes, sa langue affamée de jeune animal. Alors que je n'en pouvais plus de toutes ces évocations, j'ai entendu la voix de Gustave Coquiot nous lisant l'article qu'il venait de consacrer, juste avant la guerre, aux dernières toiles d'Utter qui, plus jamais, n'a su peindre de cette façon : « *Ses nus sont presque toujours un peu archaïques, vomis d'on ne sait quelles cavernes pour hurler de sanguinaires et bestiales étreintes.* » Lorsque j'ai voulu retirer ma main, Gazi s'est jeté sur moi en criant : « Mémère ! Qu'est-ce qui te fait tant de peine ? » Eh bien, te voilà fraîche, Suzanne ! Peu à peu j'ai retrouvé mes esprits. « Je crois, mon petit prince, que je vais bientôt partir. Il va falloir que tu apprennes à vivre sans moi ! »

Hier, Gazi et moi, nous avons pleuré dans les bras l'un de l'autre... « Ne me quitte pas, Mémère, ne me quitte pas encore ! » Le platane se souviendra longtemps de cette prière.

Je suis venue sur terre pauvre et nue, disait-
elle. Je dois la quitter de même.

R. BEACHBOARD, *La trinité maudite.*

1937-1938.
L'œuvre de Suzanne Valadon est représentée dans
les collections nationales. Le lancement du
filet, Adam et Eve, Grand-mère et son
petit-fils, *etc. Ces toiles figureront au Musée*
national d'Art moderne. Elle mourra le 7 avril
1938, à la suite d'une congestion cérébrale.
Devant le cadavre de sa mère, Maurice Utrillo
sera pris d'une crise nerveuse. Il ne pourra
assister aux obsèques. Seul Utter conduira le
cortège.

Gazi ne trouve pas le sommeil. Il songe avec tristesse à
la dernière visite d'Utter qui est reparti mécontent parce
que Suzanne a refusé de faire appel à la générosité de Lucie
Valore. Le pape a perdu son prestige. Il n'a plus les moyens
d'arroser les bons à rien qui lui servaient d'admirateurs.
Une autre, plus habile que lui dans le maniement des peintres alcooliques, a repris en main l'affaire Utrillo. L'ancien
électricien est devenu amer et ses amis l'évitent. « Après
avoir tant critiqué mon fils, voilà que lui aussi se met à
boire comme un méchant soiffard ! », a remarqué Suzanne
lorsque le coléreux a tiré la porte sur lui. Et de fait, énervé
par le vin qu'il venait de boire pour noyer ses soucis, Utter
a montré un visage hargneux d'ivrogne.

— Puisque c'est ainsi, je file à Saint-Bernard prendre l'air !
J'en ai assez de cette vie miteuse !

Deux heures viennent de sonner à la pendule de la salle
à manger. Gazi se démène entre les draps. La prière du soir
ne lui a pas apporté la paix du cœur ni celle de l'esprit. Lui
qui avait rencontré la douceur du partage, le voilà qui
redoute l'instant où la douleur viendra prendre la relève,
irrémédiablement, car il le sait déjà, personne ne pourra
remplacer Mémère. Que ne donnerait-il pas pour sombrer
dans le sommeil ? là où l'on oublie toutes les misères à
venir. Oh, doux Jésus, dormir une semaine, un mois, des
années, le temps de rejoindre le cimetière en compagnie de
Suzanne qui ronfle doucement dans la chambre d'à côté.
Mais pour combien de temps encore ?

— Tu dors, Mémère ?

Depuis cet après-midi où Suzanne a éclaté en sanglots
sous le platane, Gazi a perdu sa jovialité. Il va et vient
avenue Junot, s'occupe de sa bienfaitrice comme si de rien
n'était, mais en réalité l'angoisse s'est installée en lui. A
l'intérieur de sa tête, les idées les plus folles mènent leur
sarabande. Après les peurs de la journée... Mémère ne va-
t-elle pas tomber comme ça, sans crier gare ? ... viennent
les terreurs de la nuit. A peine Suzanne est-elle couchée que
la mort, comme au Moyen Age, fait son entrée. Gazi a
beau fermer les yeux, il la voit aussi précisément que si elle
se tenait devant lui. Elle a le visage ratatiné et desséché
d'une orange qu'on aurait oubliée sur l'appui d'une fenêtre. Pour un peu, la garce ressemblerait à Suzanne. Il suf-
firait de lui coller un mégot entre les lèvres. La scène se
déroule toujours de la même façon ; après avoir rôdé autour
de la villa qu'elle scrute de ses yeux vides, la mort monte
les quelques marches du perron. Elle s'essuie les pieds sur
le paillasson car, à l'image de Dieu qui sait tout, elle

Maurice Utrillo vers 1950
(cl. Roger-Viollet)

n'ignore pas que Suzanne est demeurée maniaque. Jamais parquet n'a autant brillé.

— Tu dors, Mémère ?

Dans la nuit silencieuse où l'on n'entend que les sauts du chat qui s'amuse, Gazi perçoit un bruit étrange qui vient du corridor, comme un cliquetis d'os, celui que ferait un squelette sur le seuil d'une villa. La mort a suspendu son manteau de deuil à la patère de l'entrée. De la porte laissée ouverte, elle surveille la silhouette allongée de Suzanne pendant qu'une main lance des pelletées de terre en direction du lit. Gazi se redresse brusquement. Le visage couvert de sueur, il écoute, tel un enfant terrorisé par son imaginaire. Un pas remonte l'avenue Junot, salué au passage par l'aboiement du chien des voisins. Une peur sourde mêlée à une envie de savoir saisit le jeune homme. Il se lève, et après avoir apprivoisé les ténèbres de ses deux mains tendues, il va jusqu'à la cloison, y colle son oreille. La mort a pénétré dans la chambre de Suzanne. Elle s'approche à petits pas du lit, se penche, jusqu'à baiser l'endormie sur les lèvres. Un cri rauque sort de la bouche de Mémère qui appelle :

— Gazi ! Gazi ! Es-tu là, mon petit ?

Les yeux remplis d'effroi, Suzanne regarde son ami qui s'avance en pyjama : « Je viens de faire un cauchemar... reste près de moi ! » Le jeune homme laisse tomber sa tête sur le giron de la femme qu'il aime : « Je ne veux pas que tu partes sans moi ! »

— Mon Dieu... comme j'ai eu peur ! J'ai rêvé de ma fin ! C'est toi qui me bouscules les idées avec ta Notre-Dame-de-Montmartre et toutes tes bondieuseries !

Le nez écrasé dans le cou de Suzanne, Gazi renifle une odeur de tombe ; sûr, Mémère va bientôt mourir ! Il propose une tisane que la madade refuse avec énergie :

— Je suis en train de songer à ce qui me reste à faire... je veux que derrière moi la place soit nette.... sans souvenir, sans trace... seulement ma peinture et mes dessins. Je leur laisse le soin de raconter au monde ce que j'ai été dans le meilleur de moi-même... tu auras été le seul à m'avoir côtoyée d'aussi près !

Tandis que Gazi la regarde en silence, Valadon allume une cigarette. Tout en exhalant lentement la fumée, elle songe au nettoyage qu'elle va devoir entreprendre avant de quitter la planète. A peine a-t-elle écrasé son mégot dans le cendrier que lui a offert autrefois son premier mari, Mousis, un bourgeois aux complaisantes manières d'après ce que l'on dit, que tout excitée, elle demande au jeune homme d'aller lui chercher un paquet de lettres cachées au fond de la grosse armoire.

— Et puisque le sommeil ne veut pas de toi, allume-moi un feu, un vrai, avec des flammes ! De quoi brûler une histoire d'amour !

Gazi est fébrile. Mémère qui lui a raconté sa vie en long et en large, sans oublier les traverses où l'on se perd pour un soir, lui aurait-elle caché le plus important ? Alors qu'il déplie les draps les uns après les autres... où diable a-t-elle mis ces lettres ? et faut-il qu'elle y soit attachée pour les avoir gardées aussi longtemps ?... le jeune homme sent la jalousie grimper en lui. Soudain, sa main rencontre un paquet assez volumineux. Nouées d'un ruban jauni par le temps, il y a bien là deux ou trois cents lettres qui attendent depuis des années d'être relues, ou détruites.

— Tu ne vas pas me dire que cet homme-là t'aimait à moitié ?

Suzanne s'amuse de la remarque. Elle jette un bras au-dessus de la couverture, réclame le paquet qu'elle soupèse en faisant la grimace : « J'avais oublié qu'on m'avait autant désirée ! » Pendant que Gazi allume un feu dans la cheminée, elle dénoue le ruban. Les lettres s'éparpillent sur le drap. Après en avoir parcouru une qu'elle repose en souriant, elle en lit une autre, puis une autre, et ainsi de suite, jusqu'à ce que son ami s'enquière de ce qu'elle souhaite brûler : « Mais tout ça ! » Suzanne désigne les feuilles couvertes d'une écriture pointue :

— Veux-tu que je t'en lise une ?
— Tu ferais ça pour moi ?
— Plus encore, mon prince ! A toi, je n'ai rien à cacher ! Ecoute...

> *Cher Petit Biqui,*
> *Impossible*
> *de rester sans penser à tout*
> *Ton être ; tu es en moi tout entière, partout*
> *Je ne vois que tes yeux exquis, tes mains douces*
> *Et tes petits pieds d'enfant.*
> *Je commence à comprendre que tu ne peux point toujours*
> *Faire ce que tu veux.*
> *Tu vois, petit Biqui, qu'il y a un commencement à tout.*
> *Je t'embrasse sur le cœur.*

— Comme c'est touchant !
— A l'époque c'était trop pour moi qui me dispersais à droite et à gauche... il s'appelait Erik Satie, c'était un musicien... je ne sais même pas si je l'ai aimé... il m'amusait parce qu'il était provocateur. Comme les grands, il est mort dans la solitude et la misère ! Allez, brûle-moi tout ça !

LA MORT DE SUZANNE VALADON

Hier matin, 6 avril 1938, une voisine qui s'inquiétait de ne pas voir Suzanne est allée jeter un coup d'œil au 11 de l'avenue Junot. L'échine tendue et l'œil appliqué contre la vitre, elle a tenté de voir s'il y avait âme vivante à l'intérieur. La maison semblait vide. « Pourvu qu'elle n'ait pas pincé une mauvaise maladie ! Et Gazi qui n'est pas là ! » Après avoir sonné sans obtenir de réponse et n'osant pénétrer dans des lieux où on ne l'invitait pas, elle s'est précipitée chez Mme Kvapil à qui elle a fait part de son inquiétude :

— J'ai sonné plusieurs fois et personne ne répond ! Les mauvais pressentiments, ça ne se commande pas !

Les deux femmes sont revenues lorgner à la fenêtre. Elles ont tiré la sonnette avec une insistance de démarcheur, puis elles ont poussé la porte qui n'était pas fermée à clef. « Madame Suzanne... vous êtes là ? » Seul le chat a répondu à l'appel. Il est venu se frotter contre les jambes de la voisine qui a renouvelé sa demande :

— Madame Suzanne... tout va bien ?

Un silence impressionnant régnait dans la maison. Les deux femmes se sont regardées, inquiètes. Que faire ? Tant pis pour la discrétion ! Mme Kvapil a pris l'initiative de visiter les pièces. Après la cuisine et la salle à manger, elle a fait le tour des chambres puis elle est montée à l'atelier, et là, elle a trouvé Suzanne évanouie.

— Il faut appeler un médecin ! Vite !

Lorsque le docteur l'a examinée, il a aussitôt diagnostiqué une congestion cérébrale. Un peu plus tard, alors qu'on l'avait étendue sur son lit, la malade a repris connaissance. Elle a ouvert les yeux, a regardé autour d'elle, mais elle n'a pu dire un seul mot.

— Ne vous inquiétez pas, Suzanne... Le médecin est là qui va vous soigner !

Tandis que s'avançait la journée, la malade a sombré dans le coma. Les deux voisines ont décidé d'alerter Utter qui séjournait à Saint-Bernard. Hélas, André n'a pas revu sa compagne vivante ; elle est morte le lendemain dans l'ambulance qui la transportait à l'hôpital.

La commune est en deuil. On enterre à Saint-Pierre de Montmartre une des plus grandes figures de la Butte. La folle Suzanne est morte d'une sorte d'explosion cérébrale. Autour de l'église, des groupes se sont formés. On chuchote à l'abri des feutres et des manteaux noirs, car chacun a choisi de vêtir la tristesse pour célébrer ce funèbre événement. Les larmes aux yeux, certains de ses complices évoquent ses dernières sorties, lorsque les coudes sur la table et le menton dans les mains, elle débitait des blagues ou parlait de l'amour à la galerie enchantée par son verbiage.

— Je me souviendrai toujours de son rire !
— Et moi de ses coups de gueule !

Soudain les Montmartrois se taisent. Utter, le veuf, sort de l'église en compagnie du curé. Il est revenu en toute hâte de Saint-Bernard pour mener le deuil. La paupière baissée sur un œil larmoyant, il va de l'un à l'autre, tend une main lasse qu'on s'empresse de serrer en signe de réconfort. Il se dirige vers un cercle de personnes distinguées. Des noms sont prononcés qui donnent à réfléchir. Francis Carco, Alphonse Tabarant, Edouard Herriot, pour ne citer que ceux-là, assistent avec recueillement aux obsèques d'une artiste qu'ils jugent irremplaçable, c'est du moins ce qu'ils ont fait savoir dans les journaux.

— Mais où est donc Maurice ?
— Au Vésinet !
— Il n'assistera donc pas aux obsèques de sa mère ?

La stupéfaction est générale. Utrillo, le représentant de Montmartre, cet homme qui a vécu avec sa mère jusqu'à l'âge de cinquante-deux ans, ne suivra pas le convoi qui mènera Valadon jusqu'au cimetière de Saint-Ouen. A la clinique Piccini où reposait la dépouille de Suzanne, Maurice s'est effondré. Malgré les efforts des infirmières et les soins d'un médecin, il a fait une crise nerveuse si impressionnante que Lucie Valore a dû le ramener au Vésinet où il vit depuis ce moment dans un état de prostration dont personne ne peut le sortir.

— Pauvre Suzanne ! Elle qui en avait si peur, elle aura connu la solitude en fin de vie !
— Heureusement qu'elle a rencontré Gazi !

A l'écart, le dernier compagnon de Valadon affiche une douleur si sincère que nul ne peut la mettre en doute. Entre deux crises de larmes, il promet à la morte de lui rendre régulièrement visite au cimetière avec le chat qui a refusé de prendre de la nourriture depuis le départ de sa maîtresse. Mais voici que s'avance le prêtre. Il laisse tomber des paroles enrouées par l'émotion. Le convoi s'ébranle. Utter marche en tête, puis les amis de l'artiste, enfin les relations et les voisins. Le soleil brille timidement au-dessus de Paris.

Ma mère, une sainte femme que dans le fond de mon cœur je bénis et vénère à l'égale d'une déesse, une créature sublime de bonté, de droiture, de charité, d'abnégation, d'intelligence, de courage et de dévouement. Une femme d'élite... Hélas ! Que n'ai-je suivi ses sincères conseils ! Je me suis laissé entraîner sur la voie du vice, insensiblement et par la fréquentation de créatures immondes et lubriques, sirènes gluantes aux yeux qu'embrase la perfidie et qui de moi, qui était un rosier un peu fané, ont fait un répugnant ivrogne, objet de la pitié et de la déconsidération publiques. Hélas, cent fois hélas ! ...

Maurice UTRILLO.

Le mari de la bonne Lucie

Voilà combien d'années que ma chère mère est morte ?
Je préfère ne pas les compter. Voilà combien d'années que
je vis dans l'ombre de ma femme, la bonne Lucie ! Ah, la
salope ! Ah, la salope ! ... « Que dis-tu Maurice ? Nous ne
comprenons rien à ton charabia ! » ... Voilà combien d'années que je peins les mêmes tableaux, les mêmes clochers,
les mêmes façades, les mêmes trottoirs, la même misère ?
Je préfère ne pas les compter. Ce calcul me donnerait la
nausée. Les amateurs exigent de la pauvreté et du dénuement. Ils en veulent pour leur fric, ces sales cons ! Lucie,
ma bonne Lucie, ah, la salope ! Lucie m'a supprimé les cartes postales. Elle préfère me voir peindre d'après des reproductions en couleurs de mes anciens tableaux. J'essaie de
me copier, mais je n'y parviens pas toujours. Il paraît que
plus mes toiles ressemblent à celles d'autrefois, plus elles
valent cher ! Ils m'emmerdent avec ma période blanche !
... « Voilà que le maître commence à s'exciter ! Du calme,
Maurice, du calme ! » ... Quelquefois, je me venge de l'im-
bécillité de ces gogos. Au lieu de leur torcher une rue enNei-
gée avec la misère en perspective, je leur barbouille un verger au printemps, et que je ne lésine pas sur le vert véronèse ou le jaune de cadmium ! Je voudrais être libre ! ...
« Que dit-il ? Il prie probablement. Le maître est un grand
mystique ! Vous reprendrez bien une tasse de thé ? » ... Je
voudrais être libre ! JE VOUDRAIS ÊTRE LIBRE ! ...
« Comme si tu ne l'étais pas ? Que vont croire nos visiteurs ? » ... Je voudrais musarder le long des quais, remon-

ter tranquillement la rue des Martyrs, rôder du côté de Saint-Ouen, aller rendre visite à la tombe de ma mère. Je voudrais retourner à Montmartre, danser dans les guinguettes de la Butte-Pinson. JE VOUDRAIS ME SOÛLER LA GUEULE MON CONTENT ! ... « Maurice ! Ne faites pas attention, mes amis ! Le grand homme divague ! » ... Je voudrais me poivrer avec Heuzé, je voudrais toucher le cul de Marie Vizier, je voudrais couler ivre mort dans le caniveau, je voudrais courir les bistrots avec Utter. JE VOUDRAIS RIGOLER AVEC ANDRÉ ! ... « André ? Comme si tu ne savais pas qu'il est mort durant l'hiver 48 ? C'est qu'à la fin de sa vie, le pauvre avait sombré dans l'alcoolisme. Un soir de cafard, il est allé s'enivrer au Lapin Agile où il a oublié son pardessus. Il gelait à pierre fendre. En rentrant, il a attrapé une pneumonie. Il m'a fait prévenir, car lui et moi étions restés bons amis. Hélas, lorsque je me suis rendue chez lui, il était mourant. Quel gâchis ! » ... Je voudrais quitter ce pavillon, « La Bonne Lucie », c'est ainsi qu'elle l'a baptisé ma femme, « La Bonne Lucie ». Ah, la salope ! Je voudrais quitter Le Vésinet... « Si le maître se plaît ici ? Et comment ! Il ferait n'importe quoi pour préserver sa tranquillité. Vous savez, son travail passe avant tout, et la prière à laquelle il consacre des heures. N'est-ce pas, Maurice, que tu aimes le charme de cette demeure que nous avons installée selon tes goûts ? Savez-vous qu'elle a appartenu à Antoine Bourdelle, le grand sculpteur ? » ... Je me fous de Bourdelle ! Je voudrais quitter cette baraque où je m'ennuie à mourir, ce parc bidon, ces thuyas moches à crever, ces pelouses merdiques ! Parfois, je me demande ce qu'est devenue la liberté ? Est-ce qu'elle porte des pantoufles comme moi ? Est-ce qu'on la fait garder par un infirmier ? Peut-être qu'elle est morte avec ma mère ? Peut-être qu'on l'a enfermée avec les fous à Sainte-Anne ou à Picpus ? VOULEZ-VOUS QUE JE VOUS RACONTE COMMENT ON FAIT TAIRE LA LIBERTÉ EN ASILE ? ... « Maurice ! Excusez-le ! Mais

375

avant de me rencontrer, il a tellement souffert, le pauvre chéri, qu'il ne parvient pas à oublier ! » Lucie, vive ma bonne Lucie ! Ah, la salope ! DIS, LUCIE, TU ME DONNERAS UN VERRE DE VIN AU DÎNER ? ... « Oui, si tu es bien sage ! » ... Voilà combien d'années que je suis célèbre dans le monde entier ? Il paraît que depuis que je vaux des sous, on m'imite partout. Ah ! Ah ! La bonne blague ! ... « Qu'est-ce qui amuse notre grand homme ? Tu ne veux pas nous faire partager ta joie ? » ... Ces gens-là, ces faussaires, sont aussi doués que moi. J'ai failli m'y tromper plusieurs fois. POURQUOI JE NE SIGNERAIS PAS DES FAUX POUR FOUTRE LE BORDEL ? ... « Maurice ! Le maître se moque de nous. Il faut dire qu'il adore plaisanter. Savez-vous que nous avons été reçus par le président de la République ? Vincent Auriol nous a tendu la main ! Quelle émotion ! Il a remis au maître la rosette de la Légion d'Honneur ! » ... Je veux du violet, sacré nom ! Je veux les Palmes académiques ! Ça fait des années que je me tue à le répéter. Je n'aime pas le rouge ! Sauf dans un verre. DIS, LUCIE, TU ME DONNERAS UN VERRE DE VIN AU DÎNER ? ... « Je t'ai déjà dit oui ! Si tu es bien sage ! En attendant, tu vas nous accompagner. Nos amis souhaitent voir mes derniè-res toiles ! Ensuite nous irons admirer les tiennes ! » ... Je la connais, la bonne Lucie, je la connais ! Elle va les obli-ger à acheter une de ses croûtes pour avoir le droit d'acheter une des miennes ! Vacherie de peinture ! Vacherie de pognon ! J'AI ENVIE DE PEINDRE SUR DES BILLETS DE BANQUE ! ... « Maintenant, ça suffit, mon petit Maurice ! Tu dis trop de bêtises ! » ... Il n'y a que ma mère qui ait su me parler sérieusement de peinture. Oh, maman, comme je m'ennuie de toi ! Comme je voudrais retourner en arrière, jusqu'à la rue de Tourlaque, jusqu'à la pauvreté, quand nous vivions tous les trois avec maman Madeleine... « Pourquoi se signe-t-il ? Mais parce qu'il est en train de prier ! Je vous l'ai dit, le maître est un grand

mystique ! Le père qui lui lit et commente l'Evangile chaque semaine ne cesse de le répéter ; il a rarement rencontré une foi aussi profonde ! Mais il est temps, mes amis,
de nous rendre dans mon atelier. Je voudrais vous montrer
un portrait du grand homme que je viens d'achever. J'aimerais que vous me disiez ce que vous en pensez !

... Merde ! Merde ! Je voudrais m'en aller. Je voudrais
peindre sur le motif ! Je voudrais...

... Cela était bouffon, mais l'atmosphère devenait vraiment irrespirable lorsqu'elle obligeait son mari à louer sa peinture. Le guérisseur Maurice Messegué qu'elle avait appelé pour le soigner rapporte dans ses souvenirs une scène affreuse dont il fut le témoin :

— Maurice, dis à M. Messegué que j'ai plus de talent que ta mère.

— Tu me donneras du vin ?

— Oui, c'est juré. Mais dis-le d'abord.

— Non, donne d'abord la bouteille.

— La voici, je t'écoute.

— Tu as du talent, Lucie, beaucoup de talent...

— Plus que ta mère ?

— Va te faire f... avec ta bouteille !

Et le pauvre grand homme se mit à pleurer.

Jean-Paul CRESPELLE, *Utrillo.*

Maurice Utrillo devait mourir à Dax, le 5 novembre 1955.

Ouvrages consultés

BEACHBOARD, Robert, *La trinité maudite*, Amiot-Dumont, 1952.

BONNAT, Yves, *Valadon*, Club d'art Bordas, 1968.

CARCO, Francis, *Montmartre vécu par Utrillo*, Galerie Pétridès, 1947.

CARCO, Francis, *La légende et la vie d'Utrillo*, Grasset, 1928.

CARCO, Francis, *L'ami des peintres*, Editions du Milieu du Monde, 1944.

CRESPELLE, Jean-Paul, *Montmartre vivant*, Hachette, 1964.

CRESPELLE, Jean-Paul, *Utrillo, la bohème et l'ivresse à Montmartre*, Presses de la Cité, 1970.

CRESPELLE, Jean-Paul, *Utrillo, Eglises*, Fernand Hazan, 1960.

DORGELÈS, Roland, *Portraits sans retouches*, Albin Michel, 1952.

ILYIN, Maximilian, *Utrillo*, Fernand Hazan, 1953.

LEPROHON, Pierre, *Montmartre et ses peintres*, Editions Corymbe, 1981.

MAC ORLAN, Pierre, *Utrillo*, Les Editions du Chêne, 1952.

MOUSNIER, Jehan, *Pavés et hommes de la butte Montmartre*, Solarama, 1978.

PERREUX, Gabriel, *La vie quotidienne des civils en France pendant la Grande Guerre*, Hachette, 1966.

PÉTRIDÈS, Paul, *Suzanne Valadon*, Galerie Pétridès, 1942.

WARNOD, Jeanine, *Suzanne Valadon*, Flammarion, 1981.

WARNOD, André, *Les peintres de Montmartre*, La Renaissance du Livre, 1928.

YAKI, Paul, *Le Montmartre de nos vingt ans*, Editions le Vieux Montmartre, 1981.

Le Crapouillot, n° 45, juillet 1959.

L'impression de ce livre
a été réalisée sur les presses
des Imprimeries Aubin
à Poitiers/Ligugé
Photocomposition Facompo à Lisieux

pour les Presses de la Renaissance

Achevé d'imprimer le 29 juin 1984
Nᵒ d'impression, L 16837
Dépôt légal, juin 1984

Imprimé en France